저항하는 지성, 고야

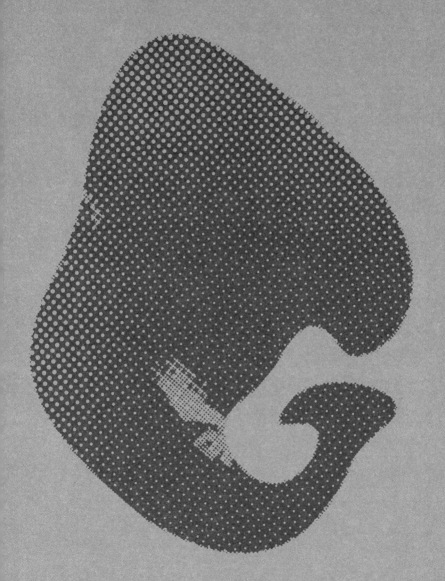

저항하는 지성, 고야

ⓒ 박홍규 2020

초판 1쇄	2020년 8월 28일		
지은이	박홍규		
출판책임	박성규	펴낸이	이정원
편집주간	선우미정	펴낸곳	도서출판 들녘
편집진행	김혜민	등록일자	1987년 12월 12일
디자인진행	김정호	등록번호	10-156
편집	이동하·이수연		
디자인	한채린	주소	경기도 파주시 회동길 198
마케팅	전병우	전화	031-955-7374 (대표)
경영지원	김은주·장경선		031-955-7381 (편집)
제작관리	구법모	팩스	031-955-7393
물류관리	엄철용	이메일	dulnyouk@dulnyouk.co.kr
		홈페이지	www.dulnyouk.co.kr

ISBN	979-11-5925-571-7 (04080)	CIP	2020031514
	979-11-5925-281-5 (세트)		

저항하는 지성, 고야

박홍규 지음

박홍규의
호모 ——
크리티쿠스

Francisco Jose de Goya y Lucientes, 1746. 3. 30.

푸른들녘

그림은 삶을 그리는 것이다

"고대시가 호머에서 출발하듯이 현대회화는 고야에서 시작된다."고 이탈리아 미술사가인 벤투리(Lionello Venturi, 1885~1961)는 말한다. 프랑스의 말로(André Malraux, 1901~1976)도 고야가 현대회화의 막을 올렸다고 비유했다. 고야처럼 스페인 출신이 아닌 사람들의 이야기이니 믿어도 좋다.

나는 니체(Friedrich Wilhelm Nietzsche, 1844~1900)가 '신은 죽었다.'고 했듯, 고야에 의해 '미는 죽었다.'고 말하고 싶다. 물론 여기서 말하는 '미'는 과거의 낡은 그것, 즉 18세기를 풍미했던 고전적인 아름다움이다. 따라서 옛 눈으로 보면 고야는 결코 아름답지 않다.

고야는 '전에 없던 새로운' 미의 정의를 수립했다. 이어 고야라는 거대한 저수지로부터 18세기 이후의 낭만주의, 인상주의, 현실주의, 상징주의, 초현실주의, 추상주의 등 모든 현대미술이 흘러나온다.

그 뿐만이 아니다. 나는 고야로부터 모든 현대문화와 사상이 흘러나왔다고 본다. 내가 이렇게 말하는 것은 고야가 권력을 중심으로 한 인간의 삶에 대해 파탄을 선고했기 때문이다. 사실 니체는 고야보다 한 세기나 늦은 19세기 말의 사람이었다. 고야는 유럽에서 그 누구보다도 빨리 수만 년간 계속된 권력에 대한 믿음을 거부했고, 그것을 그 권력에 복종한 미의 부정으로 제기했기 때문이다.

고야에 의해 인류 출현 이래 수만 년 동안 수용되었던 미가 죽었다. 즉, 고야는 권력이 사랑한 비너스나 모나리자의 미를 부정했다. 그런 고전적인 아름다움 대신 고야의 그림에는 기괴한 괴물들이 등장한다. 따라서 '고야는 고약하다.'고도 할 수 있다. 나아가 아예 고야를 '괴물'이라고 부르는 이도 있다.

그러나 그는 고약하지도 않고 괴물도 아니다. 그의 괴물은 오락영화에 나오는 괴물이 아니다. 그것은 인간을 지배하고 억압하며 차별하는, 불합리하고 불공정하며 비합법적인 권력을 뜻한다. 고야는 권력을 추악하게 그린 최초의 화가이다. 무조건 좋은 것으로 숭상되었던 절대 권력을, 고야는 다른 관점에서 그리기 시작했다.

고야는 칼끝이나 총구를 겨누어 얻은 전쟁의 승리나 정치 세력뿐만 아니라 그것과 함께 노는 저 더러운 돈의 힘, 더럽기는 그보다 더욱 더러우면서도 반대로 혼자 고상한 척하는 문화 권력의 힘, 이 모든 삶의 구석구석에 도사리고 있는 온갖 괴물과 변태들. 인간을 못살게 굴고 결국은 인간을 잡아먹는 것들. 고야는 그런 권력을 리얼하게 그린 최초의 화가이다.

물론 고야는 그런 괴물이 좋아서 그린 게 아니다. 오히려 반대로, 괴물을 증오하고 그것을 쫓아내고자 그렸다. 아울러 그것에 고뇌하는 인간들을 그린 최초의 화가이다. 민중은 그의 그림에서 비로소 최초로 주인공이 된다. 그러나 그는 민중을 사랑하긴 해도 무조건 좋아하지는 않았다. 그래서 나는 고야가 좋다. 이 책을 쓰는 이유는 그런 고야가 좋아서이기도 하지만 우리에게는 그런 화가가 드물기 때문이기도 하다.

우리 곁에는 뱀이 좋아 뱀을 그리는 화가는 있어도 괴물을 내쫓고자 괴물을 그리는 화가는 찾아보기 어렵다. 현실을 괴물로 보고 부정하는 참된 예술가는 드물고, 괴물 같은 현실을 긍정하는 괴물 예술가들이 판을 친다. 예술뿐만이 아니라 학술이나 문화 전반에서도 마찬가지다. 더러운 정치나 경제가 문화에 의해 조금이라도 여과되기는커녕 문화마저 그 정치 경제와 함께 뒹군다. 이는 고야가 살았던 18세기와 크게 다르지 않다.

따라서 우리는 고야를 유심히, 제대로 살펴보아야 한다. 깊이 이해하지 않은 채 그림만을 두고 아름답다느니 뭉클하다느니 괴기하다느니 떠들어서는 안 된다. 그를 제대로 알기 위해서는 그가 그린 괴물의 정체를 알아야 한다. 18~19세기 스페인 화가인 고야를 그 나라, 그 시대와 함께 이해해야 한다. 고야는 스페인 역사의 가장 중요한 증언자다. 스페인을 알고자 한다면 고야를 알아야 하고 고야를 알고자 한다면 스페인을 알아야 한다.

스페인은 유럽이기도 하다. 그러나 당시 스페인은 유럽에서 가장 후진적이었다. 정치·경제·사회·문화가 모두 엉망이었다. 그런 극단적 모순에서 철저한 부정과 완전한 신생의 사상이 나오다니, 정말 놀랍지 않은가?

나는 지금의 한국에도 그러한 사상이 마땅히 필요하고 절실히 기대되며 진실로 요망된다고 생각한다. 그래서 나는 이 책을 쓴다.

이 책의 제1장에서는 서론 또는 총론 격으로 스페인을 한국과 비교하면서 이모저모를 살펴본다. 이어, 본론에 해당하는 제2, 3, 4장에서는 고야의 삶과 예술을 처음에는 반으로, 그리고 후반을 다시 반으로 나누어 그 시대 속에서 추적한다. 고야의 평범했던 삶은 나이가 들면서 더욱 집중되고 집약되어 파란만장하게 변한다. 나이를 먹어가며 더해지는 격동과 위기 속에서도 그는 더욱 당당하고 치열하게 삶을 불태우지만 끝내 실패하고 망명객으로 이국땅에서 외롭게, 마지막 불길을 사른다. 그리고 이 책의 마지막 제5장에서 다시 19, 20세기의 현대 스페인을 검토한다.

고야의 삶에서 첫 분기점은 사십 대 후반이었고 두 번째 분기점은 육십 대였다. 육십 대 이후 고야의 예술은 절정에 이른다. 사십 대만 되어도 대가 행세를 하고, 소속 집단에서 군림하려 들며, '나 때는 말이지'를 예사롭게 읊조리는 그런 '권위의 조로 현상'이 대세인 한국에서 고야와 같은 행보는 몹시 낯설다.

사실 고야의 그림 중에서 가장 감동적인 것은 죽기 직전 해에 그린 〈지금도 나는 배운다〉라는 작은 소묘이다. 여든에 페르시아어를 새롭게 배우는 괴테(Johann Wolfgang von Goethe, 1749~1832)처럼 여든에도 배움을 구하는 고야는 너무나도 감동적이다. 허리가 굽은 백발의 노인은 지팡이를 두 개나 짚어야 할 정도로 몸이 불편하면서도 형형한 눈길로 앞을

▲ 〈지금도 나는 배운다〉, 1824~1826년, 회색 종이에 검은 분필화, 19.1x14.5cm, 프라도 미술관

바라보며 한 발자국, 한 발자국을 겨우 겨우 내딛는다.

여든에 가까운 노인은, 남의 땅 프랑스에 망명을 감행했다. 아는 사람 하나 없고 알아주는 사람 하나 없는 곳으로 말이다. 사십 대에 이미 그는 귀가 멀었다. 그림 〈지금도 나는 배운다〉 속의 고야는 눈도 멀었고 맥박은 너무나 약하다. 평생 손에 쥐었던 물감과 붓은커녕 잉크와 펜조차 없이 그는 당시 막 발명된 석판화를 배워 활발한 작업을 시작한다.

마지막 죽기 전, 단 하루가 남아도 그는 새로운 배움을 마다하지 않았다. 그에게는 뜻과 의지로 가득 찬 단 하나의 마음이 있을 뿐이다. 사실 고야 평생에는 그것밖에 없었다. 그는 귀재도 천재도 수재도 아니다. 어린 시절, 미술학교 입시에 두 번이나 떨어진 그는 25세 이후에야 자신의 세계에 눈을 떴고 이를 확립하는 데 장장 15년이 걸렸으며, 다시 20년 뒤인 예순 살이 되어서야 그의 예술세계는 절정에 이른다.

그런 마음으로 고야는 당대 화가로서는 물론 미술사에서도 보기 드물게 약 1,870점이라는 방대한 작품을 남긴다. 그는 생전에 자신이 남에게 보일 수 없는 위험한 그림을 그리고 있음을 알면서도 열심히 그렸다. 아이러니한 것은 그가 50년 이상을 궁정에 봉사한 어용화가였으면서도 반체제적인 그림을 수백 점이나 그렸다는 점이다.

두말할 필요도 없이 위험한 일이었다. 들키는 즉시 궁정에서 쫓겨나는 것은 물론 이단심문소로부터 엄청난 고문을 당하고 사형을 당할 수도 있다. 하지만 고야는 죽음을 두려워하지 않았다. 사후에 누군가가 자신의 그림을 보고 알아줄 것을 기대한 것도 아니다. 오직 화가로서 당면한 현실과 시대정신을 기록하는 일을 의무로 여겼을 뿐이다. 이런 자세야말로 참된 예술가의 모습이 아닐까?

내일 지구가 망해도 나는 오늘을 그리리라. 내일 내 그림이 불살라진다 해도, 내가 잊힌다 해도, 그림을, 세상을 그리리라. 그림은 삶을 그리는 것이다. 그림은 진실을 그리는 것이다.

그런데 그런 고야를 그저 '교양 없는 반항아이자 천재로, 수백 명의 미녀를 농락하고 그린 절륜의 남자', 특히 '최고 지위의 공작부인을 애

인으로 삼고 그 나체를 그린 방탕한 색마'라고 보는 낭만주의적 견해
가 아직도 정설처럼 나돈다. 1858년 프랑스인 메트론(Laurent Matheron,
1908~1944)이 쓴 최초의 평전부터 1998년(원저는 1974~1977년) 우리말로
번역된 홋타 요시에(堀田善衛, 1918~1998)가 쓴 방대한 4권의 평전에 이르
기까지 일관된 견해가 그러하다. 하지만 그는 여든두 살에 죽음을 맞기
까지 당대의 지성들과 활발하게 교류한 지성이었고, 50년 이상 궁정화가
로 봉직했던 터였으니 흔히 말하는 '교양'이 없거나 반항적이지는 않았
을 것이다. 그의 반항은 오직 내면의 예술세계에서만 이루어졌다.

또한 그는 나체화를 그리기는 했어도 그것을 수십 장, 수백 장씩 그리
는 보통 화가들과 달리 단 한 장을 그렸을 뿐이다. 그의 작품 중 유일한
그 나체화는 2천 점에 가까운 그의 전 작품 중 단 하나인, 사실 순간의
에피소드 같은 것에 불과하다. 그 나체화가 중요한 걸작임에는 틀림없으
나, 고야는 그것보다 더욱 중요한 수많은 걸작을 남겼다.

고야에 대한 이러한 낭만주의적인 견해에는 오류와 과장이 섞인 것임
을 1970년대 이후의 수많은 연구가 밝혀내고 있다. 즉 사십 대 후반 이
후의 판화와 소묘, 그리고 자유롭게 제작한 작품을 중심으로 한 계몽
사상가로서의 지성인 고야를 새롭게 부각하고 있는 것이다. 그러나 우리
나라에는 이러한 새로운 고야상이 소개되기는커녕 몇 권의 번역서를 제
외하면 고야에 대한 평전이나 연구서조차 없다.

나는 그러한 연구 업적과 나의 관찰을 기초로 하여 기존의 어떤 견
해에도 매이지 않고 자유롭게 이 책을 썼다. 나는 지난 20여 년간 스페

인 마드리드에 있는 프라도 미술관을 비롯한 여러 미술관에서 고야의 그림을 보면서 내 나름으로 그를 새롭게 이해하게 되었는데, 이 책은 그 결과물이기도 하다.

코로나19 바이러스가 세계적으로 대유행하는 요즈음, 인류 사회를 위협하는 신종 바이러스의 습격은 우리의 일상을 뒤흔들고 있다. 전 세계는 혼란에 빠져 있고 코로나19로 인한 사망자는 현재 스페인에서만 3만 명에 달한다. 하루빨리 이 바이러스가 자취를 감추어 일상을 되찾기를 바란다. 나아가 스페인에 가서 '고야'를 다시 만날 날을 기다려본다.

더불어, 2002년에 처음 나온 이 책을 새롭게 다듬어 출간하는 데 힘을 보태준 푸른들녘의 김혜민 편집자에게 고마운 마음을 전하고 싶다.

2020년 8월, 경상북도 경산에서
박홍규

제1장 스페인

1. 스페인 이모저모

스페인과 한국

스페인은 한국과 비슷하다. 나는 스페인에서 한국과 비슷한 점을 많이 본다. 스페인은 20세기 초엽까지 왕이 지배하는 나라였고 유럽에서 가장 마지막까지 왕조를 유지했다. 한국도 이와 마찬가지로 아시아에서 마지막으로 왕조의 문을 닫았으니 그만큼 국제정세에 어두울 수밖에 없었다. 체제도 비슷하다. 스페인은 왕과 귀족이 지배한 나라였고, 조선은 왕과 양반이 지배한 나라였다.

고야가 살았던 시대에도 스페인에는 마녀 재판을 담당하는 '이단심문소'가 있었다. 한국사 전공자는 웃긴다고 할지 몰라도 나는 우리의 향교를 그렇게 본다. 향교는 인재 양성뿐만 아니라 지방의 풍속을 단속하고 교화하는 역할도 했기 때문이다. 또한 성리학이 왕권 유지를 위한 사상적인 기반이 되었듯 스페인의 경우엔 로마 가톨릭이 그 근거가 되었다. 대다수 유럽 국가들의 경우와는 달리 스페인에서는 이단심문소가 유럽 국가들 중 제일 마지막까지 존속하여 사회에 영향을 미쳤다. 가톨릭을 지키는 하느님의 나라라는 자부심에서 말이다. 조선이 소중화(小中華)임을 자처하며 유교를 신주처럼 모신 것과 어찌 그리도 유사한가! 우리나라 문화가 유교 사상을 기반으로 형성된 것처럼 스페인의 역사와 문화는 가톨릭이 중심이다. 이 점도 참으로 닮았다.

스페인과 한국을 비교할 때 드러나는 그 밖의 비슷한 점과 다른 점 은 뒤에서 계속 이야기할 것이다. 두 나라 모두 극단적인 권력 지배의 상 황에 있었으니 민중의 저항이 끊이지 않았던 것 역시 당연하다. 그 저 항이라는 게 내전으로 터져 동족상잔이 된 것을 못난 점이라고 해야 할 지 잘난 점이라고 해야 할지 애매하고, 기질 또는 민족성의 문제라고 하 기엔 조금 불쾌하지만 말이다. 어쩌면 '역사적 운명'이나 '한'이라고 하는 것이 나을지도 모르겠다.

나는 역사적 한이나 운명론, 또는 민족성론을 믿지 않는다. 분명한 것 은 저 극단적인 권력의 지배 때문에 우리가 수천 년, 특히 지난 백 년을 고통 속에서 살아야 했다는 점이다. 진저리를 치면서도 언제나 두려워 했다. 그러나 이제 우리는 당당하게 그것이 나쁘다고 선언해야 한다. 인 간은 권력에 지배받고자 태어난 것이 아니다. 독재 치하에서 살아가거나 전쟁 때문에 목숨을 잃으려고 태어난 것도 아니다. 독재와 전쟁은 언제 나 정면에서 거부해야 한다.

바르셀로나 올림픽

한국인에게 스페인 바르셀로나(Barcelona)는 1992년 개최된 바르셀로나 올림픽으로 기억된다. 이는 서울 올림픽(1988) 바로 다음에 열린 올림픽이어서이기도 하고, 올림픽 역사상 처음으로 우리나라를 대표한 선수가 마라톤에서 우승을 해서이기도 하다. 당시 황영조 선수의 금메달은 국민들에게 큰 감동을 안겨주었다.

그러나 나는 전혀 다른 이유 때문에 바르셀나 올림픽을 잊지 못한다. 이에 대해 주변 사람들에게 몇 번이나 이야기해보았지만 다들 전혀 기억하지 못하기에 여기서 잠시 소개할까 한다.

바르셀로나 올림픽이 열리기 전, 전 세계 주요 신문에 네 개의 그림으로 이루어진 올림픽 광고가 몇 번이나 실렸다. 첫째 그림에서 '바르셀로나'라는 점 하나를 두고 '이 마을은 어디에 있나요?'라고 묻고, 둘째 그림에서는 스페인 지도 중 카탈루냐(Cataluña)만을 표시하고 '물론 카탈루냐에 있지요.'라고 답한다. 다음 셋째 그림에서는 카탈루냐만 보여주며 '그럼 카탈루냐는 어디에 있지요?'라고 묻고, 마지막 넷째 그림에서 스페인 전체가 나오는 지도를 보여주면서 '물론 스페인에 있지요.'라고 답한다. 도대체 무슨 의미일까? 한국으로 치면 겨우 도청 소재지 정도에서 올림픽을 개최하는 것을 이런 식으로 광고하다니! 한국에서는 절대 있을 수 없는 일이다. 우리가 그런 짓을 했다면 지역주의니 뭐니 하는 비난에 휩싸였으리라. 한국에서는 오직 한반도 그림 한 장만 통한다. 남한만 나온 것도 안 된다. 반통일주의니 분단주의니 하는 비난의 화살을 피하기 어려우니까! 하물며 스페인 바르셀로나처럼 일개 지역을 앞세우는 일은 상상하기도 어렵다.

그러나 스페인 바르셀로나는 공공연히 그런 짓을 했고 앞으로도 할 것 같다. 다른 지방도 마찬가지다. 스페인은 왜 수도가 아닌 제2의 도시에서 올림픽을 했을까? 우리나라도 세계 최고의 도시 가운데 하나인 서울*을 제치고 부산이나 광주 등지에서 올림픽 같은 세계적인 행사를 열 수 있을까?

전 국민이 역사적인 범국가적 사업으로 매진한 서울 올림픽과 달리 바르셀로나 올림픽은 국가와 지방이 공동으로 치른 행사였다. 비용도 국가가 반, 도와 시가 합쳐 반을 부담했다. 위의 광고 역시 도와 시가 만든 것으로, 국가 행사라기보다 지역 행사로 보인다. 뿐만 아니다. 올림픽 기간 내내 스페인이라는 국가(國家)는 철저히 무시당했다. 올림픽 스타디움이나 바르셀로나 시가(市街)에는 스페인 국기 대신 카탈루냐 주기(州旗)만이 휘날렸고, 스페인 말이 아닌 카탈루냐 말**만이 시끄럽게 오갔으며, 스페인 국가(國歌)는 끽 소리도 내지 못한 채 카탈루냐 주가(州歌)만 울려퍼졌다. 서울 올림픽에서 태극기 대신 서울시 깃발이 펄럭이고, 애

■ * 서울은 인구로 치면 세계 제2의 도시이다. 서울보다 인구가 조금 더 많은 동경은 우리보다 전체 인구가 3배 이상인 일본의 수도이다. 따라서 인구비로 따지면 서울은 동경의 3배 이상이니 서울의 인구 집중도는 세계 최고다. 서울 근교까지 포함하면 전체 인구의 반 이상이 서울 지역에 살아 더욱더 세계적이다. 우리가 세계 최고, 최초, 최대를 좋아하는 탓인가? 그러나 아무리 그렇다고 해도 서울의 인구 밀집도는 세계 역사상 유례가 없는 일이다.
** 바르셀로나 올림픽에서는 영어, 불어, 스페인어와 함께 카탈루냐 말이 공식 언어였다. 1952년 헬싱키 올림픽 이래 처음 있는 일이었다.

국가 대신 서울 시민조차도 모르는 서울시의 노래만 들린다면 우리 국민들은 어떤 표정을 지을까?

▲ 민중 올림픽 포스터, 1936년

'도대체 스페인이라는 나라는 어떻게 된 것인가?', '내일 당장 바르셀로나가 독립 선언 이라도 하는 건가?', '올림픽위원회는 어떻게 된 건가? 그러나 이런 생각은 우리 민족이나 하는 기우일 뿐이다. 그들은 전혀 개의치 않는다.

바르셀로나 올림픽에 관련하여 한 가지 더 하고 싶은 이야기가 있다. 마지막 날 황영조 선수가 두 시간여의 힘든 마라톤을 마치고 개선한 몬주익(Montjuïc) 육상경기장에 관련된 이야기다.

몬주익 경기장 입구에는 1936년의 '민중올림픽'을 기념하는 판이 붙여졌다. 1936년은 베를린 올림픽이 열린 해이고, 그때 손기정 선수는 일본 대표로 마라톤에 출전해서 우승을 거머쥐었다. 그런데 뜬금없이 민중올림픽이라니, 대체 무슨 소리일까?

당시 독일은 나치정권의 지배 아래 있었다. 이런 상황에서 올림픽에 출전하고 싶지 않았던 민주적 체육인들은 나치에 반대하며 인민정부가 수립된 스페인의 바르셀로나에서 민중올림픽을 개최하기로 했다. 그런데 개최 3일 전, 프랑코가 쿠데타를 일으키는 바람에 계획은 수포로 돌아갔고 민중의 대표였던 콤파니스는 나치에 체포되어 프랑코에 의해 처형당한다.

그 후 56년이 지난 1992년, 바르셀로나 올림픽은 56년 전 '민중올림픽'의 개최 예정지였던 몬주익에서 열렸다. 콤파니스가 처형당한 곳이자 그의 무덤이 있는 곳에서. 몬주익 경기장 입구에 콤파니스와 민중올림픽을 기념하는 판이 붙여진 것은 그 정신을 잇는다는 의미이기도 하다.

자유와 자치의 사상

나는 우리나라, 중국, 일본, 기타 모든 나라에 대해서 이런 생각을 한다. 중국 연변에 가서 발해독립국(만주를 한국 국토라고 주장한 것이 아니다)을 원했고 일본 오키나와에 가서 유구독립국을 바랐다. 심지어 제주도에 가서도 그렇게 생각했다. 비록 내가 반전주의자이기는 하나 혹시 나 같은 자라도 필요하다면 당장 달려내려가 총을 들고서 독립군에 자원하겠노라 다짐했다.

오해하지 말라. 내가 먼저 나서서 그런 제안을 한 것이 아니라 그곳 사람들이 그것을 바라기에 말한 것뿐이다. 독립을 바라는 사람들에게는 독립을 주라고, 앞으로 어딜 가든 그렇게 말하겠다. 사실 나는 나 혼자만의 나라를 원한다. 그러나 그것은 불가능하리라. 그래서 내 다음 소원은 최소한 서울 아닌 지방의 나라라면 어디라도 시민으로 가겠다는 것이다. 서울은 서울 사람끼리 살아라. 나는 '비서울 공화국'에 살겠다. 서울 사람이 아니어서 서러운 사람들과 함께 살겠다. 나는 서울이 싫다. 잘난 서울이 싫다.

스페인은 지방자치의 특성이 강한 나라다. 따라서 지역적 다양성이 아주 뚜렷하다. 자기 지역에 대한 자부심이 지나칠 정도로 높다. 그래서 스페인 사람들은 국가나 중앙, 통일에 대한 지향점이 별로 없다. 스페인을 보면 우리가 그토록 간절히 바라는 크고 강력한 중앙정부가 반드시 좋다고 볼 이유는 없다.

스페인의 민주화, 분권화는 프랑코가 죽고 난 뒤인 1979년, 헌법이 개정되면서 가능해졌다. 기본권 부분에는 사형의 폐지나 양심적 병역거부 등 우리로서는 상상도 할 수 없는 조항이 있는데 특히 통치구조에서 중앙정부는 외교와 국방만을 담당하고 국내행정은 17개 지방자치주가 담당하는 것으로 되어 있다. 주정부는 공공사업, 문화와 교육사업, 조례 공포, 조세권, 경찰권 등을 갖는다. 따라서 체육행사야 당연히 주정부의 권한이 아니겠는가?

내 소원은 내가 일해 번 만큼 먹고사는 것이다. 내가 노력해 번 돈을 내가 살지도 않는 서울에서 쓰려고 빼앗지 말라. 내가 낸 세금은 내가 사는 지방에서 쓰도록 해야 하지 않는가? 내 돈을 먹는 사람들은 서울 사람이 아닌 나를 섬겨라. 그렇지 않을 경우 나는 내 지방의 나라를 독립시킬 수밖에 없다.

여기서도 오해하지 말라. 나는 경상도 사람이니 전라도 사람이니 하며 서로 경멸하고 차별하며 중앙권력의 자리나 돈줄을 독점하는 따위에 대해서는 아무런 흥미가 없다. 그러나 사람들이 언제나 중앙의 권력이나 돈줄을 향하여 목을 빼고 있어야 하는 상황에서는 아무것도 고쳐질 수 없다. 따라서 그런 사람들을 탓하기에 앞서 그런 구조를 없애야한다. 중앙에 집중된 권력을 대거 지방으로 가져와야 한다.

스페인에서는 지역주의 정당이 지역에서 집권한다. 이들은 각 집권 지역의 고유문화와 언어, 춤이나 노래, 혹은 관습 등을 보존하고 발전시키는 일에 열성을 다한다. 물론 우리나라의 광주비엔날레나 부산영화제같은 행사도 나쁘지 않지만 그보다는 상시적으로 이루어지는 지역문화의 재발굴과 지역 예술가의 지원이 더 중요하지 않을까? 20세기 중반부터 화두가 된 지속가능한 삶이란 인류가 작은 마을 단위, 혹은 작은 공동체 단위로 움직일 때만 가능하다.

스페인을 아시나요?

바르셀로나 올림픽 광고가 생경하게 보였듯이 1990년대 초반만 해도 스페인은 우리에게 낯설게 보였다. 유럽에서는 변경에 불과한 스페인을 굳이 알아야 하나 생각했을지도 모른다. 하지만 요즈음은 드라마나 예능 프로그램* 등을 통해 스페인의 이모저모가 적극적으로 소개되고 있다. 스페인이 도외시되었던 그간의 상황을 보면서 나는 우리의 서양 내지

■ * 드라마 〈알함브라 궁전의 추억〉과 예능 〈꽃보다 할배〉, 〈스페인 하숙〉, 〈세빌리아의 이발사〉 등 다수의 TV 프로그램을 통해 과거에 비해 스페인이 더욱 친숙해졌다.

유럽에 대한 인식이 너무나 좁고 얕음을 절감한다. 얼마 전까지만 해도 우리가 생각하는 서양이란 기껏해야 프랑스, 독일, 영국, 그리고 미국 정도였으니까.

이는 서양에 대해 그런 것처럼, 동양이라는 관념에서 동남아, 인도, 중동, 터키를 제외한 채 더욱 좁게 중국만을 말하는 것과 같다. 동양철학이니 동양화니 하면 바로 중국 것을 떠올리지 않는가? 이러한 편견은 소위 선진 강대국만을 섬기는 사대주의, 차별주의, 인종주의에 불과하다.

세상의 모든 나라는 하나같이 소중하다. 77억 인구가 모두 소중하듯이. 그 어느 나라의 말이나 문학은 모두 똑같이 가치 있는 것이지 영어, 독어, 불어, 중국어나 그 문학만이 중요한 것은 결코 아니다. 강대국만이 나라가 아니다. 그곳 사람들만이 인간이 아니다.

물론 우리는 그 모두를 잘 알 수 없다. 따라서 그중 우리와 사정이 비슷한 나라에 특별한 관심이 갈 수밖에 없을 것이다. 유럽에서 우리와 비슷한 역사적 경험을 한 나라는 스페인뿐이다. 스페인은 한때 세계 최강의 제국이었지만 지난 300년간 유럽의 후진국이자 독재국으로 몰락했다가 최근에 민주화되었는데, 오랜 후진과 독재로부터 최근에 와서야 민주화로 가고 있는 것은 기본적으로 우리도 마찬가지다. 우리가 스페인처럼 해양제국인 적은 없었지만 1세기 전만 하여도 소중화 운운하면서 세계의 중심을 자처하지 않았는가? 물론 소름 끼칠 정도로 황당한 우물 안 개구리의 망상이었지만.

우리나라와 스페인에서 '국가' 또는 '정부'는 오랫동안 괴물의 모습을 하고 있었다. 이는 바로 고야가 대결하고자 한 괴물이다. 총을 들고 거리를 점령한 군인들의 모습 역시 한국에서도 낯선 풍경이 아니었다. 유럽 여러 나라 가운데 오직 스페인에서만 볼 수 있었던 이 괴기한 풍경은 프랑코가 죽은 1975년 이후 사라졌다.

우리가 유럽 국가 중 스페인, 이탈리아의 라틴계와 닮았다는 것은 잘 알려져 있다. 내 생각에는 이탈리아보다는 스페인에 더 가깝다. 한국과 스페인은 사람도, 자연도, 음식도 비슷하다. 스페인과 우리가 더욱 닮은 점은, 두 나라에는 여전히 민주화를 가로막는 괴물 또는 가시밭길이 놓여 있다는 사실이다.

정열의 나라?

흔히 스페인 하면 '정열의 나라'라고 생각한다. 정열이 나쁜 것은 아니지만 어떤 나라를 그렇게 한마디로 규정하는 것은 문제다. 프랑스 하면 예술의 나라, 독일 하면 학문의 나라니 하는 것도 문제이나 그래도 정열의 나라라고 하는 것보다는 구체적이고 호의적이다. 정열은 이 세상 모든 인간의 고유한 속성이고, 각 나라에는 그 나라만의 학문과 예술이 있다. 당연히 한마디로 정의하기 어렵다. 이는 우리 스스로 우리나라를 정의할 수 없는 것과 같다.

스페인의 정열이란 흔히 요란하게 플라멩코 춤을 추며 온몸을 흔들어대는 짙은 화장의 카르멘 그리고 그녀와 열정적으로 사랑하는 화려한 옷의 투우사가 벌이는 격렬한 투우 경기 등으로 상징된다. 그러나 어느 나라에나 춤추는 여인은 있고, 손에 땀을 쥐게 하는 경기도 있다. 우리에게 탈춤이 있고, 씨름이 있으며, 춘향이 있는 것과 마찬가지다. 나는 그것들이 스페인의 경우보다 덜 정열적이라고 생각하지 않는다.

설령 스페인인이 정열적이라고 해도 모든 스페인 남녀가 카르멘이고 투우사는 아닐 것이다. 그런 남녀는 스페인에서도 극소수다. 더욱이 19세기 스페인에서는 이러한 유형의 사람들이 드물었다. 19세기 스페인 소설에 등장한 카르멘과 같은 여주인공은 메리메(Prosper Mérimée, 1803~1870)라는 프랑스 여행객의 상상력이 빚은 허구일 뿐이다.

따라서 스페인을 그 둘로 동일시할 수 없는데도 우리는 스페인을 일반화하여 생각한다. 다른 나라에 대해서도 마찬가지다. 이를 어떤 고정된 한 가지만을 변함없이 생각하는 스테레오 타입, 혹은 어느 한 가지만으로 전체를 싸잡아 말하는 후광효과(後光效果)라는 단어로 설명할 수 있다. 사실 아는 것이 얕고 좁고 짧으면 그런 생각에 쉽게 사로잡힌다. 스스로 찾아보고 생각하여 판단하지 못하면 유아의 사고방식에 머물게 된다. 그러나 유아가 아닌 성인들이 그렇다면 이는 큰 문제이다.

우리나라에는 엉터리 토막 상식의 암기를 지식인 양하는 위험천만하고 유치한 풍조가 여전히 만연하다. 예로부터 아는 것이 권력에 의해 획일적으로 결정되고, 그것과 다른 것, 낡은 것이 아닌 새로운 것에 대해서는 권력에 의한 폭력이 가해진 탓이다. 그러나 이대로는 발전도 변

화도 있을 수 없다. 아니, 그 전에 무엇보다도 진실이 무엇인지 알아야
한다.

우리는 스페인만이 아니라 모든 사물이나 현상을 바라볼 때 스테레
오 타입이나 후광효과로부터 벗어나야 한다. 스페인에서도, 한국에서도,
미국에서도, 북극에서도, 아프리카에서도, 사람들은 먹고 마시고 울고
웃고 춤추고 노래한다. 그렇게 산다. 인간의 삶은 국가나 인종으로 일반
화할 수 없는 개인의 것이다.

스페인 관광

요즈음에는 뭐든 궁금한 게 생기면 인터넷 검색창에 단어를 적어 넣으
면 된다. 그러면 가장 기본적인 것부터 전문적인 것에 이르기까지 정보
들이 쭉 뜬다. 같은 내용을 외국어로 검색하는 것도 어렵지 않다. 여행
도 그렇다. 인터넷 검색창에 '스페인'을 입력하면 스페인에 대한 백과사
전식 정보가 먼저 나오고 그 뒤로 스페인 여행사, 스페인 음식, 스페인
에 가야 하는 이유, 예능 프로그램에 소개된 스페인 등의 기사가 뒤를
잇는다. 우리에게 한 발 가까워진 스페인은 유럽 내 타국 사람들에게 이
국적인 풍광으로 사랑받는 여행지로 손꼽힌 지 오래다. 독일이나 영국처
럼 비가 많이 오는 나라 사람들에게는 1년에 한 번 스페인 바닷가로 휴
가를 떠나는 게 큰 즐거움이다.

한 가지 눈여겨볼 점은 이탈리아나 프랑스, 영국 또는 독일의 경우엔

유명한 문화유산이나 미술관 또는 대학, 백화점 등 멋진 문물 위주로 소개되지만 스페인은 대개 강렬한 색채의 자연이 사랑과 정열, 꿈과 모험, 단순과 소박, 빛과 그림자 등 대비되는 말과 함께 소개된다. 사소하게 보이는 차이점인데 이것이 결국 우리의 인식을 쥐고 흔들기도 한다. 물론 위에 언급한 표현들은 대개 예술가나 학자, 언론이나 방송인들이 사용하는 말이다. 그런데 정말 우리는 이러한 광고성 문구들로 스페인을 단정해도 괜찮은 걸까?

스페인은 유럽의 맨 밑이자 대서양 옆, 아프리카 바로 위에 있다. 그렇게 아프리카와 유럽이 교차하고 유럽 문화의 발상지인 지중해 연안에 위치하면서도 대서양과 교차하며, 나아가 대서양을 사이에 두고 아메리카 대륙에 대면한다. 각각의 문명이 십자형으로 만나는 교차로로서 편리한 점도 있지만 그만큼, 즉 예수의 십자가처럼 위험할 수도 있다. 그 이유를 살펴보자.

이베리아반도는 지중해를 휘저었던 가장 활발한 민족들로부터 침략을 당했고, 가장 선진적인 유럽 문명이 꽃피었으며, 아프리카로부터 유럽을 막는 방파제이자 대서양에 대한 유럽의 선취권을 주장하며, 유럽 문명을 전달하는(또는 침략하는) 선구이기도 했다. 이렇게 스페인은 바다를 통해 세계와 연결되었다. 15세기 '지리상의 발견*'의 선두주자였다.

■　* 이 말은 유럽이 아메리카를 '발견'한 것이라고 한 점에서 잘못된 것이고 솔직하게 '침략'이라고 해야 할 것이다. 이에 비해 일본은 우리를 '침략'했다고는 하지 않지만 그래도 '발견'했다고는 하지 않아 다행이랄까? 그러나 '개화'시켰다는 주장을 하고, 더욱 우스운 것은 우리도 그 말을 쓴다는 점이다.

그러나 대서양과 지중해, 피레네산맥은 스페인과 세계를 연결해주는 동시에 벽이 되기도 했다. 지리적 조건이란 그것을 어떻게 이용하느냐에 따라 좋을 수도 나쁠 수도 있다. 우리가 반도라고 해서 섬나라 일본보다 무조건 낫다고 할 수 없는 것처럼 말이다. 일본은 일찍부터 세계를 무대로 발전했고 우리는 수천 년 동안 섬 중의 섬 같이 살아왔다. 대륙과 붙은 국경지대가 한반도 주위의 10분의 1이나 되는 데다가 저 원수 같은 삼팔선은 남한을 완벽한 섬으로 만들고야 말았다. 그러니 섬이라고 해서, 반도라고 해서 문제될 것은 없다. 하기 나름으로 개방적일 수 있고 살기 나름으로 폐쇄적일 수 있으므로 반도 근성이니 섬 근성이니 하는 소리는 의미가 없다. 스페인도 마찬가지다. 시대에 따라 개방적이기도, 폐쇄적이기도 했다.

스페인의 자연

스페인의 면적은 한반도의 2배, 남한의 5배 이상이다. 유럽에서도 독일, 프랑스에 이어 세 번째로 큰 나라지만 산지가 많아 농사를 지을 수 없는 곳도 많다.

스페인 사람들은 중국 사람처럼 허풍떨기를 좋아하는지 자기 나라를 '소(小) 유럽'이니 '유럽의 축도'라고 한다. 물론 지형과 기후가 다양한 것은 사실이나 여긴엔 분명 유럽 지향이라는 잠재의식도 작용했을 터다. 우리가 '소중화'를 주장했듯이 말이다. 그러나 여행을 하다 보면 다채로운 서유럽에 비해 단조로운 풍광에 놀라게 된다. 어디를 가도 황량하다.

생각해보라. 시베리아와 사막이 함께 있는 스페인을. 물론 시베리아는 러시아에 있고, 스페인에는 사막이 없다. 그러나 시베리아와 꼭 같은 곳이 있다. 덕분에 〈닥터 지바고 Doctor Zhivago〉라는 오래된 명화가 이곳에서 촬영되었고, 사막을 배경으로 한 장르물 마카로니 웨스턴*도 스페인에서 찍었다. 물론 그것도 보기 나름으로는 다양성이라면 다양성이겠으나 내게는 모두 황량하게만 보인다.

또한 스페인은 지형적으로 유럽에서 고도가 가장 높은 나라다. 스페인 중앙부에 위치한 마드리드는 해발 646m의 도시다. 유럽의 수도 중에서도 가장 고도가 높다.**

고도가 높아 태양에 가까운 이유에서인지 스페인은 '태양의 나라'라고도 불린다. 이는 스페인이 유럽이기는 해도 그 속성은 아프리카에 가깝다는 것을 나타내는 표현이 아닐까? 스페인에는 훌륭한 관광자원도 많지만 무엇보다 최대의 자원은 바로 햇빛이다.

매년 스페인을 찾는 관광객은 스페인 인구의 2배에 가깝다.*** 천 년 훨씬 전부터 관광객은 많았다. 그래서일까? 우리나라처럼 문화관광부를 따로 두지 않는다. 스페인 남부와 서부의 지중해 연안은 햇빛이 비치는

■ * 이탈리아 또는 이탈리아-스페인 합작 서부영화를 총칭하는 말로, 미국 서부극을 모방하였으며 비정함과 잔혹성을 특징으로 한다. 마카로니 웨스턴, 스파게티 웨스턴이라고도 한다.
** 고야의 고향, 스페인 북동부 아라곤 지방에 위치한 사라고사 마을의 해발고도는 214m이다.
*** 스페인의 인구는 4765만이다. 연간 8천 200만 명(2018년 기준)의 외국인 관광객을 유치한다.

일조시간이 연간 3,000시간대로 가장 길다. 심지어 피레네산맥 아래의 구름이 많은 지역도 연간 일조시간이 2,000시간 정도이다. 연간 일조시간이 3,000시간대라면 1년에 맑은 날을 300일로 잡았을 때 하루 중 열 시간 태양이 비친다는 뜻이다. 또한 스페인 중부지방은 대륙성 기후여서 우리처럼 춥고 더운 게 분명하다. 기후 탓인지도 모르지만 스페인 사람들도 대체로 우리 민족처럼 좋고 싫은 것이 분명하다.

성격이 강한 것은 요리와도 관련이 있는 듯하다. 스페인 요리의 기본이 마늘인 점도 우리와 같다. 스페인은 유럽에서 가장 활발하게 마늘을 사용하는 나라로 알려졌다. 대표적인 요리로 소파 데 아호(Sopa de Ajo)라고 부르는 '마늘수프'가 있다. 이는 중부 카스티야 지방의 전통 요리로 말 그대로 마늘을 기본 재료로 해서 끓인 수프다. 한국인 입맛에도 아주 잘 맞아 한국 관광객들이 스페인에 가면 한 번은 꼭 찾아서 먹게 된다. 용도는 딱 보면 알 만하지만 외국인들이나 현지인들이나 전날 거하게 한잔하고 해장하는 용도로 즐겨 찾는다.

에스파냐

스페인 사람들은 자신들의 나라를 '에스파냐'라고 부른다. '스페인'은 영어식 이름으로, 이는 우리가 우리나라를 '코리아'라고 칭하지 않고 '대한민국'이라고 하는 것과 같다. '에스파냐'는 옛날 그리스 시대부터 사람들이 부르던 이름이라고 한다. '해가 지는 곳'이라는 뜻의 에스파냐는 그 위치가 그리스 쪽에서 보면 해가 지는 서쪽에 있기 때문에 붙은 것이다. 우리처럼 '토끼의 나라'라는 뜻이라고 하는 설도 있으나 그렇다고 하여 스페인이 평화를 사랑하는 유약한 나라라는 식의 황당한 이야기는 없으며 굳이 그 반대를 찾아 호랑이 등으로 형용하는 짓도 하지 않는다. 도대체 그런 것이 무슨 의미가 있겠는가?

여기서 우리는 스페인이라는 말이 본래 국명이 아니라 지명이었다는 점에 주의해야 한다. 특정한 땅을 표시하는 이름일 뿐이었다는 것이다. 스페인을 국명으로 사용한 것은 16세기이고 그 전에는 스페인 내 여러 왕국의 이름이 사용되었다. 지금도 정식 명칭은 '에스파냐 왕국(Reino de España)'이다.

우리나라에서는 스페인을 그런 영어식 이름 외에 다시 한자로 서반아(西班牙)라고 쓰고 읽는 사람들도 있다. 그러나 이는 코카콜라를 가구가락(可口可樂)라고 하는 것과 같이 요상한 중국식 읽기에 불과하다. 독일이라는 한자가 중국어나 일본어 발음으로 도이 또는 도이츠, 불란서가 후란스인 것도 그 나라 이름들과 비슷하게 만든 조어인데, 우리가 이를 따라 그 나라 이름들과 조금도 비슷하지 않은 우리 식으로 읽는 게 이상한 것과 마찬가지다. 따라서 서반아란 말은 쓸 필요가 없다. 국어사전에는 에스파냐와 스페인이 모두 등재되어 있지만, 이 책에서는 '에스파냐'보다 익숙하고 편안한 '스페인'이라고 부르겠다. 또한 나는 이 책에서 일반 독자에게 익숙하지 않은 스페인어를 그대로 표기하지 않고 영어식으로 표기한다.

스페인 이미지

에스파냐가 영어식 이름으로 알려져 있듯, 스페인에 대해서도 스페인 사람이 아닌 외국인을 통해 알려진 것이 많다. 예컨대 스페인의 정열적인 여성상을 상징하는 '카르멘'은 프랑스 소설가 메리메가 쓴 동명 소설 (『Carmen』(1845), 그 발음도 굳이 스페인식으로 하자면 '카르(어)멘'이 되나 그냥 카르멘이라고 하자)의 여주인공이고, 돈 후안(보통 돈 판이라고 하나 이것도 Don Juan의 일본식 발음이고 영어나 불어로는 돈 주안, 스페인어로는 돈 후안이다)도 프랑스의 몰리에르(Molière, 1622~1673)나 영국의 바이런(George Gordon Byron, 1788~1824)이 쓴 동명 작품 『돈 후앙*Don Juan*』(각각 1665, 1819~1824)에 등장한다.

그 외 몰리에르와 함께 우리말로 번역되지 못한 스탕달(Stendhal, 1783~1842)의 중편소설 『상자와 망령*Mina de Vanghel*』(1830)도 스페인 그라나다 지방을 배경으로 한다. 기타 스페인을 배경으로 한 작품으로는 위고(Victor-marie Hugo, 1802~1885)의 『에르나니*Hernani*』(1830)가 있으나 이 역시 번역된 바가 없다. 메리메는 19세기 프랑스 소설가 중에서 스페인을 작품의 배경으로 가장 많이 다룬 작가이나 『카르멘』과 『콜롱바*Colomba*』(1840) 외에는 우리말 번역이 없다. 이 둘은 '정열적인 여성상'을 창조한 작품이라는 공통점이 있다.

현대문학에서도 스페인은 더욱 중요한 무대이나 하나의 사건에 집중되어 있다. 즉 오웰(George Orwell, 1903~1950)의 『카탈루냐 찬가*Homage to Catalonia*』(1938)와 말로의 『희망*L'Espoir*』(1937), 그리고 헤밍웨이(Ernest

Hemingway, 1899~1961)의 『누구를 위하여 종은 울리나*For Whom the Bell Tolls*』 (1940)는 모두 스페인 시민전쟁(1936~1939)을 다룬 걸작들이다. 오웰과 말로, 헤밍웨이 이 세 사람 모두 시민전쟁에 참가했는데, 나는 이 세 작품을 20세기 문학을 대표하는 최대 걸작으로 평가한다.

20세기 스페인을 상징하는 스페인 내란 또는 스페인 내전으로 번역되기도 하는 '스페인 시민전쟁'에 대해서는 뒤에서 상세히 설명하지만, 여기서 우선 간단히 살펴본다. 앞서 말했듯이 스페인은 유럽에서 가장 늦은 1931년까지 왕국이었다가 공화국이 되었으나, 1936년 프랑코 장군이 쿠데타를 일으켜 공화국을 지지하는 시민군과 3년의 전쟁을 치르게 된다. 그런데 그것은 단순히 내란이나 내전이 아니라 사실상 프랑코를 지지한 독일 나치와, 시민군을 지지한 세계 시민(을 대표하는 의용군)과의 전쟁이었다. 아나키스트들은 그 시민군의 중심이었다.

말로는 1936년 스페인 시민전쟁에 참전한다. 그 역시 아나키스트적인 성향으로 화려한 현실참여 속에서도 공산당에 가입한 적은 없다. 이러한 체제와의 갈등은 시민전쟁이 공산당에 의해 파멸된 시점에서 극단에 이르렀다. 그가 시민전쟁 중인 1937년에 발표한 『희망』은 원리로서의 아나키즘과 정치적 유효성의 원리인 공산주의와의 대립이라고 하는 주제를 끝없이 반복했다.* 말하자면 아나키즘의 원칙인 반권위주의와 그

■　　* 물론 이 소설은 아나키즘만을 다루고 있는 것은 아니다. 30명 이상이 중요인물로 등장하는 이 작품의 작중인물들은 아나키즘을 비롯한 다양한 사상의 신봉자들이다. 그들이 다큐멘터리 영화의 수법으로 허구와 함께 뒤섞여 있는 1930년대 최대 명작이다. 그 중 작가의 분신은 비행대장인 마냥Magnin이다. 이 소설은 말로 문학의 변화라는 점에서도 주목된다.

결론인 절대평화주의를 가혹한 전쟁 상황에서 과연 지킬 수 있겠는가 하는 의문이었다. 그래서 말로는 "역사에서 성공한 아나키스트는 오직 예수, 한 사람뿐이다."라고 주장했다.* 또한 말로는 고야에 대한 중요한 책**을 썼다는 점(우리말 번역은 없지만)은 기억해두자.

오웰 역시 아나키스트들의 천국이었던 스페인이 시민전쟁의 말기에 이르러 소련의 지시를 받은 공산당에 의해 지옥으로 변하는 시민전쟁의 처참한 변화를 극명하게 묘사했다. 그러나 공산당은 자신이 만난 아나키스트 병사의 '수정같이 맑은 정신'까지 파괴하지는 못했다고 『카탈루냐 찬가』에서 노래한다. 그가 뒤에 공산당을 더욱 본격적으로 비판한 『동물농장*Animal Farm*』(1945)이나 『1984*Nineteen Eighty-Four*』(1949)는 시민전쟁의 경험을 토대로 한 것이었고, 나는 그가 아나키즘에 공감한 작가라고 믿고 있다.

헤밍웨이의 『해는 또다시 떠오른다*The Sun Also Rises*』(1926)도 스페인을 배경으로 한 작품이며, 특히 투우 축제를 다루었다. 삶의 목적을 상실한 채 파리에 사는 미국인 몇이 투우를 보러 바르셀로나에 갔다가 투

－ 중국이나 동남아를 배경으로 한 그 전의 소설에서 그는 동양적인 무상을 모험의 이유로 삼았으나 스페인에서는 인류에 대한 봉사를 그 이유로 삼는다. 소설의 마지막에서 마냥은 "인간과 행동으로 연결되면 마치 사랑으로 연결된 연인들처럼 혼자서는 도저히 이를 수 없는 경지에 이를 수 있다."고 말한다. 또 하나 이 소설에서는 민중이 주인공으로 등장한다. 이 점도 과거에는 지성인 중심이었던 점과 다르다. 그 배경이 동양이어서 아예 지성은 없고 민중도 배제된 것인가? 반면 스페인은 유럽이어서 그 민중이 주인공으로 등장하는 것인가? 그런 점에서 말로에게는 분명히 오리엔탈리즘의 요소가 있다.

* Marlaux, 'Espoir, 594

** A. Marlaux, *Saturne:essai de Goya*, La Galerie de la Pleiade, Paris, 1950.

우의 매력에 빠지는 이야기이다. 그는 이 작품으로 '잃어버린 세대(Lost Generation)'를 대표하는 작가가 되었다. 현대 서양 작가 중에 헤밍웨이만큼 잔혹하고 원시적인 스페인에 매료된 작가는 없다. 1932년 그는 투우를 비극적 의식으로 파악한 『오후의 죽음*Death in the Afternoon*』까지 썼다.

헤밍웨이는 오웰처럼 아나키즘에 적극적으로 공감하지는 않았으나 공화국과 시민군을 지지하여 참전했고, 1937년 3월부터 5월까지 〈스페인의 대지*The Spanish Earth*〉라는 제목의 다큐멘터리를 제작했으며, 스페인 내전을 다룬 희곡 『다섯째 칼럼*The Fifth Column*』(1938)을 썼다. 그는 시민전쟁이 끝난 뒤에도 스페인의 환상에 시달릴 정도로 스페인을 좋아했으나 프랑코가 시민전쟁에 참여한 작가들의 입국을 금지했기에 가지는 못했다. 그러다가 1953년, 달러가 필요했던 스페인이 관광개방을 위한 정책을 마련하면서 헤밍웨이도 스페인에 갈 수 있었다. 당시의 기록이 1961년 자살하기 직전에 쓰인 『위험한 여름*The Dangerous Summer*』(1985)이다.

오웰과 함께 헤밍웨이도 스페인 시민전쟁을 망치는 공산당을 비난했다. 그는 그 자신과 마찬가지로 『누구를 위하여 종은 울리나』(1940)의 주인공 죠단으로 하여금 스페인을 아름다운 나라라고 생각하기에 싸울 가치가 있다고 말하게 한다. 말하자면 『노인과 바다*The Old Man and the Sea*』(1952)를 비롯한 다른 작품에서처럼 자기희생적인 죽음의 미학이 강조되고, 그것을 망치는 공산당을 비판하여 전쟁이 끝난 뒤 미국에 돌아온 참전용사들과 대립했다. 그러나 헤밍웨이는 제2차 세계대전 후 맥카시 선풍에 의해 그 용사들이 감옥살이를 했을 때 끝까지 지원했다.

헤밍웨이 등과 달리 시민전쟁에 직접 참여하지는 않았던 카뮈(Albert Camus, 1913~1960)는 스페인을 배경으로 한 『계엄령L'État de siège』(1948)을 통하여 시민전쟁 후의 전체주의를 비판했고, 최근 우리말로 번역된 독일 작가 엔첸스베르거(Hans Magnus Enzensberger, 1929~)의 『아나키의 짧은 여름Der kurze Sommer der Anarchie』(1972)은 시민전쟁에서 죽은 아나키스트 지도자를 주인공으로 한 다큐멘터리 수법의 독특한 작품이다. 엔첸스베르거는 우파는 물론 이데올로기에 응고된 좌파도 공격한 자유로운 지성으로서 그 역시 1968년 학생운동 당시의 논객이었으면서도 소비적인 그것을 비판하고 시민전쟁의 검소한 아나키스트들을 찬양했다.

음악 속 스페인

스페인 음악이라면 달콤한 목소리의 이글레시아스(Julio Iglesias, 1943~)[*]를 떠올릴 사람이 많겠지만, 여기서는 오페라에 등장하는 스페인을 살펴본다. 가장 유명한 것은 역시 비제(George Bizet, 1838~1875)의 〈카르멘Carmen〉(1875)이다. 〈카르멘〉은 프랑스 오페라 중에서 세계적으로 가장 많이 상연되는 오페라이며, 그 배경인 스페인 남부의 도시 세비야(Sevilla)는 로시니(Gioacchino Rossini, 1792~1863)의 가극 〈세비야의 이발사

---

[*] 스페인의 가수이자 작곡가이며 영화배우. 14개 언어로 80장의 음반을 발매, 전 세계적으로 3억장의 음반 판매. 소니 뮤직 엔터테인먼트에 의하면 세계에서 가장 많은 음반을 판 음악가 5명에 든다고 한다.

Il barbiere di Siviglia〉(1816)와 모차르트(Wolfgang Amadeus Mozart, 1756~1791)의 오페라 〈피가로의 결혼Le Nozze di Figaro〉의 배경이기도 하다.

그 밖에 좀 덜 유명한 것으로 베토벤(Ludwig van Beethoven, 1770~1827) 의 유일한 오페라인 〈피델리오Fidelio〉(1805), 도니체티(Gaetano Donizetti, 1797~1848)의 〈라 파보리트La Favorite〉(1840), 베르디(Giuseppe Verdi, 1813~1901)의 〈에르나니Ernani〉(1844)와 〈일 트로바토레Il trovatore〉(1853), 〈운 명의 힘La forza del destino〉(1862), 〈돈 카를로Don Carlos〉(1867)도 스페인을 배경 으로 한다.

그러나 〈피델리오〉는 그 배경이 16세기 스페인일 뿐 사실은 프랑스 혁 명 때 파리에서 일어난 사건을 소재로 하였다. 로시니의 〈세비야의 이 발사〉 역시 〈피가로의 결혼〉과 함께 1775년 프랑스인 보마르셰(Pierre-Augustin Caron de Beaumarchais, 1732~1799)가 쓴 소설에 근거하는 것으로 프랑스 혁명에 영향을 끼친 작품이고, 그 무대도 17세기 스페인이다. 이 처럼 당시 오페라에 실제 무대인 프랑스가 아니라 스페인을 선택한 이 유는 스페인이 현실을 대신할 수 있는 가상공간처럼 생각되었기 때문이 다. 프랑스를 직접 프랑스 무대에 올리는 것은 너무나도 위험했다.

〈카르멘〉도 스페인을 정확하게 표현한 것이라고는 할 수 없다. 왜냐하 면 원작자 메리메도 스페인 여행객에 불과했고 더욱이 비제는 스페인에 대해 아무것도 몰랐다. 우리나라 오페라 해설서*를 보면, 흔히 기독교 사

■   * 문호근, 내가 사랑한 음악 속의 사람들, 개마고원, 1997, 200쪽

회인 프랑스에서 비기독교 사회인 스페인을 이국으로 생각하고 자유분방한 사랑을 스페인적인 것으로 상정했다고 하지만 이는 스페인을 몰라도 한참 모르는 이야기다. 스페인만큼 철저히 기독교가 뿌리박은 곳은 없기 때문이다.

스페인 사람들은 돈 후안을 자랑스럽게 생각한다. 이는 스페인의 가부장 문화 때문인 것 같다. 반면, 카르멘을 창조한 프랑스인 메리메의 소설이나 비제의 오페라를 두고서는 외국인을 만족시키는 이국정서에 가득한 작품이라고 평가하며 카르멘은 집시일 뿐, 스페인 여자가 아니라고 여긴다.

그러나 메리메는 이 작품을 세르반테스(Miguel de Cervantes Saavedra, 1547~1616)의 『돈키호테*Don Quixote*』(1605)에 나오는 일화(제2부 제60장)로부터 힌트를 얻어 썼으니 전혀 남의 이야기는 아니라고 할 수 있다. 하지만 소설 『카르멘』에 나오는 '스페인식 30가지의 미인 기준론'은 앞으로 고야가 그리는 여자들을 볼 때 하나의 기준이 될 수 있기에 여기 소개한다. 고야의 그림 속의 여자들은 대체로 아래의 기준을 충족한다.

첫째, 피부, 이빨, 손은 희어야 한다.
둘째, 눈, 눈썹, 속눈썹은 검어야 한다.
셋째, 입술, 볼, 손톱은 붉어야 한다.
넷째, 몸통, 머리카락, 손은 길어야 한다.
다섯째, 이빨, 귀, 발은 짧아야 한다.

여섯째, 젖과 젖 사이, 이마, 눈과 눈 사이는 넓어야 한다.

일곱째, 입, 좌우 허리나 가슴, 발 앞은 좁아야 한다.

여덟째, 팔, 넓적다리, 장딴지는 굵어야 한다.

아홉째, 손가락, 머리카락, 입술은 가늘어야 한다.

열째, 젖꼭지, 코, 머리는 작아야 한다.

어느 정도 수긍은 가지만, 팔이 굵어야 한다는 대목에서 의문이 든다. 고야의 그림 〈나체의 마하〉를 비롯하여 그의 그림에 등장하는 대부분의 여성들은 팔뚝이 엄청나게 굵어 놀라움을 자아내는데, 그게 어째서 매력이었을까? 당시 여성의 노동력을 중시한 탓일까? 오페라 〈카르멘〉에서 카르멘은 담배공장 노동자로 나온다. 그러나 소설에서도 오페라에서도 카르멘이 왜 담배공장에서 노동을 해야 했는지에 대한 설명은 찾아볼 수 없다. 이는 메리메나 비제가 당시 여성의 현실과 노동에 대해서는 관심이 없었음을 말하는 것은 아닐까?

오페라 〈카르멘〉

〈카르멘〉의 시대적 배경은 1820년경을 전후로 한다. 이는 우리의 주인공 고야가 죽을 무렵이지만 실상은 고야가 살았던 시대와 다름이 없다. 우리는 사실 소설보다도 오페라를 통해서 카르멘을 접하는 경우가 많은데 소설과 오페라는 많이 다르다. 특히 소설에는 잔혹한 장면이 많지만 오

▲ 오페라 카르멘 포스터, 1896년

페라에는 이러한 장면들이 거의 생략되어 만화 같다. 〈카르멘〉은 오페라 중에서도 가장 충격적이고 사실적인 작품으로 소개되지만, 실은 소설에 비하면 동화와 같은 수준이다. 이는 음악으로서의 오페라와 문학의 차이이니 어쩔 수 없는 것인지도 모른다.

소설을 영화화하는 경우처럼 오페라로 만드는 경우에도 여러 가지 변화가 주어진다. 〈카르멘〉도 마찬가지다. 오페라에서는 돈 호세의 어머니가 보낸 청순한 시골처녀인 미카엘라가 등장하여 상당한 활약을 하는데, 그녀는 소설에는 없는 인물이다. 또한 원작에서 한두 줄로 처리되는 투우사 루카스가 오페라에는 바람둥이 투우사 에스카미요로 등장하는데다가, 원작에 창부로 나오는 카르멘은 담배공장 여공으로 변신하여 생산적인 노동에 종사한다. 게다가 주인공 돈 호세는 원작에서 범죄자로 등장하지만, 오페라에서는 치안을 담당하는 군인으로 미화되었다. 내용면에서도 원작에서는 돈 호세가 카르멘의 본 남편을 죽이고 그녀의 남편이 되는 장면이 상세히 묘사되지만 오페라에서는 생략된다.

여하튼 중요한 것은 오페라에 나오는 아리아들, 즉 카르멘의 첫 번째 아리아인 〈아바네라〉, 두 번째 아리아인 〈세끼딜랴〉, 그리고 〈아라고네즈〉 등 민족성이 강한 무곡들이다. 철학자 니체는 이 오페라를 스무 번 이상 보았다고 하는데 그가 친구로 지내고 책까지 쓴 바그너(Richard Wagner, 1813~1883)의 분위기와는 전혀 다른 비제에 그렇게 매료되었다는 점은 사실 이해하기 쉽지 않다. 그러나 반 유럽적인 것에 매료된 니체로서는 충분히 그럴 수 있겠다는 생각도 든다.

다음에 소개하는 〈아바네라〉의 가사는 카르멘의 자유로운 사랑에 대한 생각을 가장 분명하게 보여준다. 이는 어쩌면 고야가 부르고 싶었던 사랑 노래일지도 모른다.

사랑은 산새와 같아.
아무도 길들이지 못해
한번 토라지고 나면
누구도 돌이키지 못해
위협도 애원도 소용없어
말없이 있는 사람도 있어
그쪽이 나는 마음에 들어

사랑, 사랑…
사랑은 집시의 아들
결코 얽매이지 않아
날 사랑하지 않을 때 난 그대를 사랑하니
내가 사랑하면 그대는 조심해야 해

새를 잡았다하면
날개 퍼덕이며 날아가고
기다리면 더 멀리 가고

끝이다 싶으면 옆에 있고

그대 옆 쉴 새 없이

재빠르게 날다가

잡았다 하면 날아가고

놓쳤다 하면 손에 잡히고…

카르멘은 괴테, 위고, 로르카(Federico García Lorca, 1898~1936)*의 작품에
도 등장하는데, 나는 역시 스페인 시인 로르카의 시가 제일 좋다. 그
의 시 〈춤〉을 읽어보자.

세비야 거리에서

카르멘은 춤추고 있다.

머리는 벌써 희고

눈동자는 번쩍인다.

■   * 로르카는 우리에게 가장 잘 알려진 스페인 현대작가로, 죽음에 대한 의식을 형상화했다.
그는 자신의 고향인 안달루시아를 배경으로 그곳의 낡은 인습에 묶여 숙명적인 비극의 삶을
살아가면서 동시에 그 비극에 의해 정화되어 가는 여인들을 초현실주의적으로 묘사하여 세
계적인 명성을 얻었다. 로르카는 38세의 젊은 나이에 스페인 시민전쟁 발발 직후 프랑코 세
력에 의해 총살당하면서 더욱 유명해졌다. 1998년에는 로르카 탄생 100주년을 기념하여 스
페인 정부는 '로르카의 해'를 선포하고 전국에서 대대적인 행사가 벌어졌으며 세계적으로도
관심을 모았다. 영국의 엘리오트, 독일의 릴케, 프랑스의 발레리 등 20세기의 수많은 시인 가
운데 영화의 주인공이 된 사람은 없다. 그러나 로르카의 죽음을 다룬 영화를 통해 그는 20
세기 시인 중에서 예외적으로 대중적 인기를 얻은 스타급 시인이다. 영화는 로르카의 인생을
그대로 담아, 펜을 든 젊고 연약한 천재 시인은 총을 든 포악한 군인들에 의해 황야에 끌려
가 총살되는 내용을 다루고 있다.

처녀들이여
커튼을 닫아라

카르멘의 머릿속에
황색 뱀이 서린다
카르멘은 춤을 꿈꾼다
옛날의 남자들

처녀들이여
커튼을 닫아라

아이 하나도 없는 거리
그러나 길거리 구석에서 녹고 있다
낡은 가시를 구하는
안달루시아 사람들 마음의 수수께끼가.

처녀들이여
커튼을 닫아라

영화 속 스페인

내가 처음으로 본 스페인 배경의 영화는 미국에서 만든 〈엘 시드El Cid〉(1961)였고, 스페인을 제대로 알게 된 것은 헤밍웨이 소설을 영화화한 〈누구를 위하여 종은 울리나〉(1943)였다. 역시 헤밍웨이 소설의 영화화인 〈해는 또다시 떠오른다〉(1957)는 TV에서 보았으나 그저 그래서 결국 원작도 읽지 못했고 게리 그란트 주연의 스페인 배경 영화 〈자랑과 정열The Pride and the Passion〉도 TV로 보았으나 시시했다. 한참 뒤에 비디오로 피터 오툴이 돈키호테로 나오는 〈라 만차의 남자Man of La Mancha〉를 보았으나 역시 마찬가지였다.

그러나 켄 로치(Ken Loach, 1936~)의 〈랜드 앤 프리덤Land and Freedom〉(1995)은 감독에 대한 존경심을 일깨우고 시민전쟁의 실상에 처음으로 감동하게 만든 걸작이었다. 특히 아나키스트 민병대가 마을에서 토지 분배에 관해 마을 사람들과 오랫동안 회의하는 긴 쇼트는 지금도 기억에 남아 있다. 그러나 역시 스페인은 스페인 영화로 보아야 한다. 스페인 시민전쟁에 대한 것도 마찬가지다. 〈랜드 앤 프리덤〉이 공산당에 초점을 맞춘 것이라면 비센테 아란다 감독(Vicente Aranda, 1926~2015)의 〈프론트 라인Front Line〉은 트루디의 아나키즘 자체를 소재로 한 본격적인 아나키즘 영화였다.

한국에서는 스페인 영화를 보기가 쉽지 않았지만 요즈음은 인터넷을 통해 쉽게 볼 수 있다. 나의 선입견인지 모르나 부뉴엘(Luis Buñuel, 1900~1983)의 걸작들이나 사우라(Carlos Saura, 1932~)의 〈카르멘〉(1983)과 같은 스페인 영화에는 시민전쟁의 상처가 깊게 배어 있다. 프랑코는 생전에 시민전쟁의 영화화를 금지했고, 그가 죽고 2년 뒤인 1977년에 검열제가 폐지되고 나서 시민전쟁이 영화를 비롯한 예술의 소재로 다루어졌다.

부뉴엘은 영화사에 남은 전위적 초현실주의 영화 〈안달루시아의 개〉(1928)로 데뷔하여 최근 우리나라에서도 영화관에서 상영된 〈욕망의 애매한 대상〉(1977)에 이르기까지 반세기에 걸쳐 세계의 관객들을 놀라게 했다. 그는 고야처럼 아라곤 출신으로 프랑코를 피해 프랑스와 멕시코 등에서 활약했던 '국제인'이었다. 그러나 스페인의 종교적 분위기는 아나키즘에 젖어 무신론자가 된 뒤에도 그에게 영향을 미쳐 꿈을 포함한 초자연적인 힘에 대한 편애를 낳았다.

부뉴엘을 계승하는 현대 스페인 감독으로서는 역시 사우라(Carlos Saura, 1932~)가 있다. 사우라는 꿈과 현실의 혼재, 행동에 숨은 상징성, 시간적 경과의 절단 등을 이야기 구조 속에 포함시키는 독자적인 스타일을 보여준다. 플라멩코에 압도당하게 하는 사우라 감독의 〈카르멘〉(1983)은 한국에도 비디오가 있다. 이는 〈피의 혼례〉(1980), 〈사랑은 마술사〉(1985)와 함께 플라멩코 3부작을 이루며, 그 밖에 〈엘 도라도〉(1989)도 중요하다. 그러나 우리에게는 〈탱고Tango〉(1998)로 선보였다.

스페인 영화인 아르미니얀(Jaime de Armiñán Oliver, 1927~) 감독의 〈엘 니도El Nido〉(1980)는 부뉴엘처럼 난해하지는 않지만 초로의 남자와 13세 소녀라는 조금 비정상적인 관계의 비극적 순애를 묘사한 걸작이다. 그 밖에 주목할 만한 감독으로는 에리세(Víctor Erice Aras, 1940)가 있다. 그러나 〈신경쇠약 직전의 여자〉(1988)를 비롯하여 과격한 섹스 묘사로 한국에도 널리 알려진 알모도바르(Pedro Almodovar, 1949~) 감독의 작품에 대해서는 저항감이 있다.

투우와 축제

헤밍웨이는 투우(鬪牛)에 열광하여 〈해는 또다시 떠오른다〉를 썼다. 우리의 주인공 고야도 피카소도 투우를 좋아했고 자주 그렸으며, 피카소도 그랬다. 나는 그 잔혹한 장면을 본 적도 없고 앞으로도 볼 생각이 없지만 스페인에 대해 이야기하자면 투우를 빠뜨릴 수 없다.

투우는 글자 그대로 해석하면 '싸우는 소'라는 뜻이지만 사실은 '사람과 소의 싸움'을 말한다. 그 기원은 그리스 신화라고 한다. 제우스가 미녀 에우로베를 사랑하여 수소로 변해 그녀를 등에 태우고 바다를 건너 크레타섬에 닿았고, 훗날 아들 미노스가 신전을 만들어 수소를 숭배했다. 알타미라 동굴에 그려진 벽화를 보면, 스페인 사람들이 구석기 시대부터 수소를 신성시했다는 것을 알 수 있으며 이는 수소 신앙이 풍요한 생식능력을 동경하여 탄생한 것과 관련이 있다.

그러나 숭배하는 신을 왜 죽이는가? 소를 숭배하는 인도에서는 상상할 수도 없는 일이 아닌가? 인도인이 스페인을 찾아 투우를 즐기는 경우는 아마도 없으리라. 인도인과 스페인은 함께 소를 숭상하지만 그 방법이 다르다. 스페인인은 소를 잔인하게 죽임으로써 자신들이 더 강한 생식능력을 갖는다고 믿는지도 모른다.

나는 투우를 직접 본 적이 없으나 영화나 소설 등으로는 꽤 많이 보았다. 그중에 프랑스인 레리스(Michel Leris, 1901~1990)가 투우를 성행위에 비유한 것이 가장 그럴듯하다고 생각한다. 그는 투우사를 스페인의 남성상을 대표하는 바람둥이 돈 후안으로 보았으며, 그가 붉은 천으로 소를 유혹하여 칼로 찌르는 것이 바로 성행위라고 했다. 그 찌르는 행위는 규칙적으로 반복되고 투우사의 손가락이 피에 젖도록 깊이깊이 찌르는데 찌를 때마다 관중은 '오레'라고 외친다. 마치 쾌락에 젖은 여자처럼. 그리고 마지막 찌름은 정액의 힘찬 분출이고 그 순간 관중은 최대의 갈채를 보낸다. 최고의 흥분 상태에서 죽이고 죽는 것, 그것은 스페인 내지 유럽적 성애의 절정이 아닐까?

물론 이러한 해석에는 문제가 있다. 투우의 소는 암소가 아니라 수소이며 그 방법이 너무나도 원시적이고 잔인하다. 그런데도 스페인에서는 원시시대로부터 투우를 즐겨 로마시대에 와서는 콜로세움 속에서 집단적으로 즐겼고(시저가 투우를 만들었다는 이야기도 있다), 중세에는 기사가 왕족이나 귀족의 결혼식과 대관식의 축하행사로 이어졌다. 고대와 중세의 투우가 말을 타고 하는 장중한 형태였다면, 17세기 투우는 말을 이용하지 않는다. 아마도 스페인이 서서히 몰락하는 과정에서 말 대신 훨씬 속도감 있고 재미있는 현대적인 형태로 탈바꿈한 것 같다. 이는 천박한 거리의 남녀를 말하는 '마호'와 '마하'로 대표되는 서민문화가 확대된 결과이기도 하다. 18세기 스페인에서도 계몽주의자들은 투우를 금지하

▲ 마네 〈투우〉, 1865~1866년, 캔버스 유화, 89x109.2cm, 오르세 미술관

▼ 오늘날의 투우, 마드리드

고자 했으나 엄청난 저항에 부딪혀 결국 다시 행해졌는데, 그때부터 지금처럼 투우사가 땅에 서서 소와 싸우는 방식이 일반화 되었고 귀족 뿐만 아니라 일반 군중들 앞에서 구경거리로 행해지면서 오늘날과 같은 모습으로 정비되었다.

투우는 최근 수 년 동안 폭력성과 동물 학대 논란으로 비판받아왔다. 2010년, 스페인령 카나리아 제도에 이어 2012년에는 스페인 본토 최초로 카탈루냐에서 투우 금지법이 제정되었다. 그러나 2016년 스페인 헌법재판소에서 스페인 고유문화 보존을 위해 투우 금지법은 위헌이라는 판결을 내렸다.

많은 스페인 국민들이 투우를 반대하고 있으며 투우 관람객 수도 감소하고 있지만, 아직까지도 스페인에서는 연간 1,500건에 달하는 투우 관련 축제가 열린다.* 이러한 축제는 연간 6백만 명의 관광객을 끌어 모으며 이에 따른 관광 수입도 한 해에만 35억 유로에 달한다. 일부 스페인 소도시 사람들은 투우 관련 산업으로 생업을 이어 간다. 그러나 반대로 투우 경기에 소모되는 비용도 적지 않다. 투우를 중단하여 투우 행사에 소모되는 비용 및 투우사 고용에 따르는 비용과 소를 유통하고 관리하는 비용을 줄여 스페인 경기 발전을 위해 투자하자는 목소리도 나온다. 스페인투우협회(ANOET)와 동물 학대를 반대하는 사람들의 논쟁은 지금도 여전히 끊이지 않고 있다.

■　　* 스페인 정부 통계에 따르면, 2007년 기준 3651회에서 2018년 1521회로 연간 투우 개최 횟수가 반 이하로 대폭 감소했다.

한편, 투우는 주로 축제와 함께 행해진다. 포도주와 춤은 축제에서 빠질 수 없다. '페스티발(festival)'이라는 단어가 스페인어 '페스타(festa)'에서 유래되었을 만큼, 스페인 사람들은 세계 어떤 민족보다 축제를 즐긴다. 또한 다른 유럽인들과 달리 스페인 사람들은 혼자서는 술을 잘 마시지 않는다. 수만 명이 함께 취해서 광장에 모여 춤추는 장면은 스페인에서만 볼 수 있는 풍경이다. 지방에 따라 술의 종류도, 춤의 내용도 다르지만 스페인에서 술과 춤이란 혼자가 아닌 함께 즐기는 것이다.

플라멩코

흔히 스페인 고유문화로 여겨지는 플라멩코는 스페인 민족무용이기는 하지만 엄격하게는 스페인 고유의 것이 아니라 15세기 스페인 남부 안달루시아 지방에 들어온 집시들에 의해 발전되고 계승되었다는 설이 유력하다. 플라멩코라는 말 자체도 '다른 것'이라는 뜻이다.

나는 이전에 소를 숭배한다는 점에서 스페인과 인도는 공통점이 있지만 숭배 방식은 정반대라고 말했다. 그런데 플라멩코는 인도의 음악과 너무나도 유사하다. 이는 플라멩코가 인도에서 온 집시의 춤이기 때문이다. 유럽 다른 나라에도 집시가 있지만 플라멩코는 스페인에서만 보존되고 확산되어 스페인을 대표하는 무용으로 남았다.

원래 집시는 인도 북서부인 라자스탄에 살았다. 그들은 7세기경 인도에 이슬람이 침입하자 유랑을 시작하여 마침내 15세기 말경 유라시아 대륙의 서쪽 끝인 스페인에 이르렀다. 당시 스페인은 이슬람과의 국토회복전쟁에 승리하고 가톨릭을 통한 통일을 향하여 나아갔을 때여서 집시를 따뜻하게 맞기는커녕 박해했다. 플라멩코는 그러한 역사를 딛고 스페인 문화에 깊게 뿌리내렸다. 플라멩코는 과거의 전통인 동시에 현재에 전승되는 유산이며, 재창조되는 예술이자 문화다.

플라멩코는 노래와 춤 그리고 기타라는 세 가지 요소로 이루어진다. 현재 플라멩코는 모든 장르의 음악, 무용, 악기와 어우러지는 종합예술로 인정받고 있다. 스페인 감독 카를로스 사우라(Carlos Saura, 1932~)는 플라멩코 대가 안토니오 가데스(Antonio Gades, 1936~2004)와 함께 춤 3부작인 〈피의 결혼식Bodas De Sangre〉(1981), 〈카르멘Carmen〉(1983), 〈마법사를 사랑하라El Amor brujo〉(1986)를 제작하여 유수의 영화제에서 수상하며 국제적인 주목을 받기도 했다.

나는 플라멩코의 우수 어린 음악을 들으면 언제나 우리의 전통 가락과 비슷하다는 느낌이 든다. 어느 국악연구가가 우리의 〈영산회상〉이 인도의 음악에서 비롯되었다는 견해를 밝힌 바 있는데, 플라멩코를 듣고 우리의 슬픈 노래 가락이 떠오르는 것도 이 때문이지 않을까?

스페인 사회

스페인에서는 전통적으로 육체노동이 경시되었다. 이는 우리와 비슷한 부분이다. 1561년 국세조사에 의하면 당시 의사, 학자, 변호사 등 전문직 종사자는 40~50%에 이르렀다. 그러나 스페인을 여행한 외국인의 눈에 스페인 사람들은 아무것도 하지 않고 빈둥거리기만 하는 것처럼 보인다. 담배를 꼬아 물고 여자에게 치근거리기나 하고 악기를 연주하고 카드놀이를 하며 세월을 보내며 노동 자체를 인간에게 적합하지 않은 부끄러운 짓으로 여겼는데, 이러한 경향은 지금까지도 남아 있다.

우리와 다른 점이 있다면 농경이 존중되었다는 것이다. 또한 지역에 따라, 예컨대 남부와 중부 지방과는 달리 북동부 지방에서는 노동이 중시되었다. 선원과 관리, 문인의 지위는 높았지만 기계공이나 상인은 천시되었다. 우리와 달리 선원의 지위가 높았던 것은 스페인이 해양제국이었다는 점과도 관련이 있다.

노동의 천시는 사람들을 게으르게 만들었다. 농촌 일용노동자나 목수, 미장이는 점심과 간식시간까지 더해도 하루에 7시간밖에 일하지 않았고 실제 노동시간은 4시간 정도에 불과했다. 국민들은 일하지 않고 잔치나 산책을 즐기고자 했으며, 심지어 노동은 자유의 상실이자 저주이며 신이 내린 벌이라고 생각했다.

노동의 경시는 권력의 숭상과도 연결된다. 수세기에 걸쳐 스페인 사람들은 권력욕 때문에 공동사회의 이익을 희생했다. 경제적 부보다도 정치적 권력을 선호했으며 이슬람으로부터의 국토회복운동도 권력탈취를 종교적 구실에 의해 합리화한 측면이 있다. 이러한 권력 지향은 권력의 실체인 국가를 유일한 권력으로 인정하고 절대적으로 숭상하는 태도를 낳았다.

스페인에서는 전통적으로 교회, 항해, 그리고 왕가가 출세의 등용문이었다. 부자든 귀족이든 자식을 종교계에서 출세시키고자 했던 것이 제1의 욕망이었고 이를 위해 부모들은 왕가의 비서에게까지 고개를 숙여야 했다. 당시 상공업은 권력과 직결되지 않아 무시되었으며, 이러한 권력지향은 지배계급은 물론 피지배계급에서도 현저히 나타났다. 한편 하층 노동계급 사람들은 이러한 권력쟁탈전에서 제외된 채 묵묵히 일해야 했다.

스페인 정치

스페인은 성모 마리아의 나라이다. 검은 성모마리아상이 발견된 몬세라트 수도원은 스페인 3대 순례지 중 하나로, 전 세계 순례자들의 발걸음이 이어진다. 카탈루냐 사람들은 이 성모를 수호성인으로 모신다. 『스페인의 초상*Portrait of Spain*』(1963)이라는 책에 19세기에 유행한 마리아와 관련된 유명한 이야기가 있다.* 13세기의 걸출한 스페인 왕 페르난도 3세(Fernando III, 1199~1252)가 죽어 성모를 만났다. 성모는 그에게 사랑하는 스페인을 위해 무엇을 해주면 좋겠느냐고 물었다. 먼저, 왕은 포도주와 밀을 희망했다. 마리아는 흔쾌히 포도주와 밀을 주었고 왕은 이번엔 푸른 하늘, 강한 말, 용감한 남자, 아름다운 여자를 소원했다. 다시 마리아

■   * Thomas F. McGann, 1920~1982

가 그것들을 주자 왕은 더욱 많은 것을 원했고, 성모는 그의 요구를 들어주었다. 마지막으로 왕은 좋은 정치를 달라고 기원했다. 이에 성모는 낭패한 듯 고개를 저으며 "그것은 없다."라고 말했다. 좋은 정치란, 성모조차도 이룰 수 없으며 모든 천사가 내려와도 불가능하다는 이야기이다. 그만큼 당시 스페인 정치는 엉망이었다.

정국이 어지러웠던 것은 19세기만의 일은 아니었다. 적어도 13세기 이전부터 스페인 정치는 이미 엉망이었다. 서고트 왕국은 415년부터 711년까지 약 300년간 스페인을 지배했다. 그 사이 34명의 왕이 거쳐 갔으니 평균 재임기간은 10년도 채 되지 않으며, 그중 8할은 암살당했다. 치열한 권력투쟁은 최근까지도 스페인의 풍토병이라고 할 만큼 강하게 이어지고 있다.

한국에서도 권력투쟁은 치열했다. 스페인 정도는 아니나 우리 조선왕조도 권력투쟁으로 밤낮을 지새웠다. 어디 그 뿐인가? 해방 후 지금까지 온전하게 끝을 본 대통령이 있는가? 또한 그 권력투쟁 때문에 얼마나 많은 사람들이 죽었는가? 사실 그 죽음이란 얼마나 헛된 것이었는가?

우리의 권력투쟁도 스페인에 뒤지지 않는다. 나는 우리나라 좁은 땅에 많은 사람들이 살다보니 세계 최고 수준의 인구밀도를 자랑하게 되면서 한정된 자원을 차지하기 위해, 먹고살기 위해서 권력 투쟁이 생긴 거라고 생각했다. 그러나 어느 정도 먹고살게 되었으면서도 우리는 왜 그것을 그만두지 못하는가? 이제는 예술이나 문화처럼 우리의 삶을 보다 풍요롭게 만들어주는 것에 관심을 가질 만하지 않은가? 아니 권력을 탐한다

해도 예술이나 문화를 함께 탐하면 조금은 더 나아지지 않을까?

우리에게 절실히 필요한 것은 문화의 발전이다. 물론 정치는 엉망이지만 이제는 굶어죽을 지경은커녕 허기를 면한 지 한참 되었으니 세상의 온갖 예술과 문화가 편견 없이 이 땅에 소개되고 꽃피었으면 좋겠다.

2. 스페인어, 스페인 문학

스페인 언어와 스페인 문학

우리말처럼 스페인어도 발음이나 문법이 분명하다. 몸(Somerset Maugham, 1874~1965)의 스페인론 『돈 페르난도^{Don Fernando}』(1935)에는 다음과 같은 이야기가 나온다. 16세기 초엽 스페인이 제국을 형성했을 때 카를로스 1세는 폼을 잡으며 말했다. "영어는 새를 부르는 데, 독일어는 말을 부리는 데, 프랑스어는 정치를 하는 데, 이탈리아어는 연애를 하는 데 적합하지만, 스페인어는 신이나 왕과 말하는 데 적합한 유일한 말이다."라고.

사실 우리나라 사람들은 불어나 독어에 비해서 스페인어를 잘 모른다. 그러나 스페인어는 유엔을 비롯한 국제기구의 공식 언어 중 하나로, 20여 개국에서 약 4억 5200만 명의 인구가 모국어로 사용하며, 전 세계의 모든 언어 중 가장 빠른 속도로 확산되고 있는 언어이다. 특히 중남미에서는 포르투갈어를 쓰는 브라질을 제외한 모든 나라에서 스페인어를 사용한다. 스페인어는 포르투갈어와 극히 유사하여 포르투갈이 있는 이베리아반도에서도 스페인어를 사용하는 의사소통에 큰 문제가 없다. 전 세계적으로 영어를 사용하는 인구는 7억*이 넘지만, 스페인어를 사용하는 지역에서는 프랑스 이상으로 반영어(反英語) 감정이 강하다.

사실상 스페인어로 쓰인 문학작품은 세르반테스 이래 유럽문학 내지 세계문학에서, 적어도 그 역사와 규모 면에서는 그 어떤 언어권 문학보다 뛰어나다. 특히 우리와 비슷한 역사적 경험을 가진 스페인이나 중남미 제3세계권의 문학은 우리에게 서구문학보나 너 설실한 감흥을 준다. 그런데도 스페인 문학은 우리에게 주류문학이 아니다. 이는 우리가 문학에 있어서도 영·미·독·불이라는 서구 강대국 중심에 젖어 있다는 증거이다.

나는 여기서 스페인 또는 스페인어 문학에 대해 이야기할 생각은 없다. 사실 스페인 문학이라는 이름에 맞는 특수한 문학은 존재하지 않는다. 그러나 스페인 문학은 전반적으로 앞서 말한 스페인에 대한 일반적인 이미지와는 달리 정열적이지 않고 매우 주지적(主知的)이며 관조적(觀照的)이고 고답적(高踏的)이다.

나는 이러한 정(靜)적인 경향이 스페인의 참모습일지도 모른다고 생각한다. 이 점을 특히 좋아한 사람은 프랑스 작가 카뮈(Albert Camus, 1913~1960)였다. 나는 스페인 사람들이 장식도 가구도 없는 빈 방에서 마치 스님처럼 생활하는 것을 자주 보았는데, 카뮈의 작품이야말로 그

■　 * 제1언어로 영어를 사용하는 인구는 약 3억 3천 6백만 명이며, 제2언어로 영어를 사용하는 인구는 약 4억 3천만 명에 달한다. 제1언어로 스페인어를 사용하는 인구는 약 4억 5200만여 명이며 제2언어로 스페인어를 사용하는 인구는 약 6700만여 명이다.

런 방에서 읽기에 참으로 적합하다. 카뮈는 프랑스에서 작품 활동을 했지만 사실 그는 알제리 출신이다. 알제리는 프랑스보다는 스페인과 더 가깝고 카뮈의 어머니는 스페인계로, 그는 스페인 정서에 익숙한 환경에서 성장했다.

스페인 문학에서 또 하나 특징적인 것은 한 작품의 양이 비교적 적다는 점이다. 우리가 보통 중편으로 치는 200쪽 정도의 소설은 스페인에서 상당한 장편으로 취급된다. 음악도 마찬가지다. 바그너의 오페라곡처럼 연주하는 데 몇 시간이 걸리는 작품도 없고, 브루크너(Anton Bruckner, 1824~1896)나 말러(Gustav Mahler, 1860~1911)의 곡처럼 한 작품을 다 듣는 데 1시간이 넘는 작품도 없다. 심지어 베토벤이나 하이든(Franz Joseph Haydn, 1732~1809)의 곡처럼 30~40분 정도로 연주되는 교향곡도 없다. 아무리 길어도 20분 정도이니 나처럼 음악에 대한 식견이 짧은 사람에게는 스페인 음악이 적격이다.

작품 길이가 대체로 짧은 점은 그 내용과도 관계가 깊다. 장황하지 않으며 주로 사건이나 심리 묘사를 중심으로 간단하고 신랄하게 표현하는 것이 보통이다. 이런 경향 때문인지 스페인 문학에서는 자연이나 배경에 대해 길게 묘사하지 않는다. 저 유명한 『돈키호테』도 꽤 긴 작품이지만 여기에도 자연 묘사는 없다.

『돈키호테』

스페인에서는 어디를 가나 돈키호테의 동상과 저자 세르반테스(Miguel de Cervantes Saavedra, 1547~1616)의 동상을 쉽게 만날 수 있다. 시골에 가도 마찬가지다. 어느 곳에나 자기들 마을이『돈키호테』의 어딘가에 언급되어 있음을 밝히며 자랑하는 표찰이 붙어 있다. 스페인 시골까지 방문할 수 없는 바쁜 여행객이라면 스페인 광장으로 가보자. 마드리드의 할리우드라고 불리는 중심가 그란 비어 서쪽에 있는 스페인 광장에는 세르반테스 사후 300년을 기념하는 거대한 비석이 있고, 점잖게 앉아 있는 세르반테스 석상 앞에 손을 번쩍 쳐든 깡마른 돈키호테의 기마상과 살찐 산초 판자의 동상이 함께 서 있다. 그리고 세르반테스의 좌우에는 돈키호테가 사랑한 둘시네아와 현실의 처녀 알둔사가 함께 새겨져 있다.

돈키호테와 판자의 동상을 보면 이상하게도 친밀한 느낌이 든다. 이는 우리가 이미 돈키호테를 알고 있기 때문이기도 하지만 깡마른 그가 살찐 판자와 함께 있는 모습은 그 자체로 코미디의 한 장면처럼 보여 그에 대해 모르는 사람일지라도 웃음을 머금게 된다. 그러나 조금만 더 그 앞에 서 있다 보면 어느새 웃음은 잦아들고 삶의 진실을 퍼뜩 깨닫게 되는 아주 묘한 순간이 찾아온다.

그것은 이상과 현실의 모순이라고 하는 돈키호테와 산초 판자의 상징이 어쩌면 우리 모두의 내면에 함께 존재하는 탓인지도 모른다. 두 사람은 주인과 하인으로 각각 숭고한 이상과 비천한 현실을 상징하며 여행을 떠난다. 주인이 '이상(理想)'이라는 이름의 망상에 젖어 미친 짓을 할

▲ 세르반테스·돈키호테·산초 동상, 스페인 광장

때면 하인이 그것이 미친 짓임을 알려주며 중지하도록 설득한다. 그러나 마지막 장면에서 주인이 죽어가며 그동안 망상에 젖었음을 후회하고 하인에게 미안하다고 하자, 하인은 어서 건강을 회복하여 다시 여행에 나서자고 울면서 말한다.

나는 혼자 서 있는 돈키호테를 본 적이 없다. 돈키호테 동상은 언제나 산초 판자와 함께다. 나는 그 둘을 바라보며 나의 내면에 공존하는 그들을 항상 함께 느낀다. 특히 내가 여행객으로서 그 앞에 서는 것은 여행이라는 나의 이상(영원하고 절대적인 자유 추구)과 현실(지배와 억압 속에서 먹고살기)의 갈등이다. 돈키호테는 인간의 유동성과 현실의 다양성을 최초로 보여주었다. 그래서 『돈키호테』를 세계 최초의 현대적 소설[*]이라

■　　* 한국에서는 보통 그것을 '근대소설의 효시'라고 하나 서양인이 근대라고 함은 우리가 말하는 현대임을 주의해야 한다.

63

일컫는지도 모른다. 나는 전통적으로 우리에게는 유동성과 다양성이 없다고 느껴왔다. 끝없이 이상을 추구하나 끝내 좌절하는 주인공의 모습에는 자신의 삶과 조국의 역사에 대한 비판과 공감이 그대로 반영되어 있다. 그래서 나는 이 소설을 좋아한다.

세르반테스는 마드리드 인근에서 태어나 젊은 시절 가톨릭에 의한 세계 제패를 꿈꾸며 이탈리아로 건너가 군인이 되어 세세 역사상 가상 유명한 전투 중 하나로 손꼽히는 레판토 해전(Battle of Lepanto, 1571) 등에서 영웅으로 활약했다. 그러다 퇴역을 결심하고 귀향하던 중 터키 해적에게 붙잡혀 5년간 포로생활을 했다. 석방되어 귀국한 뒤에는 제대로 된 직장 하나 없이 몇 번이나 감옥에 드나들었고, 해군의 식량 조달이나 체납 세금을 징수하는 말단 공무원으로 스페인의 황량한 들판을 방황하며 빈곤 속에서 살았다.

이러한 개인적인 빈곤과 좌절은 조국의 급격한 몰락과도 일치한다. 세르반테스와 동시대에 살았던 화가 엘 그레코(El Greco, 1541~1614)와 벨라스케스(Diego Rodríguez de Silva y Velázquez, 1599~1660) 역시 우울한 시대에 살았다.

세르반테스는 당시 유행했던 황당무계한 기사도 소설을 타파할 목적으로 1605년에 『돈키호테』 제1부를 세상에 선보였고 그로부터 10년 뒤인 1615년에는 제2부를 발표했다. 제1부를 발표했을 때 그의 나이는 57세로, 당시의 수명을 고려하면 그야말로 은거할 나이였다.

소설의 주인공도 그와 비슷한 나이인 시골의 평범한 남자이다. 그는 황당무계한 기사도 소설에 빠진 채 광기에 사로잡혀서 스스로를 과거의 기사라고 믿고 행세한다. 그리고 이웃 마을 판자를 시종으로 삼아 비루 먹은 말을 타고 원정길에 나선다. 그는 여관을 성으로, 풍차를 거인으로 오인하고 공격을 시도하나 늘 패배한다.

이상이 제1부의 내용이다. 이어 제2부에 오면, 제1편을 읽은 공작부인 이 개입하여 돈키호테의 광기를 조롱한다는 요소가 더해진다. 결국 마지막 결투에 실패한 돈키호테는 고향에 돌아와 죽음에 이르러서야 꿈에서 깨어나 지금까지의 광기를 부정하고 기사도 소설을 저주하면서 죽어간다.

사람들은 이를 읽고 왜 돈키호테를 현대문학의 근원이라 하는지, 왜 그 후의 소설을 모두 돈키호테의 변주곡에 불과하다고 하는지 의문을 제기할 수도 있다. 당시 스페인 독자들은 자신들이 지금까지 읽었던 황당한 기사도 소설의 주인공과 그를 희화한 돈키호테를 비교하며 즐거워했을 것이다. 그러나 돈키호테가 스페인을 넘어 세계적으로 읽히면서 현대문학의 전형이 된 데에는 정치적인 요인도 있다.

그때까지만 해도 스페인은 세계 최강국으로, 프랑스를 비롯한 여러 나라들은 스페인을 질투했다. 그런데 그런 나라들이 돈키호테를 열렬히 환영했다는 것이다! 이런 현상은 지금도 마찬가지다. 문학은 정치적으로 이용되거나 정치적인 의미를 담는다. 셰익스피어(William Shakespeare, 1564~1616)의 작품들이 세계문학으로 자리 잡은 데에는 대영제국주의라는 정치적인 배경이 있었다. 우리나라가 만약 영국처럼 대제국이었다면 우리의 고전들도 세계적으로 읽혔을 테고, 우리나라의 현대 작가들은 노벨문학상을 몇 번이나 받았을지도 모른다.

그렇다고 해서 내가 『돈키호테』의 가치를 굳이 폄하하려는 것은 아니다. 적어도 스페인 문학에서 『돈키호테』의 가치는 충분히 인정해야 한다. 여기서 스페인 문학에 대해 구구절절 설명하지는 않겠지만, 14세기부터 스페인에 등장한 피카레스크 소설*에 대해서는 잠시 언급하고 싶다. 문학사의 상식이 되었듯 피카레스크 소설은 현대적인 리얼리즘 소설의 연원이 되었기 때문이다. 스페인과 고야를 이해하기 위해서는, 문학에서 현실에 대한 사실적인 묘사가 스페인에서 시작되었다는 점을 알아두어야 한다. 세르반테스 당대에 문학은 세르반테스가 비판한 기사도 소설과 피카레스크 소설이 양대 주류를 형성했다. 『돈키호테』는 그 두가지의 극단을 비판적으로 융합한 것으로도 평가된다.

그러나 『돈키호테』는 세르반테스가 죽은 뒤 2세기 이상 잊혔다가 19세기 말에 부활한다. 세르반테스 시대 이후 스페인은 계속 몰락하여 19세기 말에는 마지막 식민지인 쿠바와 필리핀까지 독립한다. 이때 지식인들은 '돈키호테여, 죽어라.'라고 부르짖었다. 그러나 『돈키호테』는 여전히 스페인은 물론 세계 문학사와 지성사에 큰 영향을 미치고 있다.

■ * 스페인어로 '악당'을 뜻하는 단어인 '피카로(Pícaro)'에서 유래한 피카레스크 소설은 16세기에서 17세기 초반까지 스페인에서 유행한 문학 양식의 하나로 흔히 '악한소설' 혹은 '건달소설'이라고도 한다. 주인공을 중심으로 많은 사건이 연속되어 이루어지며 대부분 마지막엔 주인공의 뉘우침과 혼인으로 끝난다. 이 피카레스크 소설에서 유래, 독립된 여러 개의 이야기를 모아 어떤 계통을 세운 소설의 유형을 가리키는 형식을 피카레스크 구성이라 하며 현대에는 이런 구성 방식을 가진 소설들을 피카레스크 소설이라 부른다.

20세기 최고의 철학자라고 할 수 있는 오르테가(José Ortega y Gasset, 1883~1955)는 스페인의 모든 문제는 세르반테스적 방법에 의해 해결되어야 한다고 주장했다. 이는 스페인 사람들의 국민적 병폐라고 할 수 있는 편협성이나 관념성을 비판하며 이성을 통한 관용과 지적 성실을 희구하는 인간적 자세가 필요하다는 것이다. 마치 루쉰(魯迅, 1881~1936)이 『아큐정전(阿Q正傳)』을 통하여 이를 역설하였듯.

19세기에 이미 투르게네프(Ivan Sergeevich Turgenev, 1818~1883)가 햄릿적 인간과 돈키호테적 인간을 인간상의 가장 전형적인 것으로 비교한 이래, 그리고 도스토옙스키(Fyodor Mikhailovich Dostoevskii, 1821~1881)가 『돈키호테』를 '인류 역사상 가장 위대하고 슬픈 작품'으로 극찬한 이래 수많은 작가들의 찬양을 받으면서 끝없이 재해석되었다. 나는 세르반테스적 방법의 유머와 아이러니를 가장 잘 이해하고 체현(體現)한 작가로 체코 출신의 쿤데라(Milan Kundera, 1929~)를 꼽고 싶다.

사실 돈키호테의 황당한 모험담이란 작품 속에서 아무런 의미가 없다. 예컨대 돈키호테가 풍차를 향해 달려가는 장면은 소설 전체에서 보면 없어도 무방하다. 왜냐하면 이 작품은 모험소설이 아니라 기지와 반어로 가득 찬 '대화의 책'이기 때문이다.

돈키호테와 돈 후안, 그리고 카르멘

『돈키호테』에 제시된 돈키호테의 인간상은 이제 '이상주의자' 내지는

'공상주의자'를 상징하는 전형으로 우리에게 상식이 되었다. 또한 돈키호테의 하인 산초 판자 역시 '세속적인 복종형'이라는 하나의 전형적인 인간상으로 이미지가 굳어졌다. 카르멘이나 돈 후안 역시 요부 또는 바람둥이의 전형이 되었다. 이들은 모두 스페인 사람인 동시에 국경과 시대를 초월하는 '세계인' 또는 '보편인'이다.

그런 전형적 인간상으로 우리가 아는 인물이 또 있을까? 예컨대 괴테의 파우스트를 하나의 전형적 인간상이라고 할 수 있을까? 또는 헤세(Hermaan Hesse, 1877~1962)의 데미안을 그렇게 말할 수 있을까? 카뮈의 이방인을 그렇게 말할 수 있을까?

이런 특성을 감안해보면 스페인인에게는 인간 유형을 전형화하거나 단순화하기에 좋은, 혹은 신화화하기에 좋은 요소가 분명 있는 것 같다. 말하자면 스페인 또는 스페인인에는 극단적이라는 요소가 있다는 것이다. 문학 작품의 경우 극도의 관념성이 형식의 세련성과 함께 나타나는 점도 이를 반증한다.

그렇다고 해서 돈키호테를 스페인 사람의 전형이라고 생각하지는 않는다. 돈키호테는 한국에서 황당한 짓을 하는 사람이나 융통성이 없는 사람으로 각인되었다. 악인의 경우에도 엉뚱한 짓을 하면 돈키호테에 비유되는데, 이는 작가인 세르반테스를 모독하는 것이다. 작가는 선인이자 지성의 전형으로 돈키호테를 창조했다.

우리는 흔히 스페인의 남녀를 상징하는 캐릭터로 남자는 돈 후안, 여자는 카르멘을 든다. 그런데 이들은 안과 밖이 극단적으로 다르면서 동시에 밀접하게 관계를 맺는 표리일체(表裏一體)의 전형으로도 유명하다. 예를 들어 돈 후안의 경우 남성 우위의 화신으로서 여성을 능욕하면서 (表) 동시에 스페인의 기사도 문학에 나타나는 것처럼 극도의 여성 숭배(裏)를 보인다. 돈키호테가 둘시네아에 바친 사랑도 마찬가지다. 이는 예수보다도 성모를 열렬히 숭배하는 성모신앙의 전통과도 관련된다. 또한 카르멘은 그러한 성모와 극단적인 대조를 이룬다. 돈 후안은 파우스트와 함께 유럽에 널리 유포된 전설상의 인물이다. 그것이 최초로 스페인 문학에 나타난 것은 17세기였다. 그 후 몰리에르, 모차르트, 바이런 등에 의해 돈 후안이 재창조되었다. 한편 카르멘은 앞에서도 보았듯이 1845년에 메리메의 동명 소설에서 처음으로 등장했으며 대중화에 성공한 것은 1875년에 나온 비제의 동명 가곡을 통해서였다.

돈 후안은 '여자를 유혹하는 데 하루, 소유하는 데 하루, 이별하는 데 하루, 바꾸는 데 이틀, 잊는 데 한 시간'이라는 공식을 세워 5일마다 새로운 여성을 만남으로써 1년에 72명, 평생 2,065명이나 사귀었다는 것을 목록으로 만들어 자랑했다. 그러나 바이런의 돈 후안(1819~1824)은 전혀 다르다. 바이런의 최대 걸작인 이 이야기는 16세에 국외로 추방되어 해적의 딸과 사랑에 빠지는 연애 이야기가 나오지만 여기에서 주인공은 바람둥이가 아니라 쾌남아로 그려진다. 바이런은 도리어 고야 만년인 1810년대 스페인 독립전쟁 시에 스페인을 여행하고 『차일드 해럴드의 순례Child Harold's Pilgrimage』(1812~1818)를 쓴 것으로 스페인과 관련된다.

3. 고야 시대까지의 스페인 역사

유럽 속 스페인

우리는 서양 역사를 '세계사'라는 과목으로 배운다. 수업시간에 다루는 건 고작해야 서유럽이나 미국의 역사 정도일 뿐 동유럽이나 북유럽 역사에 대해서는 거의 다루지 않는데도 학생들은 '세계사'라는 이름으로 공부한다. 심지어 서유럽 가운데서 스페인의 역사는 구석기시대(기원전 15000년경)의 '알타미라 석굴'이나 15세기의 이른바 '지리상의 발견'에 대한 내용이 거의 대부분이다.[*]

인류 최초의 그림으로 알려진 알타미라 동굴 벽화는 스페인 북부 피스케만의 칸타브리아주 해안에서 몇 킬로미터 내륙으로 들어온 산티리

■ [*] 스페인에 대한 문헌은 한국에 참으로 빈약하므로 지금으로서는 영어 문헌 등에 의존할 수밖에 없다. 몇 개의 중요한 기본 문헌은 Graham J. Shields, *Spain*, World Bibliographical Series, Vol. 60, 2nd ed., Oxford:Clio Press, 1994; Angel Smith, *Historical Dictionary of Spain*, European Historical Dictionaries, No. 11, London:Scarecrow Press, 1996; Robert W. Kern, *Historical Dictionary of Modern Spain*, 1700~1988, London: Greenwood Press, 1990; Robert W. Kern, *The Regions of Spain, A Reference Guide to History and Culture*, London:Greenwood Press, 1995; James Casey, *Early Modern Spain, A Social History*, London: Routledge, 1999.

아나 델 마르 마을에 있다. 중세 모습 그대로 남아 있는 이곳은 사르트르(Jean Paul Sartre, 1905~1980)가 '스페인에서 가장 아름다운 마을'이라고 격찬한 곳이다. 벽화는 약 140년 전인 1879년에 발견되었다. 흔히 이를 벽화라고 하나 엄밀히 말하면 천장화다. 동굴의 입구에서 30미터 정도 안쪽 천장에 25마리의 말, 수사슴, 멧돼지 등을 아주 크게 그려놓았다.

그런 오랜 유적을 자랑하는 나라지만, 벽화를 그린 사람들은 정작 스페인 원주민이 아니다. 오늘날 스페인인이라 하는 이베리아인은 기원전 3천 년경 아프리카를 지나온 서아시아계 인종인 햄족이다. 말하자면 지금의 이란이나 이라크에 사는 이슬람족과 조상이 같다. 여하튼 그 후 역사는 우리와 비슷한 4, 5천 년이다.* 다른 점이 있다면 스페인은 일찍부터 외국의 지배를 받았다는 것이다.

먼저 기원전 1100년경, 페니키아인이 카디스(Cardiz)에 식민도시를 건설했다는 전설이 있다. 그리고 켈트족, 그리스인, 카르타고인에 이어 218년에는 로마가 이베리아반도를 침략한 뒤 스페인도 영국이나 프랑스가 경험한 '라틴화**'를 7세기까지 경험한다. '모든 길은 로마로 통한다.'는

■   * S. A. Coak (ed.), The Cambridge Ancient History, Cambridge: Cambridge University Press, 1990; M. C. Fernandez Castro, Iberia in Prehistory, Oxford: Blackwell, 1995.
** 라틴화 또는 로마화라고 한다. 장기간에 걸친 로마 제국의 이베리아 반도 정복과 지배기간(B.C. 218~A.D. 409)동안 스페인은 점진적으로 특성을 잃으며 로마화 되었다. 이베리아 반도의 변혁을 의미하는 로마화는 로마 고유의 특징이 이베리아 각지에 침투되어 사회, 경제, 정치, 행정 및 문화 등에서 근본적이고 광범위한 변화가 일어났다. 로마의 영향력은 이베리아 반도 전역에 확산되어 원주민 사회를 변화시켰다. 로마화는 문자, 철학, 종교, 예술 및 이념적 요소가 기본적으로 중요한 역할을 하였으며 이 중 종교에 의한 사상의 통합은 로마화 과정에서 가장 중요한 역할을 했다.

말이 있는데, 지금 스페인에 있는 모든 길이 바로 로마시대에 닦아졌다. 로마시대 유적으로 800미터가 넘는 2층짜리 화강암 수도교가 아직도 세고비아에 남아 있지만 당시 스페인 사람들은 로마에 격렬하게 저항했고 그 누만시아의 투쟁은 하나의 장렬한 서사시로 남아 지금까지도 노래된다.[*]

4, 5세기에 로마가 급격히 쇠퇴하자 이번에는 북구의 반달족(Vandal族)을 비롯한 게르만족이 침입했다. 반달족이 식민지를 얼마나 야만적으로 약탈하고 철저히 파괴했는지 'vandal'에서 유래된 'vandalismo'라는 말은 지금도 스페인에서 야만적인 행동과 문화재를 고의로 파괴하는 행위를 뜻한다. 그들은 현재 스페인 남부도시인 안달루시아를 지나 북아프리카까지 정복하는데, 안달루시아라는 지명 역시 반달인의 땅이라는 뜻의 '반달루시아'에서 비롯되는 말이었다.

반달족이 바람같이 지나가자 이번에는 같은 게르만족의 일파인 서고트족이 침입하여 3세기를 지배했다. 소수 지배자인 그들은, 다수 피지배자인 스페인 사람들이 오래전부터 믿어온 가톨릭으로 개종한다. 이때가 바로 6세기 말로서 스페인의 가톨릭화가 굳어지는 시기다. 세르반테스는 『돈키호테』에서 이를 두고 스페인인은 '썩어빠질 정도로 낡은 기독교도'라고 하기도 했다.

■　* J. S. Richardson, *The Romans in Spain*, Oxford: Blackwell, 1996; W. E. Mierse. Temples and Towns in Roman Iberia, California, Mierse, 1983.

서고트족은 스페인을 3백 년이나 지배한 만큼 많은 영향을 끼쳤다. 눈동자만 보아도 그렇다. 원래 스페인 사람들은 라틴족으로 눈동자가 검었으나, 점차 푸른 눈동자를 가지게 되었다. 15세기 스페인을 통일하여 현 스페인의 기초를 닦은 이사벨 여왕의 눈동자도 청록색이었다. 또 하나 중요한 변화는 서고트족이 톨레도를 수도로 정하면서부터 발생했다. 그 전까지 스페인의 중심이 지중해 연안이었다면, 서고트족이 톨레도를 수도로 정함으로써 스페인 내륙이 개발되기 시작했다.*

그 후 스페인에서는 이슬람에 의해 여타 유럽과는 다른 독특한 이슬람화라는 역사가 형성된다. 711년부터 1492년까지이니 무려 781년간 이슬람의 지배를 받은 셈이다. 파스칼(Blaise Pascal, 1623~1662)이 프랑스와 스페인 국경 산맥인 피레네를 두고 '피레네 이쪽의 진리는 저쪽에서 허위'라고 한 것은 바로 그러한 역사를 두고 한 말이다.**

이슬람이 지배한 781년은 스페인 사람들이 국토를 회복하고자 고군분투한 시간이기도 하다. 스페인 역사에서는 이를 '국토회복운동(Reconquista)'이라고 하는데, 사실 애국운동이라기보다는 토지와 주민에 대한 지배권 투쟁이라고 하는 편이 더욱 정확하다. 왜냐하면 상대가 이

■ * R. J. H. Collins, *Early Medieval Spain:Unity in Diversity, 400-1000*, 2nd ed., New York:St. Martin's Press, 1995; R. J. H. Collins, *Visigothic Spain, 409-711*, Oxford:Blackwell 1977; P. D. King, *Law and Society in the Visigothic Kingdom*, Cambridge: Cambridge University Press, 1980; E. James (ed.), *Visigothic Spain:New Approaches*, Oxford: Claerendon Prss, 1980.
   ** Thomas F. Glick, *Islamic and Christian Spain in the Early Medieval Ages*, Princeton:Princeton University Press, 1979; Joseph F. O'Callaghan, *A History of Medieval Spain*, New York:Cornell University Press, 1975.

슬람교도라고는 하지만 그들도 스페인에서 태어나 800년 가까이 산 사람들이기 때문이다.[*]

국토회복운동의 영웅은 엘 시드(El Cid)라는 이름으로 알려져 있는 장군 로드리고 디아스 비아르(Rodrigo Diaz de Viar, 1043년경~1099)이다. 그의 이야기는 프랑스의 코르네유(Pierre Corneille, 1606~1684)의 희곡 『르 시드 Le Cid』(1636)로 알려졌고 스페인에서는 『엘 시드의 노래Cantar del Cid』(1140년경)라는 가장 오래된 중세문학으로 기록되어 있다.

국민의식의 형성

스페인 사람들의 국민의식은 언제부터 생긴 것일까? 흔히 로마에 대항했던 누만시아 투쟁을 '스페인 민족의 비화'라고 하면서 당시 사람들로부터 국민의식의 계보를 가져오려는 흐름이 있다. 19세기 초 나폴레옹의 침입에 맞선 민중 봉기도 그 예이다. 이는 다분히 민족주의적인 경향이다.

또는 그 반대로 로마의 점령과 서고트의 개종에 의해 스페인인의 원형이 형성되었다고 보는, 다분히 유럽 지향적인 오르테가 이 가세트의

■ * Jocelyn N. Hillgarth, *The Spanish Kingdoms, 1250-1516*, Oxford:Clarendon Press, 1976; Joseph F. O'Callaghan, *The Learned King, The Reign of Alfonso X of Castile*, Philadelphia:University of Pennsylvania Press, 1993; Alan Ryder, *Alfonso the Magnanimous*, Oxford:Clarendon Press, 1990; Angus McKay, Society, Economy and Religion in Late Medieval Castile, London:Variorum Reprints, 1987; Bernard F. Reilly, The Medieval Spains, Cambridge:Cambridge University Press, 1933.

견해도 있다. 이에 따르면 세네카(Lucius Annaeus Seneca, B.C. 4~A.C. 65)를 포함한 스페인 출신 로마인이 모두 스페인인이 되고, 이슬람 침략에 의한 8세기의 지배는 치욕의 공백이 된다. 그러나 스페인 국가는 이슬람 지배 이후 소분립국가들의 형성으로 출발했고 그 시기에 기독교도, 이슬람교도, 유대교도가 공존과 반발을 거듭하면서 현대 스페인 국민의 뿌리가 형성되었다고 보는 것이 일반적인 견해다.

스페인 사람들은 유럽을 지향하지만 이슬람을 빼놓고는 스페인을 이야기할 수 없다. 이슬람이 지배했던 8세기간의 역사는 스페인 문화에 깊게 스며들어 곳곳에서 그 흔적을 찾을 수 있다. 특히 외국인들이 '스페인적인 것'이라고 생각하는 현란한 미술과, 전통가요 로망세는 이슬람 시대에 형성되었으며, 스페인어 단어의 무려 1할인 4만 개에 달하는 단어가 아라비아어에서 온 말이다. 또한 유럽 문화의 기초가 된 그리스 철학이나 과학도 처음에는 아라비아어 번역을 통해 유럽에 전해졌는데, 이는 르네상스 운동을 촉발하는 계기가 되었다. 스페인의 독특한 메시아사상이나 정치, 종교의 밀착 또한 이슬람의 영향을 받았으며 농업과 수리 기술 역시 이슬람에서 전파되었다.

성聖과 속俗의 나라

국토회복운동은 스페인 통일운동으로서 그 기초는 이사벨 1세(Isabel Ⅰ, 재위 1474~1504)와 그녀의 남편 페르난도 2세(Ferdinand Ⅱ, 재위 1479~1516)에 의해 이루어졌다.* 당시 유럽은 르네상스가 화려하게 꽃핀 시기였다. 그러나 르네상스의 영향은 피레네산맥을 넘지 못했다. 이에 '피레네산맥을 넘으면 아프리카다.'라는 말이 생겼다. 이는 나폴레옹(Napoléon, 1769~1821, 재위 1804~1815)이 한 말이라고도 하고, 『삼총사 *Les Trois Mousquetaires*』(1844)를 쓴 뒤마(Alexandre Dumas Père, 1802~1870)가 남긴 말이라고도 하는데, 당시 피레네산맥을 사이에 두고 프랑스와 구분되는 스페인의 낙후성과 반계몽적인 정치 분위기를 비하한 표현이다.

국토회복운동이 완성되는 15세기 말 이후 스페인은 아랍 문화와 대결하기 위해 기독교 문화를 철저하게 옹립하는 동시에 신비화하는 데 주력했다. 앞에서 보았듯이 카를로스 1세가 '스페인어는 신과 대화하는 언어'라고 말한 것도 그런 측면과 연결된다. 기독교 문화의 철저화는 고야가 죽고 난 뒤인 1834년까지 계속된 이단심문소라는 극악한 재판, 20세기 가톨릭과 아나키즘의 대결인 시민전쟁, 그리고 1975년까지 집권한 프랑코에 이르기까지 쭉 이어진다.

■   * Henry Kamen, *The Spanish Inquisition, An Historical Revision*, London:Weidenfeld & Nicolson, 1997; John Lynch, *Spain, 1516-1598:From Nation State to World Empire*, Oxford: Blackwell, 1991; John Lynch, The Hispanic World in Crisis and Change, 1598-1700, Oxford:Blackwell, 1991; Stephen Haliczer, *The Comuneros of Castile:The Forging of a Revolution, 1475-1521*, Madison:The University of Wisconsin Press, 1981; Geoffrey Parker, *Philip II*, 3rd ed,. Chicago:Open Court, 1995; Geoffrey Parker, *The Dutch Revolt*, London:A. Lane, 1977; Helen Nader, *Liberty in Absolutist Spain, The Habsburg Sale of Towns, 1516-1700*, Baltimore: The Johns Hopkins University Press, 1900; R. A. Stradling, *Europe of Decline of Spain, 1580-1720*, London:Allen & Unwin, 1981; John H. Elliott, *The Revolt of Catalans:A Study in the Decline of Spain, 1598-1640*, Cambridge:Cambridge University Press, 1963; 1st pbk. ed., 1984; Henry Kamen, *Spain in the Later Seventeeth Century, 1665-1700*, London: Longman, 1980.

이처럼 스페인에서는 자신들에게 이슬람적 요소가 있다는 것을 일종의 '장애'로 파악하여 종교를 위시한 서구적인 것들을 더욱 강하게 요구했다. 트리엔트 공의회(1545~1563)[*] 이후 스페인이 기독교의 본산인 양 기독교 세계를 통일하고 교리를 전파하는 데 앞장섰던 이유도 여기에 있다. 그러나 스페인은 곧 네덜란드와 영국에 패권을 빼앗기게 되고 이어 프랑스의 침략과 지배를 받아 몰락한다.

민중의 생활에도 그런 종교적 색채가 강하게 드러나는데, 오랜 아랍 문화의 현세적 경향이 남아 있어서 그런지 지배층의 금욕적 세계와 대조를 이루는 요소가 보인다. 투우를 비롯한 화려한 축제 문화가 좋은 사례다. 여하튼 종교와 속세는 극단적인 대립을 보이면서 묘하게 공존했다. 따라서 스페인의 역사는 '성과 속'의 공존이자 왕족과 민중의 대립사라 할 수 있다.

이단심문과 대항해 시대

이슬람 시대가 끝나고 16세기 대항해 시대에 세계 최강국으로 번성했

■ [*] 트리엔트 공의회(라틴어: Concilium Tridentinum)는 1545년부터 1563년까지 이탈리아 북부 트렌토(트리덴틴)와 볼로냐에 소집된 로마 가톨릭교회의 공의회이다. 이 공의회는 소위 종교개혁이라고 불리는 사건으로 인한 개신교의 출현에 자극받은 반종교개혁의 전형으로 묘사된다. 이 공의회의 목적은 종교개혁에 반발하여 '누가 이단이냐'를 가리는 것이 아니라 '무엇이 이단인가'를 밝혀 가톨릭 신앙 교리의 명확한 한계를 정립하기 위한 것이었다. 또한, 반종교개혁의 독특한 고백 성격을 지닌 공의회였으며, 종교개혁으로 빠르게 개신교화 되고 있던 유럽을 재가톨릭화하려는 목적을 이루려는 공의회였다. 이 목적은 유럽 대부분 지역에서 정치적, 군사적으로 수행되었고 이 때문에 전 유럽에 엄청난 폭력의 홍수를 유발하였다.

던 스페인은 17세기부터 3세기 동안 위기를 맞는다. 콜럼버스가 아메리카를 찾은[*] 1492년 이후 스페인은 새로운 시대를 열게 되는데 카를로스 1세(Carlos I, 재위 1516~1556)[**]와 펠리페 2세(Felipe II, 재위 1556~1598)에 의해 세계제국을 형성하기에 이른다.

1492년은 스페인의 역사에서 매우 중요한 해이다. 이사벨-페르난도 양왕[***]이 이슬람을 격퇴하고, 이슬람인과 유대인을 가톨릭으로 개종시키면서 이단심문소를 설치한 해이자 콜럼버스가 항해에 나선 해이기도 하다.

이단심문(또는 종교재판)은 가톨릭 교리에 어긋나는 사상, 이론 등을 '이단'으로 몰아붙여 탄압했다. 그 결과 수많은 서적들이 검열되어 금서로 낙인찍혔고 외국 유학은 금지되었으며 처형자도 속출했다. 말로가 말했듯이 스페인은 '인간이 신과 화해하지 못하여 여전히 지옥을 존재하게 한 나라'였다. 그런 전통은 프랑코 시대까지 이어져 1938년에 제정된 검열제는 1966년까지도 계속되었다.

콜럼버스(Christopher Columbus, 1451~1506)에 대해 모르는 사람은 없으리라. 나는 그에 대해서 특별히 설명할 게 없다. 그와 그의 뒤를 잇는 무수한 '모험가' 또는 '정복자'들은 국가로부터 원주민을 개종시킬 의무와

---

[*] 이를 '발견'이라고 함은 아메리카 원주민에 대한 모독이다.

[**] 카를로스 1세(Carlos I, 1500~1558)는 흔히 최초의 스페인 국왕으로 여겨진다. 그는 신성로마 제국 황제로 이탈리아에서는 카를로 5세(Carlo V)로 불린다.

[***] 이사벨 1세(Isabel I, 1451~1504)는 트라스타마라 왕가 출신의 카스티야 여왕이다. 별명은 가톨릭 여왕으로 남편 페르난도 2세(Fernando II, 1452~1516)와 더불어 부부 가톨릭 군주로 불린다. 레온과 카스티야의 상속녀였던 이사벨은 아라곤의 페르난도 2세와 결혼하여 영토를 통합하고 공동 군주가 되어 스페인을 재통일하였다.

함께 조세를 받을 권리를 부여받고 원주민을 그야말로 엄청나게 착취한다. 그 결과 원주민의 수는 격감했다. 1492년 콜럼버스가 상륙한 에스파뇰라섬의 경우 1515년에만 해도 원주민 수가 40만 명에 가까웠으나, 몇 년 만에 2, 3만 명으로 감소했다. 그리고 그로부터 200년 동안 원주민은 인구의 90%가 넘게 살해되었고 반면 스페인은 엄청난 부를 축적한다.

1992년에는 콜럼버스가 아메리카를 '발견'한 지 500년이 된 것을 기념하며 미국과 스페인에서 성대한 잔치가 열렸다. 많은 사람들은 그를 여전히 대단한 탐험가이자 항해가로 기억하지만, 그는 아메리카 원주민에게는 사악한 침략자이고 살인자일 뿐이다. 우리는 잔혹한 정복자였던 콜럼버스의 모습을 잊어서는 안 된다.

유토피아의 계보

이 시대에 정복자들만 있었던 것은 아니다. 그들을 비판하고 원주민의 인권을 옹호한 라스 카사스(Las Casas, 1484~1566)에 대해서 아는 사람은 많지 않다. 스페인에서 그는 오랫동안 매국노로 치부되었다. 1992년 콜럼버스 신대륙 발견 500주년을 기념하는 범세계적 행사가 열리는 가운데, 라스 카사스의 기념비가 그의 고향 세비야에 세워졌다. 그러나 곧 그의 얼굴 부분에 검은 페인트가 칠해졌다. 이처럼 그에 대한 평가는 아직도 양면적이다. 일반인의 감정뿐만 아니라 학계의 평가도 여전히 나누어져 있으며 우리나라에는 라스 카사스가 제대로 소개된 적도 없다.

▲ 라스 카사스 기념비, 세비야

라스 카사스는 단지 원주민의 인권을 옹호하는 데 그치지 않고 아메리카에 유토피아를 세우고자 했다. 영국에서 모어(Thomas More, 1478~1535)가 『유토피아*Utopia*』(1516)를 쓴 것과 같은 해의 일이었다. 아메리카에서 활동한 라스 카사스의 유토피아는 엄밀한 경제적 계산을 바탕으로 스페인 정부와의 구체적인 협의를 통해 계획을 세우고 실천하고자 했던 것으로 모어의 유토피아보다 더욱 구체적이고 현실적이었다

멈포드(Lewis Mumford, 1895~1990)가 『유토피아 이야기*The Story of Utopia*』(1922)에서 이야기했듯이 모어의 책은 『신국론』과 같은 중세의 현실부정과는 차원이 다르다. 모어의 『유토피아』는 현실에서 가능한 이상사회를 구상하고 구현하려 했던 최초의 책이었다. 오늘날에도 우리는 '유토피아'를 비현실적인 이상사회라고 생각하는 경향이 강하다. 또 그런 책은 구

체적인 구상이 아니라 비이상적인 현실을 비판하기 위해 쓰인 것으로 평가되기도 한다. 그러나 모어는『홍길동전』이 그러했던 것처럼 구체적인 유토피아를 구상하여 제시했다. 당시 모어에게는 아메리카가 있었고, 허균에게는 지금의 오키나와인 류구국이 있었다.

멕시코에서 유토피아는 현재 멕시코시티 근교의 산타페에서 신부 키로가(Vasco de Quiroga, 1470~1565)에 의해 세워졌다. 먼저 토지를 사회의 공유재산으로 하고 계획적으로 건립된 주민의 주택 부근에 채소밭을 가꾸는 점에서 모어나 키로가의 구상은 동일하다. 그러나 정치 조직에서는 약간 달랐다.

먼저 모어의 구상을 보자. 가족은 가장을 중심으로 하고, 30개 가족마다 그 연장자가 촌장이 되며 300개 가족 단위로 그 위의 대표인 읍장을 뽑았다. 하나의 가족은 8~12쌍의 부부로 구성되는데 평균 10쌍, 20명으로 보면 6백 명당 촌장 1인, 6천 명당 읍장 1인, 6만 명당 시장 1인이다. 시장은 시민들이 4개 구로 나누어져 각각 뽑은 4명의 후보자 중에서 200명의 촌장이 선출하는 종신직이었다. 의회는 3일마다 열리는데 10명의 읍장과 시장이 참석하고 2명의 촌장이 교대로 참석하고, 의사 결정은 반드시 3일간의 토론을 거쳐야 한다.

다음 키로가의 구상을 보자. 시장은 가장들이 4인의 후보자를 대상으로 하여 선출하는데 임기는 3~6년이다. 읍장 역시 가장들이 3, 4인 정도 선출하고 임기는 1년이다. 시장과 읍장이 관리를 임명하고, 그들은 3일 걸러 시장의 집에서 회의를 하여 시의 문제를 토의하며, 그 회의에는 2명의 가장이 매회 교대로 출석하여 주민의 이익에 관련되는 의결을 하기까지 1, 2회 회의를 거듭한다. 이상은 모어의 구상과 거의 같으나, 큰 차이는 회의에 지도자가 있었다는 점이다. 인디언 말을 충분히 알고 시에 봉사하려는 의지가 확고한 스페인 성직자 중에서 3년 임기로 임명된 지도자는 키로가 생존 중에는 그 자신이 맡았다.

재미있는 것은 사회의 기본 단위인 가족이 우리 식의 핵가족이 아닌 확대가족이라는 점이다. 그것은 항상 10쌍 전후의 부부를 기본 규모로 하는데, 하나의 가족에는 10~14인의 아이를 두어야 했다. 말하자면 인구과잉을 우려하여 '한 명 낳기'가 이때부터 구상되었다. 그러나 산아제한이 강제된 것은 아니고 그 이상의 규모를 넘어서면 새로운 가족으로 분리하였다. 모어는 결혼을 남자 22세, 여자 18세 이상으로 제한했으나 키로가는 인디언의 관습에 따라 각각 14세, 12세의 조혼을 인정했다.

또한 1일 6시간 및 2년 노동, 지극히 간소한 동일 의복 착용은 모어나 키로가가 동일했다. 농업은 필요량의 2배 정도를 생산하고 먹고 남은 것은 창고에 보관하여 필요에 따라 배분했다. 주민 생활을 위해서 특히 크고 넓은 병원이 시에 4개 설치되었다.

라스 카사스와 카로가의 정신을 이어가는 또 한 명의 위대한 사상가는 비토리아(Francisco de Vitoria, 1483~1546)다. 오늘날 국제법의 아버지로 불리는 그는 보편적인 인류사회에 공통하는 법의 지배, 그리고 그것에 근거한 인간과 국가의 권리를 주장하였다.

고야 시대

이사벨 1세와 페르난도 2세에 이어 카를로스 1세, 펠리페 2세, 펠리페 3세, 펠리페 4세가 스페인을 지배한다. 이후 카를로스 2세가 1661년부터 1700년까지 재위하는데, 그가 바로 스페인을 다스린 합스부르크 왕가의 마지막 왕이다. 그 후 합스부르크 왕가에서 펠리페 5세(Felipe V, 재위 1700~1746)에게 왕위를 계승하면서 부르봉(Bourbon) 왕가의 시대가 열린다.*

여기서 '왕가(王家)'란 고려의 왕씨 왕조나 이조의 이씨 왕조와는 근본적으로 다른 것임에 주의해야 한다. 유럽에는 예로부터 '왕가 전문 가문'이라는 게 몇 있는데 '부르봉'이니 '합스부르크'니 하는 것이 바로 그것이다. 훗타 요시에는 이를 지금의 '다국적기업'으로 비유했다. 즉 다국적 기업 부르봉에서 스페인 지사의 사장 자리가 비어 새로운 사장을 임명하는 식이다. 왕의 임명은 민중의 의견과는 전혀 무관했다.

18세기 중엽부터 프랑스의 영향을 받은 계몽개혁파가 정권을 잡으나 고야의 시대에는 고도이(Manuel de Godoy, 1767~1851)라는 수상이 프랑스 혁명공화국에 군사적으로 개입하려다 실패하고, 이어 프랑스를 집권한 나폴레옹의 책략에 넘어가 영국과의 전쟁에서 패배하여 대서양의 지배권을 영국에 빼앗긴다.**

■ * 『고야』1, 122-123쪽
** Douglas Hilt, *The Troubled Trinity:Godoy and the Spanish Monarchs*, Alabama:University of Alabama Press, 1987; Janis A. Tomlinson, *Goya in the Twilight of Enlightenment*, New Haven:Yale Yniversity Press, 1992; Richard Herr, *Rural Change and Royal Finances in*

스페인 19세기는 1808년 프랑스의 침략으로 시작된다. 나폴레옹이 자신의 형을 스페인 왕으로 삼자 스페인 사람들은 게릴라전으로 저항하였고 영국군의 도움을 받아 1814년에 프랑스군을 격퇴한다. 게릴라란 '작은 전쟁'이라는 의미로 로마시대부터 사용된 전법인데, 주로 스페인 원주민이 침략자에 대항해 복잡한 지형물을 이용해 투쟁했던 방법이다. 세르반테스가 쓴 『라 누만시아*La Numancia*』(1585)는 기원전 143~132년 사이에 6만 명의 로마인에 대항하여 끝까지 싸우다가 전원 자살한 것으로 유명한 '누만시아 전투'를 희곡으로 만든 작품이다. 그러나 애석하게도 우리나라에는 번역되지 않았다.

고야의 그림 〈1808년 5월 3일, 프린시페피오 언덕의 학살〉(1814)은 19세기 스페인의 실상을 보여준다. 프랑스의 침략에 저항한 시민들이 총살된 그날 이후 5년간 독립전쟁이 이어진다. 게릴라 전쟁 중인 1812년 3월, 스페인 최초 헌법인 '카디스 헌법'이 제정되었다. 고야를 비롯한 모든 스페인 사람들은 주권재민과 삼권분립을 규정한 이 헌법에 의해 입헌군주제가 실시되기를 간절히 소망했으나 과거의 왕이 복귀하면서 모든 것은

- *Spain at the End of Old Regime*, Berkeley:University of California Press, 1989; David Gates, *The Spanish Ulcer:A History of the Peninsular War*, London:George Allen & Unwin, 1986; Charles J. Esdaile, *Spanish in the Liberal Age. From Constitution to Civil War 1808-1939*, Oxford:Blackwell, 2000; Timothy E. Anna, *Spain and the Loss of America*, Lincoln:University of Nebraska Press, 1983; Carlos Marichal, *Spain 1834-1844, A New Society*, London:Tamesis, 1977; Jesus Cruz, *Gentlemen, Bourgeois and Revolutionaries*, Cambridge: Cambridge University Press, 1996; Victor Kiernan, *The Revolution of 1854 in Spanish History*, Oxford: Calrendon Press, 1966; A. Schubert, *A Social History of Modern Spain*, London: Unwin Hyman, 1990;

수포로 돌아간다. 당시 고야의 나이는 64세였다.

스페인은 국내정치를 개혁하는 데 실패함과 동시에 중남미 식민지 대부분을 상실한다. 지금 우리가 아는 대부분의 중남미 국가들은 1810년부터 1820년 사이에 독립하였다. 이 시기 이후 프랑스로 망명한 고야는 1828년, 81세를 일기로 보르도에서 쓸쓸히 사망한다.

4. 스페인의 지방

스페인 북부와 중부 지역

스페인은 하나가 아니다. 그 어떤 나라도 '하나'라고 단정 지어 말할 수 없으나 특히 스페인은 하나가 아니다. 예컨대 나는 앞에서 '스페인어'라는 것을 설명했다. 보통 스페인어라고 하는 것은 엄밀히 말해 스페인 카스티야 지방의 언어이다. 이 외에도 3개의 공용어가 더 있어 카탈루냐어, 바스크어, 갈리시아어를 공동으로 사용한다. 프랑코 시대에는 스페인어 이외의 모든 지역 언어 사용을 금지하기도 하였으나, 그가 죽고 난 뒤 1978년에 헌법 개정이 이루어지면서 공용어가 되었다.

스페인 역사가 왕족과 민중의 대립이었다면, 스페인 지리는 가난한 지역과 부유한 지역의 대립으로 이야기할 수 있다. 앞에서 말한 프랑코는 스페인 북부에 있는 가난한 시골에서 태어나 군인으로 출세했다. 북부 지방에서도 가장 동쪽에 있는 갈리시아(Galicia)가 그의 고향이다. 태양의 나라 스페인에서 일조량이 적은 북부지방은 버려진 땅이었다. 쿠바의 혁명가 카스트로(Fidel Castro, 1926~2016)의 아버지는 스페인 이민자로 갈리시아 출신이다. 스페인 북부는 전통적으로 가난한 지역이었기에 해외 이주자가 많았다.

바스코(Pais Vasco)는 스페인 북부의 중간지역으로 프랑스와 국경을 이루는 곳이다. 바스코 사람들이 사용하는 바스코어는 스페인어는 물론 다른 어떤 유럽어와도 상이한 것으로, 도리어 한국어와 비슷한 동양어 같은 느낌마저 준다. 언어만이 아니라 다른 분야에서도 그들은 대단히 독자적이고 독립성이 강하다.

바스코의 주도(州都)인 비토리아(Vitoria-Gasteiz)는 19세기 프랑스 침략에 저항한 게릴라전의 중심지였다. 또한 그곳은 동명의 법학자, 철학자이자 신학자인 비토리아(Francisco de Vitoria, 1483~1546)의 고향이기도 하다. 그는 흔히 '국제법의 아버지'라고 불리는 네덜란드의 그로티우스(Hugo Grotius, 1583~1645)보다 1세기 먼저 국제법 이론을 세웠다. 그는 바스코 출신답게 민족의 자율성을 주장하고 신대륙 정복에 대해 원주민에게도 자연법을 적용해야 한다고 주장하며 식민지정책을 비판한 '평화의 아버지'이다. 만일 당시 유럽이 그의 말을 들었더라면 근대의 피비린내 나는 식민지전쟁은 벌어지지 않았을지도 모른다. 그러나 역사의 나침반은 전혀 다른 방향을 가리키게 된다. 콜럼버스나 마젤란 등의 정복자들이 '모험과 발견'이란 미명하에 근대의 포문을 열었기 때문이다. 이로써 근대 5백 년은 살육의 시대가 된다. 그 결과 중 하나가 바로 이웃 마을인 게르니카에 초래된 엄청난 비극이다. 이 사건은 피카소의 동명 그림으로도 유명하다.

바스코에서 서쪽, 피레네산맥을 경계로 카탈루냐와 카스티야 사이에 위치한 지역이 바로 우리의 주인공 고야가 태어난 아라곤(Aragón)이다. 기후가 대단히 춥고 건조하여 가난한 아라곤 사람들은 가리시아나 바스코 사람 이상으로 성격이 강하다. 이곳에 대해서는 고야의 고향을 찾으면서 뒤에서 다시 설명한다.

그 아래 위치한 카스티야-라 만차(Castilla-La Mancha)는 세르반테스에 의해 유명해졌다. 이곳에 속한 도시 톨레도(Toledo)는 엘 그레코의 그림으로 잘 알려진 곳이자 스페인 문화의 다양성, 즉 기독교 문화와 이슬람 문화, 그리고 유태교 문화가 공생, 융합한 중세 스페인 문화의 중심이었다. 그래서 톨레도는 도시 자체가 박물관이다. 톨레도에는 〈엘 그레코의 집El Greco Museum[*]〉이 있다.

카스티야-라 만차 곁의 에스트레마두라(Extremadura)는 여러 정복자를 배출했다. 피사로, 발보아, 코르테스와 같은 정복자들이 앞에서 본 북부 지방처럼 황량하고 빈곤한 이 지역에서 태어났다.

지중해 지역

고야가 북부의 가난한 산악지역에서 태어난 것과 반대로 피카소는 남부

■　* 화가 엘 그레코가 살았던 것으로 알려져 '엘 그레코의 집 미술관(Museo y Casa del Greco)'으로도 불린다.

의 지중해 연안 말라가(Málaga)에서 태어났다.* 말라가에서 시작되는 남부 300km의 해안지대를 '태양의 해안'이라고 한다. 지금도 말라가는 휴양지대로 유명하여 매년 수백만 명의 외국인 여행자가 이곳을 찾는다. 그 동서로도 관광도시가 이어지는데 아프리카 대륙과 맞닿는 지브롤터 해협까지 흰 대리석 별장과 호화주택이 끝없이 줄지어 있다. 말라가 현대미술센터(Centro de Arte Contemporáneo de Málaga)와 말라가 피카소 미술관(Museo Picasso Málaga)에는 피카소의 습작과 소년시대 그림을 비롯하여 스페인 근대화가들의 작품이 소장되어 있다.

말라가가 속한 안달루시아(Andalucía)는 스페인에서 가장 농업이 성한 곡창지대이고, 중세 유럽에서 이슬람의 영향을 받아 문화적으로도 가장 선진적인 곳이었다. 안달루시아 중심지인 세비야는 앞에서도 말했듯이 모차르트의 가극으로 우리에게 귀에 익은 곳이고, 〈카르멘〉의 무대가 되기도 한 성냥공장이 있는 곳이기도 하다. 세비야는 15세기 대항해시대 무역의 중심지이기도 하여 콜럼버스가 쓴 책이 보관된 콜럼버스

■ * 최근에는 반대의 양상을 보인다. 스페인은 남북 지역간 빈부 격차가 상당하다. 스페인에서 가장 부유한 마을들은 스페인 북부의 두 대도시인 마드리드와 바르셀로나 주변에 위치하고 있으며, 대부분의 가난한 지역은 남부의 안달루시아나 엑스트라마두라 지역이다. 스페인 국세청 자료에 따르면, 스페인에서 세금을 가장 많이 내는 부촌은 마드리드 외곽에 있는 인구 85,000명의 포수엘로데알라르콘(Pozuelo de Alarcon)으로, 이 마을 평균 소득은 마드리드 안팎의 다른 마을에 비해서도 가장 높은 약 6만 유로로 달했다. 반면에 스페인에서 가장 세금을 적게 내고 있는 가난한 마을은 자파라야(Zafarraya)로 스페인 남부 그라나다 지역에 위치한 마을이다. 이 마을의 평균 소득은 1만 유로에 불과했다. 한편 스페인에서 가장 부자인 마을 25개는 대부분 스페인의 정치 경제의 허브인 두 도시 마드리드와 바르셀로나 안팎에 위치한 마을들이며, 단지 두 개 마을만이 발렌시아와 바야돌리드 지역에 위치하고 있었다.

도서관이 있고, 그의 시체를 담았던 관도 비치되어 있다. 또한 마젤란이 항해를 시작한 곳이기도 하다. 또한 안달루시아는 세르반테스, 벨라스케스, 무리요(Bartolomé Esteban Murillo, 1617~1682)를 비롯한 수많은 예술가의 고향이자 앞에서 말한 비토리오와 함께 16세기에 아메리카 원주민의 인권을 주장한 카사스가 태어나 생애를 보낸 곳이기도 하다.

세비야 북쪽으로는 이슬람 제국의 수도였던 코르도바(Córdoba)가 있다. 코르도바에는 이슬람 건축물이 많이 남아 있으며 코르도바 동남쪽 방향에 위치한 그라나다(Granada)에는 세상에서 가장 아름다운 이슬람 건축물로 유명한 알함브라 궁전이 있다. 그러나 내게 그라나다는 극작가이자 시인으로 프랑코에게 암살당한 로르카의 고향으로 더욱 친숙하다. 그의 생가는 현재 기념관으로 보존되어 있다.

스페인 남서부에는 카디스(Cádiz)라는 항구도시가 있다. 카디스에서는 앞에 설명한 1812년의 카디스 헌법이 성립되었다. 스페인 지중해안의 북동쪽에 있는 카탈루냐는 앞에서 설명한 아라곤 곁에 있다. 카탈루냐는 바르셀로나를 주도로 하며, 아라곤처럼 북쪽에 있고 피레네산맥 아래이기는 하지만 지중해의 영향을 받아 기후와 자연 조건은 아라곤과 전혀 다르다. 비가 많이 오고 따뜻하여 일찍부터 농업과 상업이 발달했으며, 지중해무역의 중심지가 되기도 했다. 그러니 사람들도 근면할 수밖에 없었고, 스페인의 타 지역 사람들은 이들을 가리켜 '스위스인 같다.'고 비아냥거렸다. 카탈루냐 사람들은 매우 개방적이어서 내륙지방의 보수성에 대비되는 혁신성, 이단성, 전위성 같은 특징들로 대표된다. 가우디나

달리(Salvador Dalí, 1904~1989)와 같은 기상천외한 예술가나 프랑코를 증오한 첼리스트 카잘스(Pablo Casals, 1876~1973)가 카탈루냐 출신이다. 피카소는 말라가 출신이지만 카탈루냐에서 5년을 살았고, 카탈루냐에는 1963년에 피카소 미술관이 세워졌다. 이어 1975년에는 스페인 화가 미로(Joan Miró i Ferra, 1893~1983)의 작품을 전시하는 미로 미술관도 들어섰다. 피카소 미술관에는 피카소의 초기 작품을 중심으로 전시되어 있으며, 미로 미술관에는 화가의 만년 작품이 전시되어 있다.

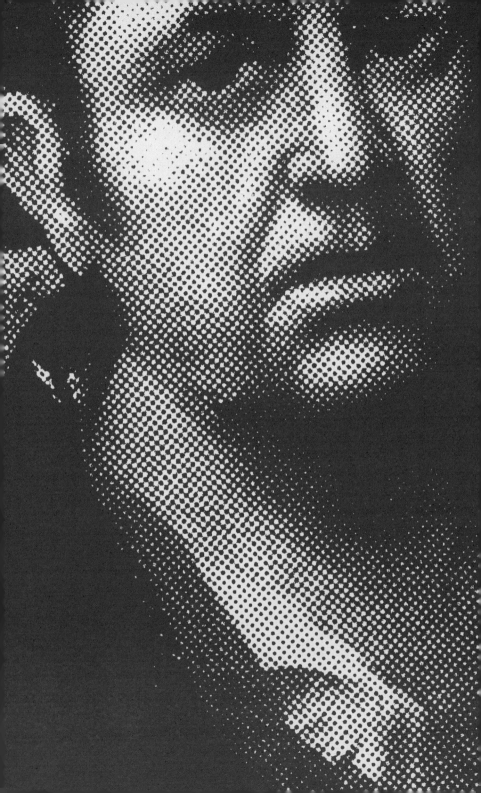

제2장 시작

1. 스페인 미술

프라도 미술관

스페인 중앙에 위치한 수도 마드리드에는 프라도 미술관(Museo del Prado)
이 있다.*

프라도 미술관은 프랑스 파리에 있는 루브르 미술관(Le musée du
Louvre), 이탈리아 피렌체에 있는 우피치 미술관(Galleria degli Uffizi) 또
는 러시아 상트페테르부르크에 있는 예르미타시 미술관(Gosudarstvennyi
Ermitazh)과 함께 세계 3대 미술관**으로 꼽힌다.

세계 3대 미술관이라고 하면 런던의 영국박물관(본래 이름은 그냥
British Museum인데 대영박물관이라고 함은 잘못된 번역이니 앞으로는 이렇게
부르자)을 먼저 생각할 분이 계실지 모르나 그곳은 미술관이 아닌 박물

■　　* 마드리드에는 프라도 외에도 좋은 미술관들이 많다. 1992년에 개관한 '티센 보르네미사
미술관'은 프라도 미술관 앞 광장 건너편에 있는데, 초기 르네상스로부터 현대의 팝 아트까
지 망라한다. 그리고 그곳에서 왼쪽으로 10분 정도 걸으면 '왕립 산 페르난도 미술 아카데
미'가 있다.
** 세계 3대 미술관에 대한 시각은 조금씩 다르지만 보통 루브르, 프라도, 우피치, 예르미타
시를 세계 최고 미술관으로 꼽는다.

관이다. 영국 박물관이나 루브르 박물관은 세계 곳곳의 유물을 훔친 '장물 창고' 같은 곳이다. 반면 우피치 미술관이나 프라도 미술관의 경우, 순수한 '수집품'들을 소장하고 있으니 안심해도 좋다. 프라도 미술관에 있는 작품들이 스페인 왕가와 교회의 수집품이라는 점을 불쾌하게 생각할 수도 있지만 적어도 '훔친 장물'은 한 점도 없다.

그런데 이 박물관들이 과연 '세계 3대 미술관'이라는 평가에 딱 들어맞는지 의문이 든다. 예컨대 독일 베를린 미술관이나 러시아 모스크바에 있는 트레차코프 미술관(Tret'yakovskaya Galereya), 또는 미국 뉴욕에 있는 메트로폴리탄 미술관(Metropolitan Museum of Art) 등은 그 규모나 수준에 있어서 위 3대 미술관에 뒤지지 않는다. 따라서 '3대'라는 표현은 한정된 것이 아니니 모두가 반드시 동의하지 않아도 좋다.

프라도 미술관은 스페인 작품뿐만 아니라 여타의 유럽 회화 걸작들도 다수 소장하고 있다. 소장품 중 티치아노(Vecellio Tiziano, 1488~1576), 보스(Hieronymus Bosch, 1450~1516), 루벤스(Peter Paul Rubens, 1577~1640)의 작품은 세계 최고 걸작이다. 흔히 '티치아노, 보스, 루벤스를 잘 알기 위해서는 프라도를 방문해야 한다. 위대한 스페인 회화를 알기 위해서는 프라도를 벗어날 필요가 없다.'고 한다.

또한 프라도 미술관은 여타 미술관보다도 스페인이 가톨릭 국가임을 잘 보여준다. 전 작품 3분의 1이 종교화로서 그 대부분이 성서나 성인을 주제로 삼고 있는 반면, 나체화는 다른 미술관에 비해 극도로 적다. 티치아노나 루벤스의 고전적인 나체화만이 있을 뿐이다. 이 나체화들은 한

때 소각당할 뻔하기도 했고 오랫동안 전시되지 못한 적도 있다. 이는 프라도 미술관에 있는 작품들이 스페인 왕가와 교회의 수집품이라는 점과도 관련된다. 한편, 스페인의 오랜 적국이었던 프랑스, 영국, 네덜란드, 독일 작품은 프라도에서 찾아보기 어렵다.

프라도 미술관*은 1819년 11월에 왕립 프라도 미술관으로 개관된 이후 (고야가 〈검은 그림〉을 그릴 무렵), 1868년 혁명을 맞아 국유화하여 국립박물관으로 바뀌었다. 이후 왕정이 복귀되었으나 미술관은 다시 왕의 소유로 넘어가지 않았다. 시민전쟁 당시에는 공화국 정부에 의해 소장품 전부가 스위스 제네바로 옮겨졌다가 시민전쟁 종료 후 다시 돌아왔는데, 옮기는 도중 일어난 사고로 고야의 〈5월 2일〉에는 복구한 흔적이 남아 있다.

프라도 미술관 정원에는 세 사람의 동상이 있다. 바로 벨라스케스와 고

■ * 나는 프라도 미술관을 관람하는 방법으로, 고야를 시작으로 신고전주의적 건축의 계단을 올라가 2층부터 보기 시작하는 것을 추천한다. 물론 미술관에 반드시 지켜야할 순서가 있는 것은 아니지만 모든 미술관은 나름으로 체계를 세우고 있으니 그것을 참고할 필요가 있다. 프라도 미술관에는 2층 첫 방 둥근 홀을 1호실로 하여 44호실까지 있다.(몇 개의 번호는 생략되어 있고 반드시 순서가 맞지 않는 경우도 있다.)
번호를 따라가면 먼저 15~17세기 이탈리아 회화(2-10A, 18-18A, 41-44), 17세기 스페인 회화(8B, 9B, 10B, 11-39), 그리고 프랑스 회화(15A-16A, 40)와 독일 회화(17A)를 볼 수 있다. 중요한 작품으로는 2호실의 라파엘 <추기경의 초상>(1510~1512), 4호실의 프라 안젤리코 <수태고지>(1430), 6호실의 콜레지오 <나를 건드리면 안 된다>(1534), 9호실의 티치아노 <다나에>(1553)와 <음악을 듣는 비너스>(1545), 9A실의 틴토레토 <요셉과 시위장 보데팔의 처>(1555)와 <가슴을 드러낸 여인>(1570), 9B실의 엘 그레코 <성삼위일체>(1577~1579)와 <양치기의 예배>(1614) 등이다.
2층 가운데 방인 12호실에는 벨라스케스의 <시녀들> 등이 있고 옆 14호실까지도 벨라스케스가 걸려 있다(13호실은 없다). 이어 15A호실에는 푸상의 <바르나소스>, 29호실의 무리요, 그리고 우측 끝 32호실에 고야의 <카를로스 4세의 가족>, 이어 36호실에 <옷을 벗은 마하>와 <옷을 입은 마하>가 있다.

야, 그리고 무리요(Bartolomé Esteban Murillo, 1617~1682)다. 미술관 정면 현관에 들어서면 벨라스케스가 팔레트를 들고 우리를 맞이한다. 프라도 미술관의 동쪽 입구에는 무리요의 동상이 있다. 스페인 근대미술의 3대 거장 중 한 사람으로 엘 그레코를 꼽기도 하지만, 그의 동상은 프라도에 없다. 이유는 그의 이름에서 알 수 있듯, 그가 그리스인이기 때문이다.

미술을 평가하는 기준으로 보통 독창성, 감각, 그리고 기법을 든다. 고야, 그레코, 벨라스케스를 그 기준으로 보면 독창성은 고야, 감각은 그레코, 기법은 벨라스케스를 최고로 친다. 그중에서도 고야는 감각과 기법에서 최고라 할 수 있다. 고야는 스페인 최고의 화가일 뿐만 아니라 세계 미술사에서도 최고의 경지를 보여준다.

프라도 미술관은 7천여 점의 작품을 소장하고 있으며 현재 4천여 점이 전시 중이고 3천여 점은 관외에 위탁되어 있다. 고야를 마지막으로 하는 스페인과 유럽 근대미술의 걸작들이 전시되어 있다. 따라서 프라

- 　1층으로 내려오면 66, 67호실에서 다시 고야를 보게 된다. 고야의 만년 걸작인 <검은 그림>이다. <검은 그림>은 1873년 고야가 만년을 산 <귀머거리 집>의 벽에서 떼어와서 캔버스에 옮긴 것이어서 보존상태가 매우 좋지 않다. 따라서 외국 전람회에는 절대로 출품되지 않는다.
  그리고 그 옆으로 프랑드르 회화(55-58, 60-63, 75)와 네덜란드 회화(64, 65, 59) 및 조각실(47, 51, 71-74)이 있고 다시 고야문 쪽으로 오면 특별전실에 닿는다. 1층에서 중요한 작품으로는 57A의 보스 <쾌락의 정원>(1490~1510)과 <환자의 치료>(1490), 63B호실의 브뤼겔 <까마귀가 나는 겨울 풍경>, 61호실의 루벤스 <3미신>, 59호실의 렘브란트 <알테미시아>, 54호실의 뒤러 <자화상> 등이다. 이어 3층은 고야문 쪽에 76호실부터 84호실까지 18세기 유럽 미술, 85호실부터 94호실까지 스페인 미술을 전시하고 있다.
  여기서 특히 초현실주의의 선구라고도 하는 보스를 주목할 필요가 있다. 그의 현존 작품은 30점이 되지 않는데 프라도 미술관에는 10점이나 있어서 그야말로 보스를 감상하거나 연구하기 위해서는 반드시 프라도 미술관을 주목해야 한다. 그리고 보스 작품 중에서도 최고는 역시 프라도 미술관에 전시된 <쾌락의 정원>이다

도에는 스페인 현대미술 작품도, 피카소도 없다. 그러나 유일하게 피카소의 〈게르니카〉만은 프라도 미술관 별관에 소장된 적이 있다. 별관에는 보통 19세기 스페인 미술 작품들을 전시하지만, 1981년 피카소 탄생 100주년을 맞아 〈게르니카〉는 40여 년 만에 뉴욕 현대 미술관에서 스페인에 반환되어 프라도가 소장하게 되었다.

그러나 〈게르니카〉는 보관상의 이유로 국립 소피아 왕비 예술센터로 옮겨졌다. 가로 7.8미터, 세로 3.5미터의 거대한 이 그림을 모르는 사람은 없으리라. 게르니카에 나치가 폭격을 가했던 1937년, 피카소는 파리에 있었다. 피카소는 그해 파리에서 열리는 만국박람회 스페인 공화국관을 위해 그림을 준비하고 있었는데, 폭격 소식을 듣고 〈게르니카〉를 그렸다. 그 후 파리가 나치에 의해 점령되었고 나치 군인이 피카소를 찾아와 "이 그림을 당신이 그렸는가?"라고 묻자, 피카소는 "그 짓을 한 것은 당신이다."라고 답했다고 한다. 현재 피카소 그림을 가장 많이 소장하고 있는 곳은 프랑스 파리에 있는 피카소 미술관과 피카소 탄생지인 바르셀로나 피카소 미술관이다.

'스페인 미술'이라는 것

프라도 미술관은 16세기부터 18세기까지의 스페인 미술 작품들을 보여준다. 그 이전의 작품을 보려면 마드리드에 있는 국립고고학박물관을 찾아야 하고, 그 이후인 19세기 작품을 보려면 프라도 별관, 20세기를 보려면 현대미술관을 찾아야 한다. 물론 그 밖에도 수많은 미술관이 있으며, 그 외에도 많은 곳에 다양한 그림과 조각이 있다. 이 책에서 그 모든 것을 안내할 수는 없다. 고야와 피카소 작품의 소장처에 대해서는 뒤에서 다시 이야기하고, 여기서는 '스페인 미술'의 특징에 대해서만 간단히 언급한다.

여기서 미리 밝혀둘 것은 '스페인 미술'의 특징이라는 게 사실상 있을 수 없다는 점이다. 이는 '한국 미술'의 특징을 명확히 정의할 수 없는 것과 마찬가지다. 옛날부터 '한국미(韓國美)'라는 개념을 정의하고자 많은 사람들이 여러가지 주장을 내놓았는데, 내게는 그것들이 정말 헛소리로 들린다. 어떤 나라의 독특한 미에 대한 정의가 과연 존재할 수 있을까? 나는 미학을 잘은 모르지만 미국미, 영국미, 프랑스미 운운하는 말은 들어본 적이 없다.

미술을 국제적으로 교류하게 된 지는 사실 오래되지 않았다. 특히 유럽의 변경이었던 스페인의 경우 오랫동안 미술은 자국만의 것이었다. 19세기, 프랑스가 스페인을 침략한 뒤 스페인 내부에서 일어난 자유주의 개혁으로 수도원이 곤궁하게 되었다. 이에 미술품을 대량으로 유출하게 되면서 스페인 미술이 알려지기 시작했고, 들라크루아(Eugène Delacroix, 1798~1863), 보들레르(Charles Pierre Baudelaire, 1821~1867), 위고 (Victor-Marie Hugo, 1802~1885) 등 낭만주의자들이 프랑스 미술에서 볼 수 없던 신비성, 반합리성, 정념의 분출을 자기들이 바라는 미술의 모델로 스페인 미술을 이야기하면서 더욱 널리 알려졌다.

당시 프랑스 사람들은 스페인 미술을 제대로 이해하지 못했다. 벨라스케스와 고야는 19세기 후반 인상파에 의해 비로소 제대로 평가되기 시작했고, 더욱이 엘 그레코는 20세기 초엽까지도 제대로 평가되지 못했다. 또한 이들은 '스페인적'이라는 특징을 통해 평가된 것이 아니라 '화가 개인의 특성'으로 평가되었다. 예컨대 '스페인적 이미지'인 정념의 화가, 또는 '스페인의 가장 순수한 영혼'이라고 일컬어지는 엘 그레코는 본래 그리스인이고 그 예술의 기초는 그리스의 비잔틴 미술과 이탈리아의 마니에리스모(Manierismo)** 양식이다. 또한 스페인의 국민화가라고 불리는 벨라스케스는 이탈리아의 고전주의와 루벤스의 영향을 받았다. 뒤에서 보듯이 고야 역시 이탈리아 회화 수업 후에야 자신의 개성을 꽃피우게 된다.

두말할 필요도 없이 예술은 한 나라에서만 꽃피는 것이 아니다. 예술을 '국가'라는 관념으로 파악할 수는 없다. 중세 고딕*** 이래 유럽에서는 14세기에서 18세기까지의 이탈리아와 17세기에서 20세기 초엽 큐비즘

■　* 최초의 단행본 연구서로는 L. Matheron, Goya, Paris, 1858이 있다.
** 매너리즘의 어원은 만질 수 있고 인식이 가능함을 의미하는 '양식(manner)'을 뜻하는 이탈리아어 'maniera'에서 나왔다. 지적이면서 인공적, 인위적인 특징이 두드러진다. 르네상스와 바로크 자연주의에 반대되는 인위성은 매너리즘 예술의 공통적인 특징들 중 하나이다. 르네상스 미술의 방식, 형식을 계승하되 자신만의 독특한 양식(매너 혹은 스타일)에 따라 예술작품을 구현한 예술 사조를 말하며 후대에 자신만의 개성적인 스타일에 따라 그린 이들의 미술을 '매너리즘'이라고 부르게 되었다.
*** 중세미술을 야만적인 것으로 생각하였던 르네상스 시대에 중세미술을 '고딕(Gothic)'이라고 부르기 시작한 것이 기원이다. 오늘날에는 중세후기를 나타내는 고유명사로서 사용되고 있다. 고딕 미술 또는 고딕 예술은 12세기 말 북부 프랑스에서 발달한 중세 미술 운동이다. 이는 고딕 건축이 발달하며 함께 발달하였는데, 프랑스에서 처음 유행한 이래 서유럽 전반과 알프스 북부에 두루 퍼졌다. 이에 중세 유럽을 대표하는 미술 양식이 되었고 지역 차이는 있지만 고딕 미술 운동은 15세기경까지 계속되어 르네상스로 이어졌다.

(Cubism)⁺을 낳은 프랑스를 제외하면 예술의 자율적인 발전이라는 것은 없었다. 아니 이탈리아 르네상스도 사실은 플랑드르의 사실화법을 도입한 덕분에 새로운 단계로 발전했고, 프랑스 낭만파에도 스페인 회화가 영향을 미쳤고, 인상파에는 일본 미술의 영향이 있었으며, 큐비즘은 아프리카 미술로부터 상당한 영향을 받았다.

스페인 미술의 특징

스페인 미술은 유럽에서 중심적인 위치에 놓인 적이 없다. 말하자면 발신형(發信型)이 아니라 수신형(受信型)이다. 그러나 이는 역사적으로 변경에 놓인 탓으로 그 점에서는 한국 미술과 다르지 않다. 스페인 미술은 한국 미술처럼 대국의 유행을 따르기도 했으나(뒤에서 보듯이 고야 시대에도 프랑스 미술을 모방하는 경향이 있었다), 고야를 비롯한 대가들은 자기 세계를 구축했다. 그래서 근대에 나타나는 스페인 미술의 특징은 개인주의다. 그것도 강렬한 개인주의다.

스페인 미술에는 유파(流派)가 없다. 아니, 정확히 말하면 유파가 없는 것이 아니라 한 사람 한 사람이 각자의 유파를 형성한다. 고야는 '고야파', 벨라스케스는 '벨라스케스파', 엘 그레코는 '엘 그레코파'라고 말할

■　＊ 입체파 또는 큐비즘(Cubism)은 20세기 초에 프랑스에 일어난 서양미술 표현 양식의 하나를 일컫는다. 입체주의라고도 한다. 대표적인 화가로 폴 세잔, 파블로 피카소, 데이비드 호크니가 있다.

수 있다. 그만큼 예술가마다 개성이 뚜렷했고 사람들은 이를 존중했다.

스페인 미술은 시대에 따라 다양한 특징을 보여주었으며, 특히 800년
에 걸쳐 이슬람과 교섭이 이루어지는 과정에서 유럽 어느 나라에서도
볼 수 없는 독특한 예술세계가 형성되었다. 또한 유럽문화와 지중해문
화가 결합되어 각별하고도 풍요로운 예술의 토대를 형성하기도 했다. 게
다가 스페인에는 이탈리아나 프랑스와 달리 고대 그리스나 로마에서 확
립된 미의 규범을 계승하고자 하는 전통도 없었다. 따라서 성스러운 세
계를 표현함에 있어서도 스스로 사는 속세를 통해서만 묘사할 수 있었
기에 정해진 규범 없이 자신에 대하여 충실한 묘사가 가능했다. 그래서
스페인 예술은 인간의 창조성에 뿌리박은 직관적인 표현력에 그 특징이
있다고 할 수 있다.

예컨대 이슬람의 영향하에 나타난 9~10세기 모사라베 미술(arte
Mozárabe)*은 대담한 구도와 강력한 윤곽선 그리고 선명한 색채를 특징
으로 참신함과 솔직함을 유감없이 보여주며 피카소까지 이어진다. 이어
10~12세기 로마네스크 벽화도 명백한 윤곽선과 색채의 선명한 대비가
그 특징이다. 그 후 13세기에는 프랑스의 영향을 받아 고딕 양식이 자
리 잡으면서 성당의 제단 위나 뒤를 화려하게 장식하는 제단화(祭壇畫,
altarpiece)가 주류를 이룬다.

■   * 모사라베는 아랍어 형용사인 무스타리브(مستعرب. musta'rib), 즉 언어와 풍속, 문화에 있
어 아랍 문화의 영향을 받아 아랍화되었다는 말에서 유래되었다. 모사라베 양식은 초기 로
마네스크 양식과 10세기 전후의 무어 양식을 혼합한 에스파냐의 예술 양식으로, 아랍인의
지배 아래서 싹튼 기독교 예술이다.

▲ 엘 그레코 〈성령강림〉, 1600년경, 캔버스 유화, 275x127cm, 프라도 미술관

신비주의자 엘 그레코

엘 그레코는 흔히 신비주의*의 전형으로 꼽힌다. 비정상적으로 길게 묘사되는 체구, 소용돌이치는 상승의 구도, 자연에서는 볼 수 없는 선명하고 관념적인 색채, 불타오르는 정념의 도가니…. 그것은 눈에 보이는 바깥 세계를 화면에 재현한 것이 아니다. 이는 앞에서도 간단히 언급한 종교적 바로크주의**와 신비주의의 전형이다. 엘 그레코의 작품에는 그러한 특징이 아주 뚜렷하게 나타난다. 눈을 통해 보는 세계가 아닌, 그야말로 명상을 통한, 혼으로 마주하는 마음속 세계다.

앞에서도 말했듯이 엘 그레코는 그리스인이다. 본명이 따로 있으나 그는 '그리스인(The Greek)'이라는 뜻의 엘 그레코로 불렸고 아마도 그 시대에는 또 다른 수많은 '엘 그레코'가 있었으리라. 사실 이는 기이한 이름이다. 타국에서 어느 한국인이 자신의 이름을 〈더 코리안〉이라 소개한다면 듣는 사람은 얼마나 황당할까? 엘 그레코는 스페인에 도착한 후 톨레도에서 살다 죽었다. 당시 톨레도는 반종교개혁***의 아성이자 문화

■ * 신비주의(神秘主義, mysticism)는 좁은 의미에서 종교에 딸린 신비주의에 국한하지만, 넓은 의미로 철학·역사·자연 신비주의로도 볼 수 있다. 신비주의를 믿거나 실천하는 사람을 신비가나 신비주의자라고 한다.
** 바로크(baroque)는 르네상스 전성기 이후 16세기 말부터 17세기까지 유럽 건축미술의 한 특징을 가리키는 말로 사용되었다. 오늘날에는 장르와 시대에 한정하지 않고 그 비슷한 특징이 나타나면 '바로크 풍'이라고 부르기도 한다. 17세기 유럽의 바로크 풍은 르네상스 시대의 특징인 질서와 균형, 조화와 논리성과 달리 우연과 자유분방함, 기괴한 양상을 강조한 예술양식으로, 단순한 자유분방함과 불균형만을 내세우지 않고 최소한의 질서와 논리가 유지되기 때문에 더욱 바로크적 특성이 발휘되는 장점이 있다.
*** 반종교개혁(Counter-Reformation, 反宗教改革, Gegenreformation)은 종교개혁으로 인해 잃어버렸던 세력을 회복하고자 교황청을 중심으로 가톨릭교회에서 벌였던 대항운동이다.

의 중심지였다. '미술은 신에 대한 봉사와 민중의 교화를 추구해야 한다.'는 트리엔트 공의회*의 결정에 따라 그는 반종교개혁을 선전하는 그림들을 그렸다.

자연주의자 벨라스케스

자연주의**의 정점에 선 화가는 바로 '화가 중의 화가'라고 불리는 벨라스케스다. 그는 16세기 스페인 문화의 중심이었던 세비야에서 태어나 공부했고, 두 번의 이탈리아 여행을 제외하고는 펠리페 4세(Felipe IV, 재위 1605~1665)의 궁정화가로서 마드리드에서 여생을 보냈다. 펠리페 4세는 정치를 부하에게 맡기고 자신은 예술의 보호에 진력했다. 그 덕분에 예술은 황금시대를 맞았으나 전쟁에서의 패배와 반란, 경제 파탄으로 인해 스페인은 도탄에 빠졌고 결국 유럽 최강국의 자리를 프랑스에 내어주고야 말았다.

벨라스케스는 그런 '무능한' 왕의 어용(御用)화가였다. 궁정화가가 된 24세부터 죽기 전까지 20년간 그는 무능한 왕의 초상화를 수없이 그렸다. 벨라스케스는 펠리페 4세의 내면에 있는 공허함과 무기력함을 잘 알았다. 따라서 몰락하는 나라와 궁전의 음울한 분위기를 일말의 감정도

■　* 1545년부터 1563년까지 18년 동안 이탈리아 북부의 트리엔트(지금의 Trento)에서 개최된 종교회의. 종교개혁에 맞서 가톨릭의 교리와 체계를 재정비하였다.
　** 미술 양식에서 자연주의는 자연 그대로의 모습을 세밀한 부분까지 매우 정확하게 그리고자 하며 실제 대상을 있는 그대로 묘사하는 사조를 말한다.

▲ 벨라스케스 〈시녀들〉, 1656년, 캔버스 유화, 318x276cm, 프라도 미술관

없이 냉정하게 기록하듯 그릴 수 있었다.

벨라스케스의 그림 〈시녀들〉을 보자. 실내는 투시도법*을 구사하고 빛과 그림자를 효과적으로 사용하여 내뿜는 실재감(實在感)으로 우리를 압도한다. 중앙에는 왕녀 마르가리타(Margarita Teresa, 1651~1673)**가 서 있고, 주변으로 시녀들이 있다. 그리고 왼쪽 이젤 앞에 벨라스케스 자신이 있고, 그 곁 거울에는 국왕 부처가 비추어져 있다. 국왕 부처는 지금 우리가 그림을 보고 있는 위치와 동일하게 그림 속 장면을 보고 있기에 거울에 정면으로 보인다. 그림 속 인물들은 모두 우리를 쳐다보고 있다. 이에 우리도 그림과 연결되어 그 속으로 빨려들어간다.

벨라스케스에게 종교란 없다. 고야나 피카소도 '종교적 장중(莊重)함에 대한 반역'이라는 점에서 벨라스케스를 잇고 있다. 특히 피카소가 그렇다. 피카소는 수많은 고전을 모사했으나 벨라스케스의 작품 중에서 유독 〈시녀들〉에 열중하였다. 그러나 고야의 그림에 나타나는 민중의 서민적인 분위기는 벨라스케스의 그림에는 없다. 그것은 당대의 영국이나 프랑스 그림에서는 볼 수 없는 '민중성'이다.

벨라스케스를 리얼리즘***의 극치라고도 한다. 여기서 리얼리즘을 사

■ * 투시도법(透視圖法)은 한 점을 시점으로 하여 물체를 원근법에 따라 눈에 비친 그대로 그리는 기법이다.
** 펠리페 4세와 그의 두 번째 왕비이자 조카인 대공비 마리아나의 딸로, 15살의 어린 나이에 신성 로마 제국의 황제 레오폴트 1세(Leopold I, 1640~1705)의 첫 번째 아내가 되었다. 안타깝게도 그녀는 22살의 젊은 나이로 세상을 떠났다. 벨라스케스는 마르가리타가 어렸을 때부터 그 성장을 지켜보았다.
*** 리얼리즘(Realism)은 낭만주의와 함께 19세기 후반에 성행한 예술 사조로, 사물을 깨끗하게 하고 미화하여 그리는 고전파나, 정열이나 문학적 매력을 구하는 낭만파에 정면으

실주의(寫實主義)로 번역하면 기법만을 중시하는 것처럼 보여 문제가 있다. 따라서 이를 '주관주의에 대응되는 객관주의'라고 번역하는 편이 좋다고 하는 홋타 요시에의 제안˚에 나는 찬성한다. 그러나 홋타 요시에가 스페인 미술 전체를 리얼리즘으로 파악하는 점에는 찬성할 수 없다. 왜냐하면 스페인에는 엘 그레코나 고야가 있기 때문이다.

고야와 피카소의 삶

고야는 피카소와 달리 이른바 '조숙한 천재'가 아니었다. 벨라스케스는 피카소처럼 조숙한 천재였으나, 고야는 나이 마흔이 훨씬 넘어 자기의 세계를 표출했다. 또한 고야는 마사초(Masaccio, 1401~1428)나 반 고흐(Vincent Willem van Gogh, 1853~1890)처럼 요절한 천재도 아니었다. 그는 당시 예술가로서는 보기 드물게 오래 살아 82세에 죽었다. 그리고 작품 3분의 2 이상이 생애 후반에 집중되었고, 근대회화의 선구를 이루는 걸작들은 만년(晩年)에 그려졌다. 피카소는 더욱 오래 살아 91세에 죽었는데, 15세에 왕립 아카데미에 입학˚˚해 생전에 부와 명예를 얻은 피카소와 달리 고야의 생애는 좌절의 연속이었다. 10대에는 두 번이나 왕립 미술

- 로 도전하였다. 더구나 소재도 철저하여 종래의 미술이 외면하던 사회의 가난한 일면이나 노동의 가혹한 실체를 진실로 당면한 사실로써, 박력 있는 묘사로 드러낸다.
* 『고야』1, 112쪽
** 피카소는 1897년 마드리드의 산 페르난도 왕립 아카데미에 입학했으나 천편일률적이고 도식적인 수업에 흥미를 잃고 학교에 가지 않았다. 대신 시간이 날 때마다 프라도 미술관에 가서 명화를 감상하며 공부했다.

학회에 입회신청서를 제출했지만 거부당했고, 중병에 허덕이다가 구사일생으로 회복했다. 뿐만 아니라 정치적으로도, 사회적으로도, 가정적으로도 불우했다. 고야가 살아간 시대 자체가 위기였다. 또한 왕권과 교회 시스템에 의존하여 유지해온 구체제가 붕괴됨에 따라 미술에서도 근본적인 변화가 일어났다.

고야는 일찍부터 아카데미즘(academism)*에 반대하여 회화상의 규범을 부인했다. '환상'과 '시각효과'를 중시하여 선이나 데생이 아닌 대담한 붓놀림과 질감 표현을 통해 '분위기의 마술'을 구축했다. 고야가 살았던 시대는 프랑스를 중심으로 한 바로크, 로코코, 신고전주의, 낭만주의가 풍미했던 시대였으나 스페인에 살았던 고야는 그중 어느 것과도 무관했다. 그는 어느 유파에도 속하지 않았고 정형을 벗어나 고독한 제작을 통해 자기만의 예술을 형성했다. 더 나아가 고야는 시대를 뛰어넘어 20세기의 표현주의와 초현실주의를 예견했다. 이것이 바로 고야를 '사후의 거장'이라고 칭하는 이유다.

■ * 전통과 권위를 중시하는 학풍으로, 정부에 의해 설립, 비호되고 전통에 의해 지지되고 있는 대학이나 미술, 음악의 고등훈련기관에 있어서의 연구, 창작 태도를 말한다. 예술에서는 그 작풍, 양식, 수법을 일컫는다.
따라서 미술사적으로는 고전적 규범에 충실한 고전주의적 경향을 의미하나 근대 미술사에서는 반드시 고전주의적 경향에만 한정되어 나타나는 것은 아니다. 19세기 이래 미술사는 새로운 유파, 양식과 아카데미즘이 교체하는 역사라 할 수 있다. 이를테면, 낭만주의, 사실주의, 인상주의 등은 어느 것이든 처음 발생할 때에는 동시대의 아카데미즘과 가장 격렬히 대립하나, 시기가 지나면 종종 아카데미즘으로 변질되는 경우가 많다. 하나의 새로운 양식이 대중적으로 받아들여져 단순한 형식적 전통으로 고착되면 그것을 비판적인 의미에서 아카데미즘이라 지칭하게 되는 것이다. 그러나 좋은 의미에서 아카데미즘은 학문, 문예, 음악 등 인류의 유산을 후대에 올바르게 전하여 궁극적으로는 창조적인 예술의 발전에 이바지하는 것으로 본다.

반면 피카소는 '생전의 거장'이었다. 피카소는 큐비즘을 창시하면서 스스로 현대미술의 막을 올렸다. 그러나 그의 미술은 큐비즘에 그치지 않았다. 무한한 자유분방함과 끝없이 변화하는 창조력이야말로 그의 본질이다. 또한 그는 20세에 일명 '청색 시대'를 맞이해 거장임을 증명했으며, 1904년에는 파리로 가서 '장미색 시대''를 열었고 1907년 〈아비뇽의 처녀들〉로 큐비즘을 '발명'했다. 그후 큐비즘은 파리를 석권하는 전위운동이 되었으나 1921년 그는 돌연히 '신고전주의의 시대'로 들어갔다. 그리고 다시 돌변하여 초현실주의와 〈게르니카〉로 나아간다. 제2차 세계대전 이후 그는 미술의 모든 장르에 손을 대면서, 끝없는 여성 편력을 시작했다.

고야는 죽을 때까지 사회정의에 대한 관심을 지속했다. 이 책에서 나는 그의 수많은 그림을 증거 삼아 그 점에 대해 이야기할 테니 독자들은 나를 믿어도 좋다. 고야 역시 피카소처럼 여인들에게 관심이 많았지만 농락하기보다는 매독에 걸리는 편을 택했다. 친구를 배신하기는커녕 의리를 지켰다. 반드시 그래서만은 아니지만 나는 피카소보다 고야가

■ * 피카소의 활동 기간 중, 1901년부터 1904년까지를 일컫는다. 이 시기의 구체적인 시작 시점은 불명확한데, 스페인에서는 1901년 봄을, 프랑스 파리에서는 1901년 후반부를 시작 시점으로 본다. 이 시기에 피카소는 주로 검푸른 색이나 짙은 청록색의 색조를 띤 그림을 그렸고, 부득이한 경우에만 다른 색을 통해 온화한 색조를 나타내었다. 젊은 시절 파리에 머무는 동안 피카소는 자신의 그림에 주로 검푸른 색을 사용했다. 이 어두침침한 작품들은 당시에는 거의 팔리지 않았으나 현재는 그의 작품 중 가장 인기가 많은 작품에 속한다.
** 1904년 피카소는 이른바 '장미색(장밋빛) 시대'를 맞이한다. 피카소가 파리에 머물 때 그린 이 시기의 작품들은 초기 작품들과는 달리 스페인 화풍이 아니라 프랑스 화풍에 가까운 것으로 평가된다. 이 2년 동안 피카소는 이전과는 달리 붉은색과 분홍색을 많이 사용했다.

좋다. 젊은 고야가 출세를 위해 분주히 뛰어다니는 모습도 이해한다. 더욱이 나이 들어 사회정의에 불타는 그림을 그린 점은 너무도 좋다.

흔히들 피카소와 함께 미로와 달리를 '20세기 스페인이 낳은 3대 거장'이라고 한다. 세 사람 모두 초현실주의 운동에 참여했으나 그 전형이라고 할 수 있는 사람은 '마술적 리얼리즘'으로 불리는 달리이다. 달리와 미로는 둘 다 바르셀로나 출신인데 특히 미로는 바르셀로나 태생답게 명석한 유머와 독특한 정취로 다양한 작품을 제작했다.

피카소, 미로, 달리는 스페인 사람답게 자유분방했다. 그러나 정치적 태도는 달랐다. 피카소와 미로는 시민전쟁이 터지기 전, 공화국을 지지하는 그림을 그렸다. 반면 달리는 〈내전의 예감〉을 그려 정치에 관여하지 않겠다는 듯 침묵했다. 그러다가 달리는 결국 친(親)프랑코, 친나치, 배금주의를 이유로 초현실주의 그룹에서 제명되었다. 그는 또한 스페인 가톨릭에 귀의하여 아내인 갈라(Gala Dalí)를 성모 마리아에 비유한 종교화를 연작하기도 했다.

제2차 세계대전 후 추상화가 세계를 휩쓰는 가운데, 스페인 출신 화가들은 특히 표현주의 및 초현실주의를 계승한 '뜨거운 추상''의 구상의 접점에서 활약했다.

고야와 피카소. 이 두 사람은 같은 스페인 출신 화가라는 점 외에는 시대도 다르고 성격이나 화풍도 다르기에 굳이 공통점이라고 할 만한

■　* 추상화는 기하학적인 요소로 지적인 화면을 구성하는 차가운 추상과 형태나 색채의 자유분방한 요소로 감성적 화면을 다이내믹하게 구성하는 뜨거운 추상으로 나뉜다.

게 그다지 많지 않아 보인다. 하지만 언제부턴가 나는 그 두 사람이 함께 보였다. 때론 같게, 또 다르게도 보였다. 적어도 두 사람은 모두 위대하고 기이한 거인들이다. 말하자면 고야는 '사후의 거인'이고, 피카소는 '생전의 거인'이다.

2. 고야는 괴물인가?

반反주의자 고야

이 책의 머리말에서 나는 고야를 괴물이라고 소개했다. 이는 스페인을 대표하는 최대의 철학자 오르테가 이 가세트의 말이다. 그가 쓴 책 『고야』(1958)에서 그는 '고야는 괴물, 정말로 괴물 중의 괴물, 그 자신의 괴물 중에서 가장 괴물다운 괴물이다.'라고 했다.

이어 그는 '섹스어필을 느끼게 하는 화가가 있다면 그것은 고야밖에 없다. 고야의 모든 작품은 유례없는 알콜 효과를 부여하여, 가장 금욕적인 지성인까지도 환희에 젖게 만든다. 그는 쉽게 알 수 있듯이 여러 이유로 언제나 문제이고 수수께끼이다.'라고 말했다.

여기서 섹스어필이니 알콜 효과니 수수께끼니 하는 말에 오해가 없기를 바란다. 고야의 그림이 스페인적 신비주의나 남성주의라는 것이 아니다. 고야는 도리어 그러한 것들을 거부한다. 만일 고야가 '스페인적인 것'에 한정된 화가였다면 우리는 굳이 그의 작품에 공감할 이유가 없다. 그는 스페인의 어떤 것도 찬양하지 않았으며 그 스스로도 전혀 '스페인적'

이지 않았다.

도리어 그는 스페인을 부정했다. 그에게 '아름다운 조국'이라는 의식
은 없었다. 그는 한 번도 스페인의 아름다운 풍경을 그린 적이 없다. 투
우를 그리기는 했으나 투우가 스페인적이어서 그런 것이 아니다. 투우는
그저 그에게는 인간이 살아가는 다양한 모습 가운데 하나였다.

그는 스스로 스페인 사람이라고 자각한 적도 없다. 당시 그가 문제로
인식한 것은 오직 인간세계의 현실이었다. 그래서 그는 현실의 모든 비
리, 미신, 무지, 모순을 철저히 고발했다. 그러나 전혀 도학적(道學的)이거
나 교조적(敎條的)이거나 획일적(劃一的)이지 않았다. 그는 인간의 진보나
이성을 무조건 낙관적으로 믿는 근대주의자도 아니고, 그렇다고 '스페인
적 가치' 운운하며 무조건 민족을 찬양하는 반근대주의자도 아니었으
며, 인간을 중심으로 인간적인 것은 무조건 긍정하는 인간주의자도 아
니었다. 그는 어떤 의미에서도 '주의자'가 아니었다.

나는 그런 고야가 좋다. 나는 '주의자'가 싫다. 나는 '반(反)주의자'이
다. 내가 이 책을 쓰기 직전 일본에서 『한국의 사상』(2000)이라는 책이
출판되었는데 그 책 속에 내가 무정부주의자로 분류되어 있음을 남들
로부터 듣고 알았다. 나는 '무정부주의'보다는 '아나키즘'이라는 말을 더
좋아하고 관심이 있었지만, 스스로 아나키스트라고 자처한 적은 없다.

그러나 도대체 그게 무엇인가? 나는 나의 아나키즘을 자연·자치·자
유의 '3자'주의라고 부른다. 이것은 다른 사람의 아나키즘과 다르다. 특
히 한국에서는 아나키즘을 일제 강점기의 폭력적인 독립운동 노선 정

도로 오해하고 있지 않은가? 따라서 나의 아나키즘이 흔히 '테러주의'로도 오해되는 아나키즘으로 분류되는 것은 억울하다.

한국은 '주의자'들의 나라이다. 고려는 불교주의자, 조선은 유교주의자가 살아남았고 일제와 남한은 자본주의자, 북한은 공산주의자만 살아남았다. 그 외 모든 것은 '이단'이 된다. 한국에서는 주류가 되는 주의에 속하지 않으면 '이단'으로 낙인찍힌다. 나는 무(無)주의, 반(反)주의가 좋다. 민주화는 다른 게 아니다. 주의가 없어지는 게 곧 민주화이다.

그러나 아직도 주의를 세우는 게 민주주의라는 오해가 있다. 심지어 민주주의라는 것도 하나의 주의이다. 위에서 소개한 『한국의 사상』에는 갖가지 주의가 소개되어 있으나, 나는 그 어느 주의에 대해서도 관심이 없다. 주의를 없애라! 주의에서 벗어나라! 주의에서 자유로워져라! 주의를 죽여라! 모든 주의자여, 자신의 주의를 포기하라! 자신의 주의를 변절하라!

고야는 '주의자'가 아니었지만 그는 온갖 '주의'를 탄생시켰다. 그는 현대 회화와 관련된 수많은 주의의 선구자였다. 그러나 생전에 자신이 만든 주의를 경험한 피카소와 다르게 고야는 후대에 와서야 대우받았다. 그것도 50줄이 되어서 그린 그림들로 말이다. 그렇다. 주의를 말하고 싶다면 50줄은 되어서야 말하라! 그래야 인생에 대해, 세상에 대해 뭔가를 조금은 아는 것이 아닌가? 그래도 굳이 '주의자'이고 싶다면 스스로를 주의자라 칭하는 것이 아니라 다른 사람들이 "그는 ○○주의자야." 하고 말하게 하라.

고야에 대해 굳이 무슨 '주의자'라고 말해야 한다면 그건 '허무주의'일 것이다. 그것도 사회, 정치, 문화가 쓰고 있는 가면을 벗기는 황폐한 니힐리즘(nihilism)이다. 그는 인간을 부정적으로 보고 인간의 내면에 숨은 비이성적이고 잔혹한 부분을 낱낱이 까발린다. 흔히들 그를 '풍자가'라고 한다. 하지만 그것은 껍질에 불과하다. 그 풍자의 바닥에 있는 것은 코믹이나 유머가 아니다. 그의 그림을 보면 나는 경외와 공포의 감정을 느낀다. 특히 고야가 만년에 그린 연작 〈검은 그림〉*은 그 극단을 보여준다.

고야는 괴물이 아니다. 그는 괴물을 그릴 뿐이다. 그러나 그 괴물은 병적인 상상력의 산물이 아니다. 고야의 이성은 결코 잠들어 있지 않다. 그가 보여주는 것은 잠든 이성이 낳은 악마, 아니, 보통의 인간에 숨은 업, 한, 팔자, 숙명, 운명, 지병 같은 것이다. 〈검은 그림〉에서 가장 잘 알려진 피에 물든 아이를 먹는 사투르누스의 전율적인 모습을 보라. 또, 한 쌍의 남녀가 바보 같은 표정으로 자위행위를 하는 남자를 응시하는 그림, 두 사람의 농부가 곤봉을 들고 무릎까지 파묻혀가면서 싸우는 그림, 그리고 그보다 앞에 그려진 〈광인의 뜰〉. 그 어디에도 이상주의, 종교적 구원, 인간의 정신성 같은 것은 없다.

■ * 검은 그림(Las pinturas negras, Black Paintings) 연작은 1819년부터 1823년 사이에 그린 고야 만년 14점의 작품들이다.

고야의 작품

고야는 평생 1,870점의 작품을 남겼다. 국내외에서 출판된 고야 화집에서 흔히 볼 수 있는 그림들은 대체로 유화, 역사화, 초상화이다. 그러나 이 책에서 나는 유화보다는 판화와 소묘를 중심으로 다루겠다. 고야의 판화와 소묘야말로 고야의 진면목을 여지없이 보여주기 때문이다.

고야가 남긴 판화는 292점이다. 고야가 새긴 동판으로부터 판을 거듭하여 찍은 것 중에 가장 최근판은 1937년 시민전쟁 중에 출판되었고 그의 판화는 세계 각지의 미술관에 소장되어 있다.

유화는 500여 점인데 그중에서 반은 스페인 마드리드에 3분의 1이 있으며, 프라도에만 130여 점이 있다. 스페인 외에 고야의 작품을 10점 이상 소장한 나라는 없다. 고야는 생전에 스페인을 제외한 유럽 대부분의 나라에 거의 알려지지 않았기 때문이다.

고야의 외국인 후원자로는 웰링턴 공작(Arthur Wellesley, 1st Duke of Wellington, 1769~1852)이 유일했고, 나폴레옹의 스페인 점령 중 몇 명의 프랑스인이 고야의 모델이 되었으며 그 작품들은 모두 스페인에서 제작되었다.

고야는 스페인에서 궁정화가로 이름을 떨쳤으나 사후 그의 작품에 대한 평가는 그다지 높지 않았다. 1828년에 고야가 죽었을 때 프라도 미술관에 소장된 그의 작품은 단 3점뿐이었다. 고야가 죽기 2년 전, 80세의 나이로 수석 궁정화가를 사퇴하고 뒤이어 그 자리를 차지한 사람은 고야와는 화풍이 전혀 다른 전형적인 신고전주의자 로페스(Vicente López

▲ 〈웰링턴 공작의 초상〉, 1812~1814년, 마호가니 패널 유화, 64.3x52.4cm, 런던 내셔널 갤러리

Portaña, 1772~1850)였다.

1824년, 고야는 프랑스에 망명하여 5년간 거주했다. 당시 프랑스 사람들은 고야에 대한 정보가 전혀 없었다. 그들에게 고야는 그저 망명한 노인네에 불과했다. 그러나 그의 사후에 프랑스 낭만주의자들이 고야의 〈로스 카프리초스Los Caprichos*〉(1799)를 주목하기 시작했다. 1858년 마트롱(Laurent Matheron, 1908~1944)이 쓴 고야의 첫 전기가 출판되었으며, 프랑스 시인 보들레르(Charles Pierre Baudelaire, 1821~1867)와 고티에(Théophile Gautier, 1811~1872)가 고야의 유화에 대한 글을 썼다.**

19세기 후반 파리에서는 스페인 문화가 유행했다. 이에 고야의 연작 판화 〈전쟁의 참화Desastres de la Guerra〉(1863)와 〈어리석음Los disparates〉(1864)이 출판되면서 고야는 더욱 유명해졌다. 특히 프랑스의 사실주의 화가 쿠르베(Gustave Courbet, 1819~1877)와 인상주의 화가로 유명한 마네(Édouard Manet, 1832~1883), 그리고 피카소가 고야를 찬미하여 고야는 20세기 회화의 선구자로 추앙된다.

고야는 82년 동안 살면서 53년을 스페인 국왕의 신하로서, 그리고 30년간은 스페인의 세 왕 아래에서 수석 궁정화가로 일했다. 그러면서도 반체제적인 그림을 남겼다. 당시 프랑스 사람들은 이런 고야를 이해할

■ * 《로스 카프리초스》는 1799년에 완성된 판화집이다. 80점의 판화로 구성되어있으며, '변덕'이라는 의미를 지닌다. 이 판화집에 수록된 작품들은 대부분 미신과 어리석은 신앙, 사회를 풍자하는 내용으로, 부패한 성직자들, 방탕한 귀족들, 마녀와 악마들이 주로 등장한다.
** 보들레르는 《로스 카프리초스》 연작을 두고 '현실과 환상을 구분할 수 없는 기괴한 공포이며 너무나 탁월한 예술'이라고 찬사하였고, 고티에는 〈카를로스 4세의 가족〉에 대해 '복권에 당첨된 것을 뽐내는 지방의 제빵업자와 그 아내로밖에 보이지 않는다.'고 말했다.

수 없었다. 사실 마트롱의 불어판 전기보다 일찍 출판된 고야의 아들 하비에르(Javier Goya, 1784~1854)가 쓴 1830년 판 전기나 1836년 고야의 친구였던 칼데레라(Valentín Carderera y Solano, 1796~1880)가 쓴 전기는 궁정 화가로서 고야가 공적으로 그린 그림들만 다루었기 때문이다.

나의 고야

프라도 미술관에서 고야를 마주했을 때 느꼈던 전율을 여전히 나는 기억한다. 〈카를로스 4세의 가족〉을 비롯하여 두 점의 마하, 〈1808년 5월 3일〉, 〈검은 그림〉 등을 온종일 본 나는 그대로 탈진하여 죽을 것만 같았다. 그 전에도 다른 미술관에서 고야의 그림을 한두 점씩 본 적은 있지만 이런 느낌은 처음이었다. 그래서 서둘러 밤 기차를 타고 마드리드에서 도망쳤다. 황량한 스페인, 그 사막 같은 열기의 스페인에서 본 생생하고도 참혹한 장면 속 인간들.

내가 고야의 그림을 처음 본 건 1950년대 말 겨울, 경북 문경 농암에 있는 어느 화가의 아틀리에에서였다. 그것은 내가 태어나서 처음으로 본 외국인 화가의 화집이자, 외국에서 출판된 화집이었다. 지금은 그 책이 일본 책이었다는 것만 어렴풋할 뿐 어느 출판사에서 언제 나온 것인지 기억도 나지 않지만 하얀 천으로 된 표지의 감촉이 실로 황홀했음은 아직도 아련한 기억으로 남아 있다. 그때 나는 '이런 아름다운 책도 있구나' 하면서 감격했다.

지금은 '문경시'이지만 '문경군'이었던 당시, 문경은 오지 중에서도 오지였다. 그중에서도 농암이라는 곳은 아주 깊은 산골짜기 마을이었다. 어린 시절, 아버지가 농암에 있는 학교로 전근을 가는 바람에 우리 가족은 농암에 살게 되었다. 관사 마당에는 뱀이 언제나 똬리를 틀고 있었으며 집 바로 뒷산에는 한국전쟁 때 죽은 사람들의 해골이 뒹굴고 있었다. 뒤에서 곧 이야기할 고야의 고향보다도 더욱 산골인 그곳에서, 열 살 소년이었던 나는 처음으로 '화가'를 만났다.

나는 그를 좋아했고 그도 나를 좋아했다. 그는 나를 이곳저곳에 데리고 다니면서 그림을 가르쳐주었다. 내 평생, 누군가로부터 그렇게 가까이에서 무언가를 배운 건 그때가 처음이자 마지막이었다. 그러나 얼마 지나지 않아 나는 그를 자주 만날 수 없게 되었다. 어린아이로서는 이해할 수 없는 나쁜 소문이 떠돌았고, 그는 모습을 잘 드러내지 않았다.

어느 겨울날, 아주 오랜만에 나를 부른 화가는 손바닥만 한 〈옷을 벗은 마하〉 사진을 보여주면서 고야의 사랑 이야기를 들려주었다. 내가 태어나서 처음으로 알게 된 화가로부터 들은 외국 화가 이야기는 인상적이었다. 그리고 며칠 뒤, 나의 첫 미술 선생이었던 그는 산골 마을에서 사라졌다. 시골의 처녀를 유린했다는 소문만 남긴 채, 아마도 그 처녀를 그렸을 〈옷을 벗은 마하〉와 비슷한 구도의 나체화와 함께 사라졌다. 그가 고야를 몰랐다면 어땠을까, 아니 고야를 제대로 알았더라면 그런 일이 일어나지 않았을까? 그를 화가라고 말하는 사람은 이 세상에서 나밖에 없을지도 모른다. 나는 농암에서 지냈던 1년 이외에는 그를 다시 만나지 못했으나 나에게 그는 화가였다. 그의 초라한 하숙방을 아틀리에라고 하는 사람도 나뿐일지 모르지만 그곳은 나에게 엄연한 화가의 작업실이었다.

열 살 때 들은 고야의 이야기는 그 선생과 함께 내게 화가상(畫家想)의 원형이 되었다. 그 뒤 '미친 천재'라고 하는 반 고흐가 고야에 오버랩되고 현실의 수많은 '비정상적인' 화가나 미술학도를 보면서 나는 그림 그리기를 포기했다. 중고등학교 시절, 나는 나의 현실도 고야가 고발한 '괴물'이 지배하고 있음을 알았고, 그 현실은 한가롭게 그림 그리는 것을 허용하지 않았다. 그래서 나는 그림이 아닌 다른 길을 택했지만, 그림이나 화가에 대한 동경을 멈춘 적이 없다.

프라도에서 고야의 〈옷을 벗은 마하〉 앞에 선 순간 나는 느닷없이 어린 시절 보았던 나체화가 떠올랐다. 나체의 그녀. 어쩌면 내 마음속 첫사랑이었을 그녀는, 그녀를 그린 화가이자 내가 존경한 첫 미술 선생에 의해 유린당했을지도 모른다는 생각 때문에 내 사춘기 성에 대한 인식은 처절하게 왜곡되었고 나는 이로부터 완전히 자유롭지 못한 채 살아왔다. 한데, 프라도에서 비참할 정도로 생생한 마하를 보면서 묘한 느낌이 들었다. 별안간 내가 고야인 양, 그리고 어릴 적 미술 선생이라도 된 듯한 착각에 사로잡혔다. 나체화를 보며 그런 느낌이 든 것은 처음이었다. 나의 여인 마하, 나는 그녀와 사랑에 빠진 것만 같았다. 비로소 나는 사춘기에 느꼈던 도덕적 악몽에서 조금은 자유로워졌다.

프라도 미술관에 있는 벨라스케스의 〈거울에 비친 비너스〉 역시 뛰어난 나체화다. 하지만 여신과 같이 숭고하고 아름다운 그 몸은 '나의 것'이라는 생각이 들지 않는다. 그것은 그야말로 보편성을 갖는 위대한 그림이었다. 만인의 숭배를 받는 비너스의 정결하고 아름다운 몸매. 이는 나와 다른 세상에 있는 여신의 '완벽한' 나체였다.

그러나 마하는 달랐다. 그녀는 여신이 아니었다. 여신이 보여주는 기품 따위는 그녀에게 존재하지 않았다. 사실 고야가 그린 여자는 모두 그랬다. 심지어 〈카를로스 4세의 가족〉의 중심인물인 왕비도 '보통 여자'였다. 고야는 여자를 대상화하지 않고 그야말로 낱낱이 허물을 벗겨버린다. 여자뿐만 아니라 남자도 다르지 않다. 고야가 그려낸 세상에서는 카를로스 4세조차도 근엄한 왕이 아니라 그저 늙고 욕심 많은 남자일 뿐이다.

옆방에서 나체를 먹는 괴물의 그림을 보면서 나는 또다시 전율했다. 그 순간 내 어릴 적 악몽의 원천이 '괴물'이 아니었을까 하는 생각이 들었다. 그 괴물은 고야를 평생 지배한 '윤리'라는 괴물, '도덕'이라는 괴물, '종교'라는 괴물, 그리고 '국가'라는 괴물이었다. 아마 나의 미술 선생도 이러한 괴물들에게 희생된 게 아닐까. 좁은 산골짝 시골에서 나체화를 그렸다는 이유 하나만으로 매도되어 설 자리를 잃은 것이리라. 고야가 '마하' 때문에 이단으로 몰려 교회의 심문을 받았듯이.

3. 출생

고향

파스칼(Blaise Pascal, 1623~1662)은 『팡세*Pensées*』(1670)*에서 '스페인과 프랑스의 경계를 만드는 피레네산맥, 그 앞과 뒤의 진리가 다르다.'고 말했다. 피레네산맥 아래로 흐르는 에브로강 중간쯤에 아라곤주의 수도인 사라고사가 있다. 아라곤은 기암과 황야가 기복을 이루고, 여름은 태양이 작열하며 겨울은 피레네 산바람이 살을 에는 사막처럼 황폐한 불모의 땅이다.

사라고사에서 다시 50킬로미터 정도 남쪽으로 가면 후엔데토도스(Fuendetodos)라는 작은 시골마을이 나타난다. 1746년 3월 30일, 고야는

■ * <팡세>는 '생각'이라는 뜻으로, 블레즈 파스칼(Blaise Pascal, 1623~1662)이 쓴 책이다. 파스칼이 죽은 뒤인 1670년, 그의 유족과 친척들이 파스칼의 글들을 모아 <종교 및 기타 주제에 대한 파스칼 씨의 팡세>라는 제목으로 책을 펴낸 것이 '팡세'라는 이름으로 굳어졌다. 기독교를 설명하고 전도하려는 목적으로 쓴 책으로, 예수와 이슬람 창시자 무함마드를 비교하는 등 기독교를 논리적으로 설명하는 변증서의 성격을 가지고 있다. 이 책은 완성되지 않은 책이라서 오늘날 우리가 읽는 팡세는 여러 단상을 모아 편집한 것이다. 또한 이러한 형식의 책에 팡세라는 제목을 많이 붙이게 되었다.

후엔데토도스에 있는 한 농가에서 태어났다. 언제나 자신의 출신을 개탄하는 사람이라면 고야가 전통도, 문화도, 예술도, 오락도 없는 벽지에서 태어난 점을 반드시 기억해두어야 할 것이다.

사실 내가 그랬다. 나는 얼마 전까지만 해도 시골에 있는 고향에 가기가 싫었다. 아직도 버스가 하루 몇 차례밖에 오가지 않는 나의 고향은 척박한 산골 천수답(天水畓)의 마을이다. 나에게 고향은, 오랫동안 '꽃피는 산골'의 추억이 아니라 황량하기 짝이 없는 '가난의 땅'으로 기억되었다. 10대에 처음으로 도시에 나왔을 때, 이 넓고 좋은 곳을 두고 왜 나의 조상은 그런 황무지 골짜기에 터를 잡았는지 원망스러웠다. 그 후 외국에 갔을 때는 더욱더 넓은 옥토에 기가 질렸고 자유와 풍요, 문화와 예술, 그리고 학문에 또 한 번 기가 죽었다. 그 안에서 느낀 열등감은 아직도 내 안에 남아 있다. 어렵게 고향을 찾으며 나는 그런 회한에 끝없이 젖었다.

후엔데토도스에서도 마찬가지였다. 차라리 오지 말걸, 보지 않았으면 좋았을걸 하고 후회했다. 여름이면 45도까지 오르는 뙤약볕, 겨울이면 영하를 훨씬 내려가는 추위의 삭풍 때문만은 아니다. 그냥 눈물이 났다.

스페인은 산의 나라이다. 스위스에는 알프스가 있고 땅이 좁아서 그 자체가 산악국인 것처럼 보이지만 스페인도 스위스 못지않은 산악국이다. 따라서 평야가 끝없이 펼쳐지는 프랑스와 달리 어디를 가도 험준한 고개를 넘어야 한다. 수도인 마드리드도 해발 646미터의 높은 고원에 있다. 나폴레옹이 마드리드를 점령하기 전 험준한 산악에 겁을 먹은 병사들에게 한 말이 '나의 사전에 불가능이란 말은 없다.'라는 것이었는데, 사실 이는 그 원정이 불가능에 가까웠음을 뜻한다. 더욱이 스페인의 산은 바위 그 자체이다. 그래서 굴도 뚫기 어렵기에 철로를 놓을 수도 없다.

후엔데토도스는 해발 800미터 고지에 있다. 오늘날까지도 후엔데토도스까지 가는 기차는 없다. 버스나 택시를 타야 한다. 고야가 태어났던 당시 인구는 190명, 지금은 120명 정도로 대부분은 노인이다. 지금 우리네 시골과 같다. 이렇게 작고 가난한 시골은 스페인 곳곳에 있다. 세월이 변해도 모습이 변하지 않는 채로, 여름에는 무덥고 겨울에는 무릎까지 눈이 쌓이고 너무 추워 그야말로 사람이 살기에 적당하지 못하다. 농토는 석회질로, 올리브와 포도 재배에 적합하다. 봄에는 비가 오지 않기에 가을에 씨앗을 뿌리고 봄을 지나 성장하면 7월에 추수한다. 추수할 때 털어낸 이삭은 방목하는 양에게 먹이고, 양의 똥은 거름으로 쓴다. 고야는 그런 곳에서 태어났다.

고야는 그런 고향을 사랑하지 않았다. 그림으로 그리고 싶지도 않았던 걸까? 사실 고야는 평생 고향 그림으로 그린 적이 없다. 그가 스페인의 황량한 풍경을 그대로 표현한 것은 나이 70이 넘어 삶의 마지막 질곡에 머물던 때였다. 이때가 바로 책의 뒷부분에서 설명할 〈검은 그림〉의 시기다.

그는 부모도 형제도 그리지 않았다. 젊은 시절, 귀족 후손인 어머니 이름을 따서 귀족인 체한 적은 있지만 그 부모를 자랑한 적은 한 번도 없었다. 왕족과 귀족의 시대에 평민으로 태어나 살아간다는 건 그에게 고통이었다. 고야는 먹고살기 위해 열심히 그렸다. 그가 할 수 있는 일은 그림을 그리는 것뿐이었기에.

생가

고야 생가는 동네 중앙에 위치한 교회 밑에 있다. 유럽 대부분의 마을들이 그러하듯, 교회의 종루(鐘樓)를 중심으로 집들이 이어진다.

신의 가호에도 불구하고 비극은 있었다. 시민전쟁으로 인하여 1936년부터 1939년까지 마을 사람들은 좌우로 나뉘어 서로 싸웠고, 결국 18명이나 죽었다. 100여명밖에 되지 않는 마을 인구 중 5분의 1이 죽었다. 유럽에서 이런 비극을 경험한 곳은 스페인뿐이다. 한국전쟁 당시 우리의 모습과 같다. 스페인의 경우 내란은 우리보다 훨씬 심각했다. 아니 아예 풍토병이라고 해야 할까? 15세기 말 이사벨 여왕 때부터 줄곧 그랬으니 말이다. 고야의 〈곤봉 결투〉라는 그림은 스페인 내란의 비극을 상징한다.

교회는 시민전쟁 때 불탔다. 그곳에는 고야의 처녀작이 보관되어 있었고 벽에도 프레스코 벽화가 있었는데 모두 함께 불탔다. 뿐만 아니라, 교회 앞 광장에 있던 고야의 기념상도 파괴되었다. 시민전쟁 이후 교회와 기념상은 재건되었지만 고야 그림과 벽화는 영원히 없어졌다. 재건된 교회는 추악하고 조잡하다.

생가는 이층집이다. 이층집이라고 해서 오해하지 말라. 800미터의 언덕배기에 집을 지으려면 높이 올리는 방법밖에 없었다. 게다가 이층이긴

▲ 《검은 그림》〈곤봉 결투〉, 1820~1823년, 석회벽 유화를 캔버스로 옮김, 125x261cm, 프라도 미술관

해도 높이는 참으로 낮다. 그곳의 모든 건물은 누런 황색 벽돌로 쌓은 이층집이며, 이 집들은 폐가로 보일 정도로 황폐하다.

생가의 길거리 쪽 낮은 나무 대문을 열면 별안간 어두운 공간이 나타난다. 스페인 주택은 일반적으로 철 대문으로 시작하여 우물과 분수와 성모상이 있는 정원이 나타나는 구조로 되어 있다. 하지만 고야의 집에는 대문도 정원도 없이 바로 출입구가 있다. 문 앞 어둠 속에 한참 서 있으면 안쪽으로 부뚜막과 아궁이가 어슴프레 보인다. 그리고 그 양쪽에 돌로 만든 의자를 겸하는 침대가 놓여 있다. 말하자면 오늘날의 원룸과 같은 구조이다.

또한 우물도 없다. 우물은 교회 앞에 있는 우물을 공동으로 사용한다. 사실 이 마을의 이름은 '공동의 샘터'를 뜻한다. 후엔데토도스(Fuendetodos)는 후엔테 데 토도스의 합성어로, fuente는 '샘터', de는 '의',

▲ 〈샘터 옆의 한 여자와 두 아이〉, 1786년, 캔버스 유화, 35.5x18.8cm, 티센 보르네미사 미술관

그리고 todos는 '모두'를 뜻한다. 이 샘터는 마을 사람들의 공동 소유였는데 여기서 길어올린 물을 이웃 마을에 팔기도 했다. 어린 고야도 그 샘에서 물을 길었으리라. 고야가 1786년에 그린 〈샘터 옆의 한 여자와 두 아이〉에 나오는 물 긴는 아이와 추워서 팔짱을 낀 아이는 어린 시절의 추억에서 나온 묘사일 터다.

또 하나 재미있는 점은 고야의 집에 화장실이 없다는 것이다. 하지만 고야가 특별히 가난해서는 아니다. 당시 스페인에는 집집마다 화장실이 없었다. 사람들은 구멍 뚫린 의자에 앉아 그 밑의 통에 변을 보고 정해진 시간에 "물 버립니다!" 하고 창밖으로 분뇨를 던졌다. 그 시간을 지키지 않으면 하녀는 채찍 100대를, 주인은 무거운 벌금형을 물어야 했다.

스페인에 가면 길거리 중앙 부분이 움푹 파인 것을 볼 수 있는데, 이는 버려진 분뇨를 흘려보내기 위해서 만든 것이다. 마드리드의 경우 분뇨가 흘러가는 종착역에는 오늘날 고야를 비롯한 대가들의 작품이 소장된 프라도 미술관이 있다. 오물과 명화의 만남이라니! 이 또한 극단이 공존하는 스페인적인 현상일까?

돼지들은 분뇨를 먹어치웠고, 그 돼지들은 죽어 스페인 전통의 생(生)햄인 하몬 세라노(jamón serrano)가 되어 다시 사람들의 입으로 들어갔다. 돼지는 스페인 사람들에게 가장 중요한 음식 재료였다. 고야가 1786년에 그린 〈눈보라(겨울)〉라는 그림은 혹한의 아라곤 산중을 지나는 사람들이 나귀 등에 배를 가른 돼지를 싣고 가는 모습을 담고 있다.

돼지들이 먹고 남은 분뇨 찌꺼기는 스페인의 불타는 태양에 의해 건

▲ 〈눈보라(겨울)〉, 1786~1787년, 캔버스 유화, 275×293cm, 프라도 미술관

조되어 먼지로 날아갔다. 고야의 작품에 자주 등장하는 남자들이 챙 넓은 모자를 쓰고, 검은 마스크로 입을 가리고, 긴 외투를 입은 것은 멋을 내려는 목적이 아니라 거리의 모든 창가에서 떨어지는 분뇨로부터 몸을 지키고 그 먼지를 흡인하지 않기 위해서였다. 다음 그림 〈안달루시아 산책〉에서 보는 그대로다(134쪽).

예나 지금이나 스페인 시골은 경제적으로 매우 낙후되어 있으며, 고립되어 다른 마을과의 교류도 거의 없고 문화 수준도 낮다. 고야가 태어난 무렵은 더욱 그랬다. 위생조건은 나빴고 마실 물조차도 부족했다. 고야는 그런 곳에서 일곱 살까지 살았다.

고야의 이름과 뿌리

고야는 태어난 다음 날 교회에서 세례를 받았다. 태어난 지 하루 만에 세례를 받는 관습은 유아 사망률이 높았던 스페인에서 내린 극약처방이었다. 세례를 받아야만 천국에 간다고 믿었던 탓이다. 고야의 세례명은 프란시스코 데 바울라 호세(Francisco De Paula José)다. 보통은 프란시스코 호세(Francisco José)라고 줄여 말한다.

스페인에서는 세례명이 길다. 피카소의 경우 거의 스무 개의 이름이 이어진다. 오래 살라는 뜻이다. 그 덕분인지 피카소는 91세, 고야는 82세에 죽었다. 피카소가 고야보다 세례명이 길어 10년 정도 더 오래 산 걸까? 이런 생각도 해본다. 그러나 시대로 보면 피카소보다 고야가 훨씬

▲ 〈안달루시아 산책〉, 1777년, 캔버스 유화, 275x190cm, 프라도 미술관

오래 산 셈이다. 고야 시대에 유럽인 평균 수명은 35세에 불과했으니 말이다.

고야의 풀 네임은 세례명에 부모의 이름, 고야 이 루시엔테스(Goya y Lucientes)를 더한 것이다. 앞이 아버지의 성, 뒤가 어머니의 성이다. 피카소는 아버지 성이 평범하다고 하여 어머니 성인 피카소를 사용했으나, 고야는 아버지 성을 따랐다. 고야의 세례명에 '데(de)'가 붙은 것은 그의 어머니가 비록 하급이긴 하지만 귀족 출신이기 때문이다.*

고야의 부모는 가난한 집안 출신으로 아버지는 교회 제단에 금으로 도금하는 일을 하는 뛰어난 직공이었으나, 당시 대부분의 스페인 민중들이 그러하였듯 제대로 배우지 못하여 1781년 죽기 전, 유언서도 작성하지 못했다고 한다.

아버지는 바스크계, 어머니는 아라곤 사람이었으므로, 고야는 바스크와 아라곤의 혼혈이다. 그래서인지 고야에게서 다양한 면모를 살펴볼 수 있다. 완강한 생명력과 자유분방한 상상력, 공격적이면서 동시에 내성적이고 우아하고 섬세하면서도 때로는 전율을 느끼게 하는 등 고야의 예술은 다채롭고 그 스펙트럼이 아주 넓다.

고야의 할아버지는 사라고사에서 공증인이었고 아버지는 가족을 먹여 살릴 정도의 수입이 있었다. 그러나 성질이 강직하여 주인과 싸운 탓으로 직장에서 쫓겨나 시골로 가야 했다. 성질이 강직한 것은 고야도 마

■　 * 홋타 요시에(제1권, 219쪽)는 고야가 '남을 밀치고라도 어떻게든 궁정에 들어가고 싶'어서 '어색하게도' 자기 이름에 de를 넣었다고 하나 이는 오해가 아닐까?

찬가지였다. 아니 아라곤 사람들 모두가 그랬다. 아라곤 사람들의 강직과 완고함은 스페인에서도 유명하다. 오죽하면 '아라곤 놈들은 대가리로 못을 박는다.', '아라곤 놈들의 똥은 돌보다 더 딴딴하다.'는 식의 야유가 남아 있다.

여하튼 아라곤 사람들은 독립심과 자존심이 집요할 정도로 강하고 다른 사람의 말에는 아예 귀를 기울이지 않는다. 아라곤 지방에서 유명한 호타(Jota)춤을 보아도 그렇다. 여자들은 기도하면서 무아지경에 빠져 격렬하게 춤을 춘다. 후대의 아라곤 출신으로 유명한 이가 초현실주의 영화의 거장 루이스 부뉴엘이다. 그는 고야와 여러 가지로 통한다.*

아라곤 지방은 스페인 중에서도 가장 봉건적인 지역이며, 지금까지도 대지주가 지배하는 중세적 구조의 전통이 남아 있다. 고야가 태어나고 35년 뒤에 실시된 조사에 의하면 아라곤의 경우 2백만 명의 가난한 농민이 40만 명의 귀족, 17만 명의 사제, 11만 명의 군인과 관료를 먹여 살리고 있었다. 즉 피지배자 3명이 지배자 1명을 섬기는 꼴이었다.

양반이 반이었던 조선 후기의 우리보다는 나았지만 엄청난 권력 사회였던 것은 매한가지였다.

■   * 루이스 부뉴엘은 친구인 초현실주의 화가 살바도르 달리(Salvador Domingo Felipe Jacinto Dalí i Domènech, 1904~1989)와 함께 단편 영화 <안달루시아의 개>를 제작, 영화감독으로 데뷔했다. 이 영화는 초현실주의의 걸작으로 꼽힌다. 1961년에는 <비리디아나>로 프랑스 칸 영화제 대상을 받았다. 그의 작품들은 엄격한 상직적 사실문체를 통해 철저하게 객관화하는 특징을 가지며, 군더더기를 없앤 영상에서는 이전의 영화들이 바로 보지 않으려 했던 인간의 악행과 약점까지도 그대로 드러낸다. 그는 이데올로기를 풍자하며 기존의 관습을 어기며 종교, 죽음, 성 그리고 계급과 권력에의 욕망을 다룬다.

고야의 어린 시절

고야가 4살이 되던 1750년, 스페인에 대기근(大飢饉)이 들었다. 그리고 5년 후, 엎친 데 덮친 격으로 메뚜기들이 습격하여 농산물이 파괴되면서 스페인 경제는 점점 나빠져만 갔다. 이에 고야가 7살이었던 1753년, 고야 일가는 사라고사*로 이사했고 고야의 아버지는 이곳에서 도금 일을 다시 시작했다.

고야가 언제부터 그림 그리는 재주를 보였는지는 알 수 없다. 고야는 어릴 때부터 화가가 되고 싶어 했지만 아버지의 완강한 반대에 부딪혔다. 당시 화가는 도금공보다도 못한 직업으로 인식되었고 신부나 군인의 지위가 높았다. 고야에게는 남동생 두 명과 여동생이 하나 있었는데, 바로 밑 남동생은 아버지처럼 도금공이 되었고 그 아래 남동생은 신부가 되었으며 여동생은 상인과 결혼했다.

고야는 수도원에 딸린 학교에서 4년 동안 초등학교 교육을 받았다. 이곳에서는 무자비한 교육방법이 일상이었다. 훗날 고야는 어린 시절을 회상하며 당시의 교육을 비판하는 그림을 많이 그렸다.

13살이 된 고야는 호세 루상(José Luzán y Martínez, 1710~1785)의 아틀리에에서 1760년부터 4년 동안 데생의 기초를 다졌다. 고야의 아버지는 이 데생 수업이 무료였기 때문에 수강을 허락했다. 이단심문소의 미술품 감독관이기도 한 루상은 판화의 정밀 묘사로부터 석고상 묘사, 생물의 묘

* 사라고사는 과거 아라곤 왕국의 수도로, 오늘날 스페인에서 다섯 번째로 큰 도시이다. 현재 인구 수는 66만명이다.

사까지 세세하게 가르쳤다.

덕분에 고야는 연필을 자유자재로 사용할 수 있었고 또한 루상의 아틀리에에서 평생의 친구인 사파테르(Martin Zapater, 1747~1803)를 만났다. 고야와 사파테르는 편지를 많이 주고받았는데 그중 122통이 현재까지 남아 있다. 오늘날 우리가 고야에 대해 더욱 깊이 알 수 있는 것은 그 편지 덕분이다. 이는 반 고흐와 테오가 주고받은 편지만큼 방대한 양은 아니지만, 고야의 삶을 고야의 눈으로 바라볼 수 있는 중요한 사료이다.

루상은 고야에게 좋은 스승이 되어 주었다. 후반기에 루상이 자신의 유일한 스승이라고 말했다. 루상은 궁정을 벗어나 독립적으로 그림을 그렸는데, 고야는 젊은 시절 출세를 위해 루상의 제자이자 자신의 선배였고 아카데미 회원인 바이유(Francisco Bayeu, 1734~1795)의 제자라고 자칭하였다. 그러나 고야가 궁정으로부터 해방된 이후 루상만을 스승이라고 말한 것은, 그의 삶에 변화가 있었다는 점과 관련된다.

고야는 아라곤 출신답게 사라고사에서 어린 시절을 과격하게 보냈던 모양이다. 어느 날 마을 잔치에서 3명이나 죽는 격렬한 싸움이 벌어졌는데, 고야가 그 우두머리로 지목되어 사라고사에서 쫓겨나 고향으로 갔다는 이야기가 남아 있다. 그러나 이 이야기가 사실인지는 구체적으로 확인할 수 없다.

그는 태어난 고향을 그리지 않았듯, 어린 시절을 보낸 사라고사도 그리지 않았다. 그에게 사라고사는 무의미한 시골이었다. 기억하고 싶지도 않은 가난하고 척박한 땅이었을 뿐이었다.

4. 출세

마드리드에 내딛은 첫발

1763년, 고야는 마드리드로 갔다. 그가 17세가 된 해였다. 왕립 산 페르난
도 미술아카데미에서 주최한 장학생 선발시험에 응모하기 위해서였으나
실패했다. 그리고 고향에 돌아왔다가 다시 3년 뒤인 1766년, 다시 도전
했지만 이 역시 실패했다.

마드리드는 고야를 거부했다. 도시의 삶은 촌놈에게 냉정했다. 1770년,
24세에 고야는 로마로 유학을 떠났다. 하지만 그곳에서의 삶도 그리 녹
록하지 않았다. 유학을 떠난 이유 역시 수도에서 살 수 있는 자격을 얻
기 위해서였지만 이 방법으로도 고야는 마드리드에 들어갈 수 없었다.

그러다 결국 고야는 고향 선배의 여동생과 결혼하여 그 선배 집에 얹
혀 살면서 28살이 되어서야 겨우 마드리드 한 구석에 자리를 잡을 수
있었다. 마드리드에 입성하기까지 10년이 넘게 걸린 셈이다.

그러나 고야에게 마드리드 역시 사랑의 도시는 아니었다. 고향을 그리지
않았듯, 그는 오랫동안 마드리드를 그리지 않았다. 고야가 마드리드를 그

린 것은 마흔이 훨씬 넘어서다. 우리가 고야의 그림 배경에서 보는 은록색은 올리브잎 색일 뿐, 현실의 풍경은 아니었다.

당시 마드리드는 유럽의 변경에 있는 시골이었다. 그래서 사람들은 흔히 마드리드를 '돌투성이의 아라비아', '사막의 아라비아'라고 부르곤 했다. 고야 역시 당시 많은 지식인들이 그러했듯 유럽을 동경했다.

1561년에 마드리드는 수도가 되었다. 그 이전까지 수도는 톨레도였으나, 톨레도는 3면이 강으로 둘러싸여 발전 가능성이 낮아 수도를 마드리드로 이전했다. 마드리드라는 말이 라틴어의 matrice, 즉 '수원(水原)'에서 비롯되었듯 이곳은 물이 풍부하고 맛도 좋았다. 흔히 스페인은 수질이 나빠 물 대신 맥주나 포도주를 마신다고 알고 있지만, 이는 마드리드가 아닌 바르셀로나 등에 해당되는 일이다.

마드리드는 카를로스 3세(Carlos III, 재위 1759~1788)때 번창했다. 이탈리아 나폴리에서 '수입'된 그는* 아름다운 지중해 미항에 살다가 어두운 스페인 궁전으로 왔을 때 거의 절망상태였다. 오죽하면 파리넬리(Farinelli, 1705~1782)**의 노래가 듣기 싫어서 돈을 주고 쫓아내기까지 했을까? 카를로스 3세는 지극히 꼼꼼한 성격이었다. 언제나 같은 것만 먹었던 그는 한때 식사 메뉴가 바뀌자 식음을 전폐하기도 했고, 신하나 백

■　* 카를로스 3세는 스페인 왕이 되기 이전에 파르마 공국의 공작, 나폴리 왕국, 시칠리아 왕국의 왕이기도 하였다.
** 파리넬리는 18세기에 유명했던 이탈리아의 카스트라토혹은 소프라니스트이다. 카스트라토는 변성기 이후 음역이 내려가는 것을 막고 여성의 음역을 내기 위해 거세한 가수를 말한다. 카스트라토는 여성의 소프라노 음을 낼 수 있다.

▲ 〈사냥복을 입은 카를로스 3세〉, 1786~1788년, 캔버스 유화, 210x127cm, 프라도 미술관

성 앞에서는 물 한 모금도 마시지 않았다. 또한 예복을 싫어하여 평소에도 사냥복을 즐겨 입었다. 고야가 그린 그의 초상 〈사냥복을 입은 카를로스 3세〉에서도 역시 그는 사냥복을 입고 있다.

그는 중세적이었던 스페인의 문화, 과학, 기술 수준을 유럽의 신고전주의와 계몽주의 수준으로 올리고자 노력하여 후대에 '계몽왕'으로 불린다. 그는 전통주의의 사상적 배경이었던 예수회를 추방하고, 왕권이 교황권을 지배하게 만들었다. 때는 1767년, 고야가 21세 되던 해였다.

카를로스 3세는 고야가 13살이었을 때부터 42세가 될 때까지 스페인을 지배했고, 이어 카를로스 3세의 아들인 카를로스 4세(Carlos IV, 재위 1788~1808)는 고야가 62세가 될 무렵까지 스페인을 지배하였다. 카를로스 4세는 꼼꼼한 성격 외에는 아버지와 닮은 점이 없었다. 무능했던 그는 왕비의 젊은 애인인 고도이에게 정치를 맡겼다. 더욱 어리석은 점은 카를로스 4세조차 고도이를 총애하여 환상의 삼각관계를 형성했다는 사실이다! 카를로스 4세에 대하여는 뒤에서 다시 살펴보도록 하고 우선 카를로스 3세에 대해 살펴보자.

카를로스 3세의 개혁

카를로스 3세는 나폴리에서 스페인에 도착하여 마주한 스페인의 더러움과 위험함에 치를 떨었다. 이미 앞에서 눈치챘겠지만, 모든 창에서 대소변을 버리는 바람에 거리는 그야말로 시궁창을 방불케 했으며 길을 걷다 튀어나온 돌에 걸려 넘어져 다리가 피투성이가 되는 것이 일상다반사였다. 밤이 되면 길은 완전히 암흑에 잠겼다. 또한, 거리뿐만 아니라 시내의 공터란 공터는 모두 공동화장실이나 마찬가지였다.

국왕은 근대화를 기조로 하여 최초로 가로등을 설치하였고, 야경꾼으로 하여금 세라노 거리에 등불을 들고 거리의 치안을 살피도록 했다. 그러나 사람들은 도리어 이를 두고 자연스럽게 용변을 보는 것을 방해한다며 비난했다. 지붕에 물통을 달도록 하고, 주민에게 우물과 하수도를 정비하게 한 것도 당시의 중요한 개혁이었으며, 도로 포장도 시작되었으나 자연석을 그대로 깔아 요철이 두드러졌다. 당시에는 귀족들이 높은 굽의 구두를 신는 것이 일반적이어서 불편하기 짝이 없었기에 불평이 이어졌다. 국왕은 길거리를 유유히 다니던 돼지 무리들을 내쫓았는데, 돼지만큼은 불평이 없었다.

카를로스 3세는 또한 사람들이 창이 넓은 모자와 마스크, 그리고 긴 검정 외투를 착용하지 못하도록 금지했다. 이런 복장은 분뇨로부터 몸을 방어하는 도구이기도 했으나 범죄자들이 강도짓을 일삼거나 살인을 저지를 때 악용되었기 때문이다. 그런 복장으로 다니다 잡히면 옷이 갈갈이 찢겨졌음은 물론, 엄청난 벌금과 12일 간의 구류에 처해졌고 재범이면 그 두 배에 달하는 벌금과 구류형, 3범이면 12년 동안 국외로 추방되었다. 이처럼 급격한 개혁안에는 무리가 따랐다.

그는 예수회 개혁에도 힘썼고 나아가 이단심문소의 권한도 줄이고자 했다. 특히 이단심문소가 가지고 있던 유죄선고자들의 재산 몰수 권한을 박탈했으며, 나아가 교회의 치외법권도 제한했다. 이에 교회 중심인 예수회는 강력히 반발했다.

예수회의 선동으로 1766년에 폭동이 시작되었고, 폭동은 곧 전국 규모로 번졌다. 폭동이 가장 격렬했던 사라고사에서는 250명이나 죽었다. 그러나 폭동의 와중에도 낮잠 시간인 시에스타(la siesta)에는 휴전했다. 그야말로 '스페인스러운' 모습이다.

엄청난 반발에 놀란 왕은 이탈리아 출신 수상을 조국으로 돌려보내고 새 수상을 임명했는데 새로운 수상은 어제까지 엄벌로 금지한 모자와 외투를 사형집행인의 제복으로 삼았다. 이 역시 스페인적 모습인가? 한편 폭동을 선동한 이유로 예수회에 대한 대대적인 탄압도 행해졌다. 1767년 4월, 하룻밤에만 약 6천 명의 사제가 체포되고 국외로 추방되었다. 1788년 국세조사에 따르면 스페인에는 수도사 6만 8천 명, 수녀 3천 명, 사제 8만 8천 명, 기타 관련자를 합쳐 교회 관계자가 20만 명에 이르렀으니 개혁 이전에는 훨씬 더 많았을 것이다.

개혁은 계속되었고 현재 프라도 미술관이 있는 지역부터 정비되었다. 프라도란 '목초지'를 의미했는데, 목초지를 산책로로 만들고 길거리에 식물원, 천문대, 미술관 등을 차례로 건립했다. 이어 새로운 도로와 광장, 다리도 건설했다. 흥미로운 것은 그 재원을 마련하기 위해 포도주에 세금을 붙였다는 점이다. 그래서 왕이 국민에게 음주를 적극 권유하는 초유의 상황이 빚어지기도 했다. "마시면 마실수록 수도는 아름다워진다."는 말과 함께.

프라도 미술관은 원래 자연사박물관으로 지어질 계획이었다. 그러나 그 계획은 수포로 돌아갔고 나폴레옹 군사의 기숙사로 사용되다가 훗날 미술관이 되었다. 흔히 유럽 문화의 기둥을 그리스 문명, 기독교, 그리고 과학이라고 하는데 스페인만큼 과학이 결여된 나라도 없다. 그러나 과학이 뒤떨어진 만큼 종교의 힘은 엄청났다.

또한 아카데미아가 창설되었다. 아카데미아는 16세기에 피렌체를 효시로 파리 등에서 학문의 토론장으로 시작되었으나 17세기 반종교개혁 시대에는 자유로운 정신을 상실하고 조직화되어 대학과 유사하게 강연을 주최하거나 학위를 수여하는 곳으로 변질되었다. 18세기에는 상트 페테르부르크, 툴루즈, 스톡홀름, 코펜하겐에 이어 마드리드에도 창설되었다.

고야가 1763년에 응모했다가 떨어진 왕립 산 페르난도 미술아카데미 역시 이 시기에 창설되었으며, 이는 페르난도 6세(Fernando VI, 재위 1746~1759) 때 왕국 아카데미가 되었다. 당시 미술의 흐름이 로코코에서 신고전주의로 바뀐 것은 아카데미에서 고대를 유일한 모델로 삼았다는 점과 관련되었다.

이어 역사, 언어, 의학 아카데미가 성립되었다. 역사 아카데미는 전통과 사실을 분리하는 것을 임무로 삼았고, 특히 충실한 사법을 위한 법제사 연구가 강조되었다. 당시 학자들은 스페인의 고유한 헌법이 카스틸리아의 전통 지역법에 있다고 보고, 합스부르크 왕가가 그것을 무시하고 전제정치를 실시하여 스페인을 파멸시켰다고 주장했다. 이는 뒤에서 보는 몽테스키외(Montesquieu, 1689~1755)의 영향을 받은 사상이었다.

진보와 반동

카를로스 3세의 계몽주의 개혁은 계몽사상의 보급과 함께 이루어졌다. 그래서 데카르트(René Descartes, 1596~1650), 뉴턴(Isaac Newton, 1642~1727), 베이컨(Francis Bacon, 1561~1626) 등 근대철학자들이 소개되었고 의학과 과학이 번성했다. 특히 당시 스페인 지식인들은 몽테스키외와 루소(Jean-Jacques Rousseau, 1712~1778)에 열광했다. 그러나 몽테스키외의 저서 『법의 정신De L'Esprit des lois』(1748)에 〈스페인과 포르투갈의 이단심문소에 대한 잠언〉(제25장)이 포함되어 있는 것이 1756년 이단심문소에 검열되어 금서 처분을 받았다.

루소의 『에밀Émile, ou De L'éducation』(1762)은 스페인 사람들에게 설득력 있게 다가왔다. 덕분에 스페인 도처에서 루소의 교육관에 대한 관심이 넘쳐나 당시 신문에 연일 다양한 교육론이 전개되었을 정도다. 특히 아이들은 태어나면서부터 착한데, 현실이 아이들을 망친다는 주장은 당시 억압적인 교육에 젖은 사람들에게 충격을 던져주었다. 그러나 계몽주의의 본질인 교회와 법의 압력에 대항하는 정신과 행동의 자유는 스페인 계몽파에게 제대로 전달되지 못했다.

루소의 "자연으로 돌아가라."는 구호는 자연 환경이 척박한 스페인 사람들에게는 실감이 나지 않았다. 나 역시 헐벗은 고향을 가진 사람이기에, 그 말이 크게 실감나지 않는다. 돌아갈 자연이 없는 사람에게 자연으로 돌아가라는 말은 무의미하다. 먹고살기에 바빠 일터로, 도시로 나가야 하는 대부분의 사람들에게 그것은 사치일 뿐이다. 고야에게도 그것은 마찬가지였으리라.

여기서 우리는 유럽의 역사에서 '상승 지향'의 사회인 르네상스기와는 달리, 18세기는 '하강 지향'의 사회였음에 주목해야 한다. 프랑스 왕비인 마리 앙투아네트(Marie Antoinette, 1755~1793)조차 왕실의 호사스러움에 권태를 느껴 양치기나 농촌 소녀로 분장하여 자연으로 돌아가고자 했다. 또한 당시 귀족들은 몽테스키외나 볼테르(Voltaire, 1694~1778)의 중국 사상에 젖었으며 심지어 디포(Daniel Defoe, 1660~1731)의 『로빈슨 크루소』(1719)** 식 원시문명에 대한 동경도 존재했다. 물론 그것들은 사실상 식민지 획득을 위한 제국주의적 문맥에서 나타난 것이지만 '혁명 전의 마조히즘'이라고 부를 만한 퇴폐적인 자기 부정 경향이 퍼진 것은 사실이었다.

스페인에서도 민중 취향이 퇴폐적으로 나타났다. 이는 고야가 화가로서 최초로 그린 태피스트리***의 밑그림인 칼톤이 왕궁을 장식한 것에서 드러난다. 투우의 대중화와 함께 지배층 역시 투우에 열중한 것도 그 하나의 경향이었다. 또한 스페인 최고의 귀족 부인인 알바와 천한 화가 고야의 사랑도, 그것이 사실이라면 그런 경향의 하나라고 볼 수 있다.

■   * 이러한 설명은 홋타 요시에의 탁월한 분석(제2권, 64쪽 이하)에서 힌트를 얻은 것이다.
** 원제는《조난을 당해 모든 선원이 사망하고 자신은 아메리카 대륙 오리노코 강 가까운 무인도 해변에서 10년 동안 홀로 살다가 마침내 기적적으로 해적선에 구출된 요크 출신 뱃사람 로빈슨 크루소가 그려낸 자신의 생애와 기이하고도 놀라운 모험 이야기》(The Life and Strange Surprizing Adventures of Robinson Crusoe, Of York, Mariner: Who lived ten Years, all alone in an un-inhabited Island on the Coast of America, near the Mouth of the Great River of Oroonoque; Having been cast on Shore by Shipwreck, wherein all the Men perished but himself. With An Account how he was at last as strangely deliver'd by Pyrates)
*** 태피스트리(tapestry)란 색실을 짜넣어 그림을 표현하는 직물 공예를 일컫는다.

그러나 진보에 대한 반동은 언제나 존재하기 마련이다. 도리어 당시 스페인 사회는 여전히 보수 반동으로 움직였다. 스페인에서도 반동은 프랑스에서처럼 주로 관료와 교회에 의해 진행되었다. 이는 개혁을 하려는 국왕과 그 주변의 계몽 지식인들에 대한 반동이었다. 과거로부터 이어져 온 검열제는 여전히 유지되어 책은 물론 신문도 법원과 이단심문소의 사전 검열을 받았다. 그래서 루터(Martin Luther, 1483~1546), 칼뱅(John Calvin, 1509~1564), 에라스뮈스(Desiderius Erasmus, 1466~1536), 볼테르는 물론, 단테(Dante Alighieri, 1265~1321), 페트라르카(Francesco Petrarca, 1304~1374), 보카치오(Giovanni Boccaccio, 1313~1375), 마키아벨리(Niccolò Machiavelli, 1469~1527)에 이어 세르반테스(Miguel de Cervantes Saavedra, 1547~1616)까지도 인용이 금지되었다. 18세기 후반에는 검열에 대한 처벌이 가벼워졌지만 그 이전까지만 해도 엄청난 벌금과 동시에 6년의 국외 추방이라는 엄벌이 가해졌다.

유행과 민중의 삶

스페인에서 진보란 사실상 유행으로만 흘러 넘쳤다. 진보와 반동의 현상은 일부분에 불과하여, 프랑스식 생활은 그러한 것과 관계없이 후진국인 스페인을 휩쓸었다. 프랑스 브랜드 옷을 입고, 프랑스 요리를 먹고, 프랑스 와인을 마시며, 거창한 가발을 비롯한 온갖 장식품이 스페인을 점령했다. 그러한 풍조는 경제적 번영에 따른 것이기도 했다. 부르봉 왕조 때 설립된 〈조국의 벗·경제협회〉는 전국 각지에 지부를 두고 기술 지식의 보급과 연구조사를 장려하여 경제발전에 기여했으며, 특히 자유무역론를 주장하여 무역을 발전시켰다. 또한 각지에 중상주의에 근거하여 왕립 공장이 설립되어 수공업이 번성했다.

그중 하나가 훗날 고야가 밑그림을 그리게 될 태피스트리 공장이었다. 이 공장은 1720년 마드리드에 설치되었으며 이러한 왕립 공장은 1790년까지 800개나 설치되었다. 그중에는 유럽 최대 규모의 공장도 있었다. 그래서 발렌시아의 견직물업은 프랑스 다음으로 번성했고 바스크에는 제철과 조선, 카탈루냐에는 면직과 제지 공업이 발전했다.

산업의 발전을 위해서는 전통적인 노동 경시주의를 타파할 필요가 있었다. 그래서 1773년에는 시골의 양반으로 하여금 직업을 갖도록 법으로 정하고, 그 10년 뒤인 1783년에는 수공업자에게 귀족과 마찬가지로 지방공동체의 관리가 될 수 있도록 규정했다. 또한 산업 발전을 위해 교통망의 정비가 필요하여 15세기 이래 방치되었던 도로를 대폭 개통하여 마드리드로 갈 수 있게 하였다. 이렇듯 18세기 말엽 스페인의 자본주의는 괄목할 만한 성장세를 보였다.

그러나 여전히 문제가 많았다. 대부분의 공장은 외국인이 관리를 했고 수입품 판매도 외국인 담당이었다. 대부분의 소비는 프랑스와 영국에서 온 외제 물건이었다. 사람들은 '스페인이 최고다.', '스페인 사람이 최고다.'라고 하면서 외국인을 경멸하는 허세에 젖었지만 실은 내심 불안해했다.

하지만 이러한 비판은 지배계급, 즉 상층부에 한정된다. 당시 스페인에는 상류층의 독자적인 문화가 없었다. 말하자면 '문자의 문화'가 없었다는 것이다. 반면 하층계급의 모습은 활기차고 당당하여 그 자체로 위대했다. 더러운 시대의 고통스러운 삶 속에서도 그들은 하루하루를 이겨내며 살아가고 있었다. 여기서 중요한 것은 유행가나 대중문화 따위의 '조작된 서민문화'가 아니라 '민중의 삶 자체'라고 하는 문화상이다.

민중은 얼마 전까지만 해도 상층부가 조작한 '엉성한 삼류의 외국 모방'을 우러러보았다. 그러나 이제 시대는 변했다. 이미 피레네산맥 저쪽 땅 프랑스에서는 혁명이 일어났다. 왕족과 귀족이 중심이 된 문화는 더 이상 민중의 존중을 받지 못했다. 소위 신고전주의라는 이름 아래 그려진 그리스 로마 신화에 나오는 화려한 인물상 그림도 한물 가버렸다. 시대는 새로운 민중 문화를 표현할 예술가를 찾고 있었다. 그러나 아직 아무도 나타나지 않았다.

모든 길은 로마로

미술학교 시험에 두 번이나 떨어진 고야는 로마로 갔다. 1770년, 고야가 24살 때의 일이다. 로마로 가기 위한 여비를 마련하기 위해 고야가 어떤 일을 했는지에 대해서는 여러 가지 견해가 있지만 투우사로 돈을 벌었다는 설이 가장 유력하다. 훗날 고야가 그림에서 투우 장면을 정확하게 표현한 것을 보면 정말로 투우를 한 경험이 있었다고 믿을 만하다.

투우의 확실한 기원은 알려져 있지 않지만 카이사르(Gaius Iulius Caesar,

B.C. 100~44) 시대에 시작되었다고 전해질 만큼 역사가 오래되었다. 본래는 목축업의 번성을 기원하면서 황소를 제물로 바치는 의식에서 유래되었다고 하나, 곧 귀족의 놀이가 되었고 이어 빈민에게 오락거리를 제공하는 역할을 하였으며, 투우가 끝난 다음에는 고기를 나누어 먹기도 하는 등 여러 가지 기능을 했던 모양이다. 고야는 투우사와 투우 장면을 즐겨 그렸는데, 우리의 '계몽왕' 카를로스 3세는 투우가 야만적이라는 이유로 금지했다. 그 후 1789년에 투우 금지가 잠시 풀린 적도 있지만 투우용 소를 사육하기 위해 광대한 토지를 사용함으로써 농업에 폐해를 초래하며 사람들로 하여금 노동을 싫어하게 만든다는 이유로 1805년에 다시 금지되었다.

로마는 '유럽의 모든 길이 통한다.'는 말이 있을 정도로 유럽에서 수도와 같은 역할을 했다. 하지만 그 '모든 길'은 매음굴로도 통했다. 당시 마드리드에는 800여 개나 되는 매음굴이 있었지만 로마에 비할 수 없었다. 로마는 독신자들이 전 세계에서 몰려오는 도시인 만큼 매음이 성행할 수밖에 없었다. 이 역사는 적어도 2천 년 이상 계속되어 왔다. 훗타 요시에는 당시 고야가 매독에 걸렸다고 하나[*] 이는 소설가의 소설 같은 이야기에 불과할 뿐 증거는 없다. 매독은 원래 콜럼버스가 제1차 항해를 했을 때(1492~1493)에 묻어온 것이고, 스페인에서는 크게 퍼지지 않았다. 그러나 이탈리아에서는 매독을 '프랑스병'이라고 부르고, 프랑스에서는

■ [*] 제1권, 217쪽

'이탈리아병'이라고 불렀을 만큼 만연한 전염병이었다.

홋타 요시에는 '여자를 좋아했던 고야에게 로마는 그야말로 천국이었다.'고 했다. 고야가 한 수녀원에 몰래 들어가 수녀를 납치하려다 체포되었는데 수녀원에 무단으로 침입한 것만 해도 사형에 처해질 범죄였으나 스페인 대사의 간청으로 풀려났다는 이야기도 있다. 그러나 이러한 이야기들은 사실 여부가 확실하지 않고 고야가 여자를 좋아했다는 이야기도 근거가 없다.

고야는 로마에서도 미술아카데미가 주최한 콩쿠르에 응모하였으나 역시 실패했다. 당시 응모했던 작품은 1993년에 〈이탈리아 스케치집〉과 함께 발견되었다. 그 그림들을 두고 홋타 요시에는 고야가 그림에 천부적인 자질이 없다고 평가했지만, 나는 그렇게 생각하지 않는다. 로마에서의 삶은 고야의 예술세계에 대단한 전환을 초래했다고 보기 때문이다.

고야는 로마에서 예술관의 큰 변화를 경험했다. 그는 유럽 각지에서 몰려든 화가들과 함께 고대와 르네상스의 걸작과 건축유적의 모사에 열중하여 자신의 예술적 권위를 확립하고자 했다. 고야는 정부 장학금을 받지 못했는데 그 점이 오히려 그를 다른 예술가들보다 정부로부터 자유롭게 해주었다. 당시 그려진 〈이탈리아 스케치집〉에서는 서민의 모습과 함께 폭력적이고 절망적인 정경을 즐겨 그린 고야의 개성이 드러난다. 이를 제대로 꽃피우기까지는 오랜 세월이 필요했으나 여하튼 이탈리아 여행은 사라고사 촌놈 고야를 해방시키는 계기가 되었고 고야는 평생 동안 그것을 자랑했다.

다시 사라고사로

1771년, 25세에 스페인으로 돌아온 고야는 고향인 사라고사로 향했다. 이듬해인 1772년에 사라고사에 있는 엘 필라르 대성당의 천장화(天障畵)를 그리게 되었기 때문이다. 천장화를 그릴 화가를 선발할 때, 고야는 로마 유학생이라는 간판을 내걸지 않고 경쟁자가 요구한 보수의 반을 제시하여 그 자리를 차지함으로써 화가로서 성공할 수 있는 최초의 기회를 얻었다.

고야는 〈신이라는 이름의 숭배〉를 그렸다. 6개월에 걸쳐 지상 30미터의 높이에 그린 이 그림은 지금도 델 필라르 대성당에 남아 있는데, 현재 우리에게 알려진 고야의 작품 중 가장 오래된 그림이다. 이 그림에서는

▲ 〈신이라는 이름의 숭배〉, 1772년, 프레스코화, 700x1500cm, 사라고사 델 필라르 대성당

▲ 〈자화상〉, 1771~1775년, 나무 패널 유화, 58x44cm, 이베르카하 카몬 아즈나르 뮤지엄

고야의 개성이 확연히 드러나지 않으며 로마 유학의 영향도 찾아볼 수 없고 지배 계급의 취향을 위한 전통화의 모방에 가까웠다.

　고야는 이렇게 돈벌이를 위해 처음 그린 그림에서 성공을 거두어 집을 빌리고 당시 유행하던 비싼 옷도 사 입을 수 있었다. 이 시기에 고야가 그린 첫 번째 〈자화상〉을 보면 야심과 욕망에 넘치는 젊은이의 모습이 아닌, 어둠에 침잠한 사색하는 청년의 모습이 강하게 느껴진다. 물욕이나 속물의 냄새는 느껴지지 않는 이 내면의 그림은 걸작이다.

■　* 제1권, 208쪽

결혼

1773년, 고야는 어릴 적부터 친구이자 아틀리에 선배였던 바이유(Francisco y Subias Bayeu, 1734~1795)의 여동생 호세파(Maria Josefa Bayeu y Subias, 1747~1812)와 결혼했다. 이때 고야는 27세, 호세파는 26세였다. 바이유는 가난한 궁정화가였지만, 훗날 그는 고야에게 유일한 출세의 끈이 되어주었다.

1775년 초 고야는 마드리드로 갔다. 그것은 궁정에서의 출세를 위한 첫걸음이었다. 고야는 아내 호세파와 함께 마드리드에 있는 바이유의 집에 머물면서 신세를 졌다. 호세파는 당시 대부분의 여성들이 그러했듯, 교육을 받지 못한 채 주부로 평생을 살았다. 당시 여성의 교육이란 여성을 매춘부로 내모는 것만큼이나 인식이 좋지 않았다.

호세파는 20번 넘게 임신했지만 대부분의 아이는 유산하거나 요절하였고 하비에르(Francisco Javier, 1784~1854)만이 살아남았다. 당시 유아 사망률이 높았던 것은 사실이지만 유독 고야의 경우가 심했다는 평가가 있다. 심지어 그 원인이 고야의 지병인 매독에 있고 고야는 결혼 후에도 매음굴을 자주 출입했다는 훗타 요시에의 견해가 있으나, 이는 증거가 없는 소설 같은 이야기일 뿐이다. 설령 고야가 결혼 후에 매음굴에 출입했다고 해도 무작정 고야를 비도덕적이라고 판단하기엔 성급한 감이 있다. 그 당시 사회에서는 비도덕적이지 않은 일이었을 수도 있고 혹은 그 시대 자체가 비도덕적이었을 수도 있기 때문이다.

하비에르가 태어나기 전 10년 동안, 고야는 많은 아이들을 잃었다.

계속 이어지는 죽음에 호세파는 물론 고야도 상심이 깊었으리라. 이러한 절망의 심화는 뒤에서 보는 1775년 이후의 칼톤 작업에 그대로 반영된다.

고야는 친구 사파테르와 편지를 주고받으면서 아내에 대한 이야기는 단 한 번밖에 하지 않았다. 고야가 사파테르에게 보낸 편지(1780년 8월)를 보면, '가정은 여성의 무덤이고, 슬픈 장소이다.'라고 하였다. 당시 남자들은 편지에 아내에 대한 이야기를 하지 않는 태도가 일반적이었다. 고야 역시 그랬을 것이다. 훗타 요시에는 호세파의 결혼 생활이 고야의 화려한 삶과는 반대로 언제나 어두웠다고 말한다. 그러나 고야가 사파테르와의 편지에서 아내에 대해 한 번밖에 언급하지 않은 것을 두고 고야가 아내에게 무심했다거나, 호세파가 평생을 어둡게 살았다고 할 수는 없을 것이다. 그는 어쩌면 주부로서 살아야 하는 아내의 슬픔을 가장 잘 이해했는지도 모른다. 스페인에서는 한국처럼 출세에 있어 출신지가 중요했다. 동향 친구이며 선배이자 처남인 바이유가 고야를 지원한 것은 당시로서는 당연한 일이었다. 그러나 훗날 고야가 출세하면서부터 두 사람의 관계는 라이벌이 되었다.

5. 초기 작품

칼톤 제작

결혼 1년 후 고야는 바이유를 통해 독일 출신 궁정화가 멩스(Anton Raphael Mengs, 1728~1779)를 알게 된다. 멩스는 바이유를 발굴하고 고야를 지원했지만 훗날 고야는 멩스를 부정하고 자신의 세계를 구축한다. 그러나 멩스는 고야에게 많은 영향을 끼쳤다. 고야는 당시 스페인 최고 화가였던 멩스와 함께 다니면서 왕국의 다양한 미술작품*을 접하게 된다. 그중에서도 고야는 벨라스케스와 렘브란트의 그림에 감동을 받아 그 두 사람을 평생 마음속의 스승으로 섬긴다.

　멩스는 고야에게 일자리도 마련해 주었다. 1774년, 고야는 멩스의 추천으로 태피스트리의 밑그림인 칼톤을 그리는 작업을 맡았다. 이는 고야 출세의 첫걸음이었다. 당시 일상이 따분했던 왕과 왕족에게 자유분방한 시민문화는 새로운 오락거리이자 일종의 패션이었다. 왕은 태피스트

■　　* 지금은 그 대부분이 프라도 미술관에 소장되어 있으나 당시에는 여러 궁정에 흩어져 있었다.

리를 통해 시민들의 생활을 엿보고자 했다. 나는 당시 왕과 왕족의 이러한 취미가 이조시대의 풍속화와 같은 맥락이 아닐까 생각한다. 즉, 조선의 왕족과 귀족에게 풍속화는 '허구'의 세상으로, 지배 계급의 삶에서 그들이 직접 할 수 없는 것들이었기에 그림으로 그려 향유했던 게 아닐까? 따라서 풍속화를 두고 민중화라고 이야기하는 것은 모순이다. 정작 그것을 실제 일상의 삶으로 살았던 민중들에게 그런 그림은 '취미'가 아닌 '삶'의 한 장면이었을 테니까.

이는 민예(民藝) 또는 공예도 마찬가지일지도 모른다. 이조백자나 고려청자가 과연 양반이 아닌 민중을 위한 것이었을까? 지금 우리가 골동품이라고 말하는 것들이 실제로 민중들을 위해 만들어진 것일까? 나는 내 척박한 시골 고향에서 그런 '깨끗한' 골동품을 본 적이 없다.

태피스트리는 원래 지금의 벨기에와 네덜란드 저지대인 플랑드르 지방에서 시작되었다. 스페인 사람들은 예나 지금이나 힘든 노동을 싫어했기 때문에 태피스트리를 작업할 엄두를 내지 못했다. 그러나 1713년, 위트레흐트 조약(Treaty of Utrecht)으로 플랑드르를 상실한 스페인 왕궁은 1721년, 마드리드에 태피스트리 공장을 지었다.[*]

고야는 1775년부터 1792년까지 17년간 63매의 칼톤을 남겼는데 그것은 1세기가 지난 19세기 말, 마드리드 왕궁 지하실에서 발견되었다. 당시 칼톤은 그렇게 지하실에 처박아 둘 정도로 그저 태피스트리를 제작하

■   [*] 고야의 태피스트리에 대해서는 Valentin de Sambriocio, Tapices de Goya, Madrif 1946 참조.

기 위해 직공들이 보다가 완성되면 버려지는 밑그림일 뿐이었다. 따라서 야심가 고야가 칼톤을 자신의 작품으로 생각하여 최선을 다해 성실하게 그렸다고는 볼 수 없을지도 모른다.

칼톤은 완성 뒤에 국왕의 허가를 받아야 한다는 조건은 있었지만 화가가 자유롭게 소재를 선택하여 독창적으로 그릴 수 있다는 점에서 고야의 성격과 잘 맞았다. 물론 간결성과 엄밀한 자연주의를 강조했던 지휘관 멩스가 있었기에 그의 취향을 어느 정도는 만족시켜야 했다. 또한 당시 태피스트리의 주제가 프랑스나 북방회화를 모방한 문학적 주제, 우의화(寓意畫), 전원주의에 한정되었다는 점도 중요한 전제 조건이었다.

이러한 조건에 비추어 보면 1775년부터 1776년 무렵 고야가 그린 칼톤 초기작품 중 사냥이나 소풍을 그린 것들은 특별히 '고야적'인 것이라고 보기 어렵다. 훗타 요시에는 이를 두고 '드디어 인간이 인간을 보는 눈에 상대성이 깃들이기 시작한 것이다. 그것이야말로 민주주의의 싹이자 그 기반이기도 했다.'라고 평가했다. 그러나 이러한 평가는 고야를 지독하게 비난했던 태도와 마찬가지로 소설가다운 과장이 깃든 것이다. 단순히 서민을 그렸다고 해서 그림만을 보고 상대성을 논하거나 민주주의라고는 말할 수 없다.

물론 고야가 그 나름대로 당시 서민의 유희, 의상, 관습, 풍습을 그린 것은 훗날 그의 독자적인 개성을 발휘하는 데 기초가 되었다. 그러나 그

* 고야, 제1권, 266쪽

러한 주제는 고야가 의도한 것이 아니라 당시 유행하는 양식에 불과했다. 고야가 4계절을 많이 그린 점 역시 신고전주의시대에 유행한 주제 중 하나였기 때문이다. 또한 칼톤 제작을 통해 고야는 외국인의 평가와 영향에서 서서히 벗어날 수 있었다. 멩스가 '자연주의 양식의 걸출한 거장'이라고 평가한 벨라스케스를 연구하면서 고야는 그만의 개인 양식을 확립할 수 있게 되었다. 당시 다른 화가들의 칼톤과 비교하면 고야의 칼톤은 활기에 차 있었는데, 이러한 특징들은 1777년부터 1780년 즈음의 작품에 드러나는 인간 행동에 대한 풍자적 시각과도 같은 맥락으로 연결된다. 이러한 풍자는 고야의 아이들이 계속 죽어간 10년의 세월 동안 고야가 느낀 절망과 비례했다.

1778년경, 고야는 왕실에서 소장한 벨라스케스 작품을 16매의 동판으로 제작하였으며, 이것들은 고야 초기 판화에 속한다. 앞에서 고야가 벨라스케스와 렘브란트를 마음속 스승으로 섬겼다고 했으나 사실 그는 벨라스케스에게 절대적인 영향을 받았다. 고야는 벨라스케스의 인상주의 기법을 누구보다도 깊게 추구했다.

고야의 친구 칼데레라는 다음과 같이 말했다. "고야는 렘브란트로부터 명암법의 절제를 배웠다. 그리고 벨라스케스로부터는 공기의 원근법과 더불어 대담하고 간결한 필치로 세부를 간결하게 암시하면서 관찰의 주제를 중심 주제로 나아가게 하는 법, 화가의 의도와 무관한 것은 눈여겨보지 않는 법을 배웠다."라고.

칼톤에서 고야는 대부분 서민의 생활을 그렸다. 그러나 이는 고야 자신이 서민 출신이기에 서민을 표현하고자 한 것은 아니다. 그저 서민을 그리라는 왕의 지시를 따랐을 뿐이다. 고야는 스스로 서민인 것을 부끄러워했고 돈이 되기에, 그리고 출세로 이어지기에 그렸을 따름이다. 이는 고야를 민중화가 내지 서민화가로 부를 수 없다고 생각하는 이유다.

게다가 고야는 그 당시 그린 칼톤에 서민을 실제와 다르게 철저히 이상화함으로써 그즈음 유행한 프랑스 로코코 화풍의 사치스러움을 담아냈다. 고야는 자기 자신이 그리는 세상이 현실과 다르다는 것을 충분히 알았으리라. 또한 스스로 자신이 그린 인물에 인간적인 공감이나 감동을 느꼈을 리도 없다. 그는 출세에 대한 야망으로 불타올라 그런 감상주의에 젖을 여유조차 없었다. 그림을 의뢰한 귀족들은 서민 생활에서 나름의 이상을 찾고자 했고, 화가로서 그는 그것에 응할 필요가 있었다.

초기 칼톤

고야가 그린 칼톤(Tapestry cartoon)은 전기와 후기 작품으로 나누어진다. 1774년부터 1780년까지 그린 35점은 전기 작품으로, '마호와 마하'라고 불리는 스페인 남녀의 전형을 보여준다. 그들은 귀족과 달리 프랑스산 수입 가발이나 장식을 하지 않는다는 점에서 '스페인적'이지만 스타킹이나 구두를 보면 프랑스 풍에서 벗어나지 못하였음을 부정할 수 없다.

마호는 앞에서 설명한 메리메의 〈카르멘〉에 나오는 돈 호세의 원형인 의적이다. 이들 그림에 나오는 마호의 직업은 알 수 없으나 아마도 당시의 하층 기술자인 각종 '장이'였을 것이다. 지금으로 치면 현장 노동자였던 셈이다. 그러나 우리는 당시 노동자가 결코 진보적인 입장이 아니었다는 것과 경우에 따라서 대단히 반동적인 보수주의나 국수주의에 젖어 있었다는 데 주의해야 한다. 물론 그 일부는 후에 아나키즘과 마르크스주의로 결집하지만 그렇다고 해서 모든 노동자가 진보의 편을 든 것은 아니다. 상당 부분은 1930년대 시민전쟁을 유발시키는 파시스트 측에 가담한 보수적인 가톨릭 신자들이었다. 훗날 그들은 36년간 이어진 프랑코 독재를 지탱하는 원동력이 되었다.

고야는 1777년부터 1780년에 이르러서 인간에 대한 풍자적인 시각을 드러낸다. 먼저 〈양산〉을 살펴보자. 이에 대해서는 지금까지 논의가 많이 되었고 여러 가지 해석이 있다. 톰린슨(Janis Tomlinson, 1954~)*은 이 그림의 주인공을 허영심의 표상이라고 본다. 확실히 그녀의 의상은 사치스럽고, 상류계급 여성으로 보인다. 부채를 든 팔의 포즈 역시 매우 과감하다. 이 그림은 당시 여성들이 프랑스식 사치를 추구하였다는 것을 보여준다.

그녀는 자유분방한 마하와는 다르다. 가슴도 다리도 감추어진 채, 남자를 유혹하는 상징으로 쓰였던 부채도 펼치지 않았다. 동반한 남자와 함께 노는 모습도 아닐 뿐더러, 그녀는 그에게 관심조차 없어 보인다. 그저 앞을 보며 살포시 미소 짓는다. 고야는 〈양산〉을 통해 스페인적인 정

* Janis Tomloinson, Francisco Goya, The Tapestry Cartoons and Early Career at the Court of Madrid, Cambridge 1989.

▲ 〈양산〉, 1777년, 캔버스 유화, 104x152cm, 프라도 미술관

절을 과시하는 여성의 모습을 풍자적으로 보여준다.

이와 다른 해석도 있다. 영국의 저명한 미술사가이자 예술 비평가인 웬디 베켓 수녀(Wendy Beckett, 1930~2018)의 설명을 보자. 그녀는 여성의 뒤로 보이는 벽에 주목한다. 벽은 당시 여성을 가로막은 제도적 장애를 상징하며, 뒤의 남자는 그녀를 감시하는 자라고 보았다. 이는 수녀로서의 경험에서 우러난 해석이라고 볼 수 있으며, 적어도 고야의 다른 칼튼과 비교하여 생각해보면 적절하지 않은 해석이다.

〈도자기 파는 사람〉의 중심에 있는 여성은 〈양산〉의 주인공보다 더욱 사치스럽다. 그녀는 도자기 상인 남자와 노닥거리는 듯한 모습으로, 〈양산〉의 여자가 남자로부터 등을 돌리고 있는 것에 비해 조금 더 자유분

▲ 〈도자기 파는 사람〉, 1778~1779년, 캔버스 유화, 259x220cm, 프라도 미술관

방해 보인다. 이 여성 뒤에는 그녀와 비슷한 모습을 한 젊은 여성이 뒤에 있고, 그 곁에는 노파가 있다. 고야의 그림에 자주 함께 등장하는 젊은 여성과 노파는 창녀와 포주를 암시한다는 시각도 있으며, 이 그림을 두고 도자기와 성을 물물교환 하는 장면이라고 해석하는 견해도 있다.

한편, 또 다른 여성이 뒤에서 우리를 바라보고 있다. 마차에 탄 귀부인을 보라. 그녀는 마차를 부리는 젊은 병사나, 마차를 올려다보는 붉고 푸른 옷을 입은 귀족 청년들에게 선망의 대상인 듯하다. 그녀는 그들에게 짐짓 냉정한 태도로 흐트러짐 없는 자세를 유지하고 있다. 별안간 마차가 멈춘 탓인지, 마차에 탄 그녀가 알 수 없는 묘한 표정을 지으며 우리를 바라본다.

이 그림은 전경과 후경의 대중, 그리고 그 중간에서 귀족의 일상을 함께 표현한다. 여기서 흥미로운 점은, 그림 속 여성은 모두 우리를 향하고 있지만 남성은 모두 등을 돌리고 있거나 먼 산을 바라보고 있다는 점이다. 동시에, 우리를 바라보는 여성들은 그저 살며시 미소를 지을 뿐 특별히 누군가를 유혹하고 있지 않음에도 우리의 시선을 집중시킨다.

이 시기에 가장 중요하고도 예외적인 그림은 〈맹인 기타 연주자〉이다. 기타 연주자의 얼굴은 기괴할 정도로 사실적이어서 당시 음악가를 그린 '우아한' 그림들과는 전혀 다른 모습이다. 이는 '고야적 인간상의 원형'이라고 할 만한 모습인데, 고야가 당시 거리에 넘쳐난 걸인 음악가들을 목격하고 사회로부터 소외된 그들에 대한 깊은 동정심으로부터 그림을 그렸음을 보여준다. 이 작품은 소외된 인간을 묘사한 유일한 칼톤이다.

▲ 〈맹인 기타 연주자〉, 1778년, 캔버스 유화, 260x311cm, 프라도 미술관
▼ 〈기다림〉, 1780년, 캔버스 유화, 100x151cm, 프라도 미술관

연주자 주위에는 많은 사람들이 있다. 중간 오른쪽 사치스러운 옷을 입은 남자는 귀족이 아니라 건달인 마호이다. 그는 맹인 연주자를 이용하여 돈을 버는 라사리요(lazarillo)다. 사전적 의미로 라사리요는 '맹인 안내 도우미'인데 이들은 맹인을 돕기도 했지만 아무것도 모르는 그들을 이용하기도 했을 것이다. 그리고 그 곁에 있는 두 여자는 그에게 붙어 사는 마하이다. 라사리요 오른쪽에 있는 흑인은 물장수이며, 그의 오른쪽으로 보이는 양산 밑에 앉은 여자는 남자들과 이야기를 하고 있다. 이 그림은 등장인물이 많은 탓에 태피스트리 공장으로부터 수정을 요구받았다.*

시간이 갈수록 고야는 칼톤의 전형적인 전원주의나 목가성으로부터 탈출하는 모습을 보여준다. 예컨대 1780년에 그린 〈기다림〉에는 어떤 꾸밈도 없이 남자를 기다리는 여자의 모습이 그려져 있다. 위선도 가식도 없이, 여자는 그저 포기상태로 돌에 기대어 고개를 한 손으로 받치고 앉아 있다. 여기는 〈양산〉에서 본 허영에 대한 풍자가 아니라 기다리는 여인, 또는 슬픔에 잠긴 여인에 대한 고야의 동정이 깃들어 있다.

초기 판화

고야는 1770년대 말부터 칼톤이라는 공무 외에 개인적으로도 그림을 그

■ * 홋타 요시에는 어두운 부분의 수정을 요구받았다고 했으나 정확하지 않다. 더욱이 그는 고야가 그런 '아니꼽거나 거슬리는 일은 절대 잊지 않는다.'고 했으나 근거가 없는 이야기이다.

▲ 〈마드리드의 수호성인 이시드로〉, 1778~1782년, 판화, 23x16.8cm, 에스파냐 국립 도서관

리기 시작한다. 그는 가장 먼저 자신이 관찰한 인간을 판화로 그려보았다. 당시 판화는 산(酸)의 침식작용을 이용해 금속판에 그림을 새기는 동판화가 주류였다. 고야가 언제부터 동판화를 배웠는지는 알 수 없으나 우리가 확인할 수 있는 최초의 작품은 1778년부터 1782년 사이에 제작된 것으로 추정되는 〈마드리드의 수호성인 이시드로〉이다.

이시드로(San Isidro Labrador, 1070~1130)는 12세기에 가난한 사람들을 위해 봉사한 농부다. 그는 1622년에 성인으로 추대되어 마드리드의 축제나 행진에 줄곧 등장했으며 고야는 그를 통해 빈민과의 연대를 예술로 승화시켰다. 사실 고야에게 마드리드는 궁정과 귀족의 도시라기보다는 빈민이 들끓는 거대한 도가니였다. 그는 가난한 시골 출신이었기에 마드리드를 객관적으로 관찰할 수 있었다. 로마가 그에게 예술가로서의 각성을 안겨주었다면 마드리드는 그에게 인간으로서의 눈을 뜨게 해주었다.

이 그림은 목가적인 전원 풍경이 아닌 범죄, 처형, 사회 부정이나 폭력적인 죽음에 대한 화가의 병적인 관심을 보여준다. 이는 앞에서도 말한 아이들의 죽음으로 인한 고통과 함께 당시 마드리드에 퍼진 계몽주의의 인도적 영향에 의한 것이기도 하다. 호세 1세(José I, 재위 1808~1813)가 등장하기 전까지 스페인에는 국가의 경찰조직이 존재하지 않았기에 잔혹한 범죄와 형벌의 악순환이 이어졌다. 스페인 화가들은 전통적으로 삶의 어두운 측면을 강조하여 그렸는데 고야 역시 그랬다.

고야가 1778년경에 그린 〈수가형首枷刑〉은 그 어두운 사회의 일면을 그린 에칭이다. 스페인에서는 총살형도 행해졌으나, 가로테(Garrotte)라고 불린 수가형이 가장 보편적이었다. 수가형은 죄수를 마차에 태워 공중 앞에 설치된 처형대로 옮긴 뒤 의자에 앉게 하고, 쇠목걸이로 머리와 목을 수직의 기둥 위에 고정시키고 처형인이 목걸이 뒤에 있는 장치를 조여 척추를 탈골시키거나 목을 절단시켜 죽이는 참혹한 처형 방법이었다. 처형 뒤에는 열광적인 종교행사와 행렬이 이어졌다. 당시 이 광경을 목격한 외국인에게는 그 참혹한 처형 이상으로 이상한 것이 종교적 열광이었다고 한다.

▲ 〈수가형〉, 1778~1780년경, 판화, 33x21.5cm, 워싱턴 국립 미술관

그러나 고야의 그림에는 그러한 대중적 열광이 등장하지 않는다. 기존에 스페인 외의 다른 유럽 지역에서 그려진 공개처형의 그림은 지금 우리가 보는 시네마스코프 화면처럼 멜로드라마 같았다. 이에 반해 고야는 그러한 광경을 파노라마식으로 정확하게 기록하지 않고 처형 직전 죄수가 느꼈을 처절한 내면을 너무나도 적나라하게 그려 마치 죄수를 순교자처럼 보이게 한다. 스페인에서 이런 그림을 그린 화가는 고야가 최초였다.

이러한 초기 판화는 고야가 벨라스케스의 그림을 판화로 모사한 1778~1779년 사이 또는 그 후에 제작되었다. 앞에서도 말했듯이 고야는 벨라스케스가 일상 소재로부터 진지한 리얼리즘을 수립한 점에 압도적인 영향을 받았으나, 고야 자신은 정확한 모사가 아니라 자기만의 방법으로 이를 재해석하여 변형시켰다.

벨라스케스의 인물화를 자유롭게 모사한 고야의 판화집은 1778년 7월에 출간되었다. 이렇듯 벨라스케스를 향한 고야의 깊은 관심은 당시 스페인의 민족주의와 관련되어 사람들에게 스페인 미술에 대한 관심을 불러일으키는 계기가 되었다. 앞에서도 설명했듯이 당시 스페인 미술은 프랑스나 이탈리아 미술의 식민지와 같은 상황이었다. 고야는 스페인 민족미술을 수립하며 선구자로 평가되었고, 많은 지지자를 얻었다.

그중 한 사람이 시인이자 법률가로서 스페인 계몽운동의 지도자였던 호베야노스(Gaspar Melchor de Jovellanos, 1744~1811)다. 그는 18세기 스페인 최고 문인으로서 1770년 이래 고야의 친구이자 지원자가 되었다. 뒤에서 보는 고야의《로스 카프리초스》는 호베야노스의 시로부터 영감을 얻은 것이다.

종교화

칼톤을 작업하면서 고야는 멩스의 신임을 얻어 그의 유력한 추천을 받아 1776년, 궁정화가 모집에 응했다. 그러나 그다음 해 멩스가 조국인 독일로 돌아가는 바람에 궁정화가 모집에서 탈락했다. 그로부터 3년 뒤 다시 응모했지만 바이유가 자신의 동생을 궁정화가의 자리에 앉히는 바람에 또 다시 낙방했고 결국 1786년에 와서야 궁정화가가 될 수 있었다.

그사이, 1780년까지 스페인은 영국과 전쟁을 벌였다. 이에 태피스트리 공장은 작업이 중단되었고 고야는 일자리를 잃었다. 1779년에는 수석궁정화가 멩스가 죽었다. 고야는 자신이 수석궁정화가가 되게 해달라고 청원했으나 거절당했다. 수석궁정화가가 되려면 먼저 아카데미의 회원이 되어야 했기 때문이다. 그래서 고야는 아카데미 회원이 되기 위해 〈십자가 위의 그리스도〉를 그린다. 이 그림은 전통적인 구도와 색채를 보여준다. 고야의 그림에 등장하는 사람들은 선인이든 악인이든 인간적인 냄새가 나는데 이 그림에서는 그런 것이 전혀 느껴지지 않는다. 앞에서 본 그림 〈마드리드의 수호성인 이시드로〉나 〈수가형〉에서는 고독한 순교를 연상시키는 인간미 가득한 실재의 육체 묘사로부터 고야의 리얼리즘을 읽을 수 있다. 또한 고야는 훗날에도 처형당하기 직전의 죄수, 약하고 사회로부터 소외되어 고독 속에서 어두운 망상이나 사악한 힘에 사로잡힌 사람들을 묘사하면서 리얼리즘의 세계를 보여준다. 예컨대 〈1808년 5월 3일, 프린시페피오 언덕의 학살〉에 등장하는 처형자의 모습이 그렇다.

여하튼 고야는 〈십자가 위의 그리스도〉를 그려 1780년, 아카데미 회원이 되었다. 아카데미 회원이 된 고야는 처음으로 초상화를 주문받기도 했다. 그리고 엘 필라르 교회의 천장화를 다시 그리기 위해 사라고사로 향한다. 그러나 그 그림을 둘러싸고 바이유와 크게 대립하여 결국은 성

▲ 〈십자가 위의 그리스도〉, 1780년, 캔버스 유화, 255x154cm, 프라도 미술관

▲ 〈성 베르나르디노의 설교〉, 1784년, 캔버스 유화, 480x300cm, 산 프란시스코 엘 그란데 바실리카

당에서 쫓겨났다.

개인적으로도 불행한 일이 이어졌다. 1779년에 이어 1780년에도 아이가 태어나자마자 죽었고 1781년에는 아버지가 죽었다. 고야는 당시 생활에 여유가 있었지만 아버지에게는 한 푼도 송금하지 않았다. 심지어 그는 부모의 초상화도 그리지 않았다. 당시 고야가 아버지를 보살피지 않은 것을 두고 훗타 요시에는 분개* 했지만 동양인의 시각에서 고야에게 그러한 유교적 비난을 가해도 될까?

아버지가 죽고 난 뒤 고야는 어머니를 마드리드에 있는 집에 모셨으나 그의 어머니는 얼마 지나지 않아 사라고사로 돌아갔다. 그 후 어머니에게 생활비를 송금하기는 했지만, 우리 식으로 말해 극진한 '효도'를 했다고 말할 수는 없다. 그러나 고야는 가난한 형제자매를 비롯하여 친구 사바티엘의 장남에게도 대부로서 금전적으로 원조를 했다.

고야는 아이들을 사랑했다. 1784년에 태어난 하비에르는 죽지 않고 살아남아 고야의 사랑을 독차지했다. 그런 탓인지 하비에르는 방종하고 무능한 남자로 성장했다. 고야는 아들의 초상뿐 아니라 다른 아이들도 많이 그렸다. 그때까지만 해도 고야는 아직 자신만의 개성을 충분히 드러내지 못했으나 아이들 초상화를 그릴 때만큼은 대단한 정열을 쏟아 수많은 걸작을 낳았다.

1784년, 고야는 마드리드에서 〈성 베르나르디노의 설교〉를 제작하여

* 고야, 14권, 219쪽. 훗타 요시에는 당시 고야가 상당히 부유했음에도 불구하고 아버지를 그렇게 내팽개친 점에 대해 분개한다.

자신의 출세를 보장받을 길을 닦았다. 이 그림은 산 프란시스코 엘 그란데 성당을 대표하는 작품으로서, 당시 갓 지어진 산 프란시스코 엘 그란데 성당은 오늘날 마드리드에서 가장 큰 규모의 성당으로 남아 있다.

초상화

1783년 고야는 왕의 동생과 친분을 쌓아 본격적으로 귀족사회와 교류를 시작했고, '사진관을 개업했다.'는 빈축을 살 정도로 초상화 제작에 몰두한다. 1785년, 미술 아카데미 회화부장 대리로 임명되면서 초상화 주문도 대폭 증가한다. 이어 1786년에는 국왕 직속화가(Pintor del Rey)로 지명되어 정기적인 수입을 얻게 되면서 고야는 비로소 경제적으로 안정된다. 이때가 바로 고야의 인생에서 '화려한 성공시대'다. 왕족, 귀족, 궁정의 관리 등 모두가 고야에게 초상화를 그려달라고 부탁할 정도였다.[*]

나는 여기서 고야의 수많은 초상화 걸작들을 일부러 생략한다. 단권으로 된 고야 화집에는 대체로 반 이상이 그 초상화들이니 독자들 중에는 초상화의 전면 생략은 문제가 있는 것이 아니냐고 이의를 제기할 분도 계실 것이다. 특히 훗타 요시에를 비롯한 고야 연구서의 상당 부분이

■   [*] 그들 중 특히 중요한 사람은 오수나 공작 부부다. 오수나 공작 9세(Duke of Osuna, 1755~1807)와 공작 부인(Doña María Josefa Alonso-Pimentel y Téllez-Girón iure uxoris, 베나벤테 제 12 공작부인, 1752~1834)은 예술가, 작가 및 과학자들의 후원으로 유명한 스페인 귀족으로 특히 고야의 후원자가 된 가장 중요한 귀족 중 하나였다. 1771년에 결혼한 두 사람은 많은 자녀를 두었다. 1755년 고야는 공작 부부와 네 명의 아이들을 그렸다.

초상화에 대한 설명인데 이 책에서는 이를 아예 생략한다니, 말도 안 된다고 하실 분도 있을 것이다. 이를 테면 요시에는 1783년에 초상화를 그리게 된 왕의 동생에 대해 16쪽에 걸쳐 쓰고 있으나 나는 위에서 단 한 줄만 썼다. 그 밖의 초상화에 대해서도 마찬가지다. 사실 요시에의 책은 제2권 이하 1,400쪽의 반 이상이 초상화의 모델에 대한 이야기로 채워져 있다. 그러나 나는 그들에 대해 쓸 생각이 없다.

물론 18세기 화가에게 초상은 가장 중요한 돈벌이였고 당시의 예술론에서도 중요한 분야였다. 오늘날에도 미술사 차원에서 고야의 초상은 높이 평가된다. 그 중요한 이유 중의 하나는 고야가 타인의 초상화 속에 자신을 그려놓았다는 독특한 점 때문이기도 하다. 그러나 고야가 죽은 지 11년 뒤인 1839년, 프랑스의 화가 다게르(Louis Daguerre, 1787~1851)가 사진을 발명해 초상화의 존재 의의가 없어졌다. 여전히 초상은 그려졌으나 사진이 발명되기 전과는 그 목적이 달라졌다. 사진은 오늘날 예술로서의 가치가 주장되기도 하지만 대부분은 여행이나 행사의 기록, 또는 증명사진이나 전시용 사진 등으로 사용되었다.

고야가 그린 초상화를 비롯한 대부분의 초상화 역시 그런 것이었다. 예컨대 왕자와 공주의 초상화에 대해 예술성 운운하는 이들이 있지만 그것은 당시 맞선용 사진이었다. 또한 왕의 초상화는 그것을 필요로 하는 기관에 장식하고자 한 우리 식의 관청용 대통령 사진과 다름 없다. 훗타 요시에는 나름으로 그런 초상화를 인간론으로 보지만 말이다.

왕가 초상화와 자화상

1788년 카를로스 3세가 죽고 이듬해 그 아들 카를로스 4세(Carlos IV, 재위 1788~1808)가 즉위했다. 바로 그해 프랑스에서는 대혁명이 터져 국왕이 쫓겨나는데, 스페인에서는 반대로 화려한 국왕 즉위 축제가 열려 1년이나 이어졌다. 물론 스페인에서 이웃 나라인 프랑스 대혁명을 몰랐던 것은 아니다. 오히려 정부는 그 위험성을 너무나 잘 알기에 백성을 호도하기 위해서 1년의 잔치를 벌였고, 그 속내에는 진보세력에 대한 탄압이 깔려 있었다.

아버지처럼 지적으로 뛰어나지는 못했지만 정직한 카를로스 4세의 성품을 두고 부왕은 "카를로스, 넌 바보다."라고 말했다. 흔히 '바보왕'으로 불리는 카를로스 4세는 아버지가 금지했던 투우를 허가하여 고야를 비롯한 평민들의 호감을 샀다.

1789년, 고야는 43세에 궁정화가가 되어 카를로스 4세가 재위하는 동안 왕과 왕비 마리아 루이사(María Luisa de Parma, 1751~1819)의 초상화를 여섯 점이나 그리면서 바쁜 나날을 보냈다. 왕비의 공식 초상화를 보면, 그녀는 화려하게 장식된 거대한 모자와 옆으로 한없이 확대된 기묘한 치마를 입고 있다. 당시 37세의 젊은 나이임에도 불구하고 이가 다 빠져서 합죽한 모습을 한 왕비는, 그녀가 자랑으로 삼았다는 굵고 흰 팔만이 기형적으로 빛나고 있다. 그 후년에 그린 마리아 루이사의 초상화에서도 왕비의 굵고 흰 팔이 두드러진다.

고야는 최고의 초상화가로 한 시절을 풍미했다. 그는 그림을 그릴 모

▲ 〈파니에 드레스를 입은 마리아 루이사 왕비〉, 1789년, 캔버스 유화, 205x132cm, 프라도 미술관

델을 단 한 번만 보고도 완벽한 초상을 그렸다고 한다. 당시 화가들은
왕족을 그린다는 것에 대한 기쁨보다는 월급이 얼마인지가 더 중요했
다. 10년 전 칼톤의 헌정식에서 처음으로 국왕을 만났던 시절 고야가 느
꼈던 흥분은 이미 사라지고 없었다. 고야는 이미 계몽주의의 영향을 받
은 지성인이었다.

후기 칼톤

궁정화가가 된 고야는 스스로 최고의 화가라고 자부하지 않고 프랑스 대혁명의 영향을 받아 더 이상 칼톤을 그리지 않겠다고 결심했다. 그러나 왕은 고야에게 '시골풍의 재미있는' 칼톤을 그리라고 명을 내린다. 고야는 이에 항의하는 편지를 쓰기도 했지만 그에게 무슨 힘이 있었겠는가. 결국 어쩔 수 없이 6년 만에 다시 칼톤을 그리게 되었다. 고야가 국왕 직속화가로서 의무적으로 그린 후기 칼톤 작품은 총 38점이다. 이때 그는, 사계절 그림을 포함하여 〈부상을 당한 석공〉이라는 노동화*, 〈짚인형 놀이〉와 〈작은 거인들〉이라는 풍자화, 그리고 〈결혼〉을 마지막으로 그렸다.

여기서, 다른 그림에 비해 〈짚인형 놀이〉는 왜인지 모르게 자연스럽지 못한 느낌을 준다. 〈짚인형 놀이〉는 거리나 광장에서 열린 여성 사육제의 오락이었다. 짚인형은 당시 유행한 프랑스풍 복장을 하고 있다. 17세기 이래 '다루기 쉬운 인간'을 뜻한 인형은 당시 강하게 대두된 여성의 자립으로 점차 지위가 약해진 남성을 상징한다. 사육제란 본래부터 사회계급을 전도시켜 조소하는 것이었다. 이 그림은 남성의 지위 약화만을 말하는 것이 아니라 사회적 지위라는 것 자체의 무상함과 인습의 어리석음까지 풍자한다. 또한 상승과 하강을 본질로 하는 이 놀이는 사회변동을 상징하며, 짚인형 놀이에서 쉽게 변화하는 움직임은 지

■　　* 여기서 노동화라는 것은 요즈음의 사고방지 포스터처럼 그려진 것에 불과했다. 노동의 의미를 그린 점은 사실이지만 고야를 노동해방화가로 부르는 호들갑은 필요 없다.

▲ 〈짚인형 놀이〉, 1791~1792년, 캔버스 유화, 267x160cm, 프라도 미술관

▲ 〈작은 거인들〉, 1791~1792년, 캔버스 유화, 137x104cm, 프라도 미술관

위와 전통의 불안정을 말한다. 이 그림이 1789년 프랑스 대혁명 이후인 1791~1792년 사이에 그려졌다는 점을 고려해보면, 스페인 국내정치만 국한해서 비판한 것이 아니다.

이러한 점은 〈작은 거인들〉에서도 볼 수 있다. 그림에서 볼 수 있는 독특한 직선 구도는 앞에서 본 〈수가형〉의 구도를 연상시킨다. 다른 아이의 어깨에 올라타서는 팔을 벌려 웃고 있는 소년을 보라. 소년이 쓰고 있는 창이 넓은 모자에 주목해야 한다. 이는 프랑스 대혁명 당시 혁명 세력이 주로 쓴 것으로, 고야는 혁명 세력의 승리를 이 그림에서 상징화했다.

한편, 그림 〈결혼〉은 아름답고 행복한 풍경이 아니다. 신부의 얼굴에서는 사랑을 찾아보기 어렵다. 어울리지 않는 옷을 입은 신랑의 모습은

▲ 〈결혼〉, 1791~1792년, 캔버스 유화, 267x293cm, 프라도 미술관

이질감마저 느껴진다. 두 사람만의 새 삶을 시작하는 행복한 부부의 모습이 아니다.

사실 고야는 궁전을 장식하는 태피스트리의 원화를 낡은 권위에 대한 비판으로 풍자했다. 물론 완곡한 유머로 표현되기는 했지만 궁정 화가가 택한 주제라고 하기에는 그저 놀랍기만 하다.

경박과 교양, 진보와 보수의 공존

태피스트리를 그리기 시작한 1775년부터 귀가 먹기 전인 1792년까지 17년 동안은 고야의 삶에서 가장 밝은 양지의 시절이었다. 앞에서 본 카를로스 3세의 개혁은 희망을 품게 했고, 고야의 지위나 생활도 나날이 좋아졌다. 뒤에서 다룰 〈아틀리에의 자화상〉에서 보듯, 그가 촛불을 단 모자를 쓰고 밤낮을 가리지 않고 그림을 그렸을 정도로 그에게 주문이 쇄도했다.

또한 상류계급과의 접촉도 시작되었다. 집을 사고, 영국제 사륜마차를 끌고 교외에 나가 '사람들이 부러워하는 생활'(1786년 8월 편지)을 자랑했다. 이러한 삶은 그 시기에 그린 63매의 로코코풍 칼톤에 반영되었다. 여기서 초기 작품과는 다른 몇 가지 특징이 나타난다. 다양한 스페인 인간상을 꾸밈없이 살아 있는 존재로 당당하게 그렸으며 이는 농민화가 브뤼헐(Pieter Brueghel de Oude, 1525~1569)을 연상하게 한다. 18세기 후반에는 상류계층이 서민풍 옷을 입는 것이 유행이었는데 뒤에 철학자 오르데카가 '평민주의'라고 부른 이 현상은 왕권체제의 붕괴를 암시했다. 고야는 1790년 12월 편지에서 자신이 좋아하는 것을 하고 싶다는 마음과 함께 '인간은 모름지기 확실한 사상을 가지고 존엄을 지켜야 한다.'고 썼다.

여기서 우리는 잠시 당대 사회를 다시 살펴볼 필요가 있다. 18세기에 는 사교가 활발해져 해질 무렵 모여 노는 '델레투리아'(일종의 사교 모임) 가 모든 계층에 일반화되었다. 사람들은 코코아를 마시며 과자나 과일, 빵과 비스킷을 먹었고, 이와 함께 트럼프를 치거나 게임을 했다. 나아가 기타나 피아노 반주에 맞춰 노래를 부르며 끝없이 대화를 나누기도 했 다. 이 모임에서는 남성이 여성에게 최선을 다해 서비스를 제공했으며, 후일 이는 하나의 사회적 관행이 되었다.

귀족이나 부르주아, 학생, 군인, 기술자, 사제, 문학인이나 지식인 등이 저마다 끼리끼리 모여 노는 델레투리아도 생겼다. 또한 요일마다 주제를 정하여 토론을 하는 학문적인 모임도 있었다. 예컨대 스페인 경제와 문화 의 전위가 된 〈조국의 벗·경제협회〉는 월요일부터 토요일까지 매일 수학, 물리, 역사, 음악, 지리, 시사를 토론하고, 일요일에는 음악회를 열었다.

우리가 고야의 그림에서 보는 여성들의 호화스러운 복장을 보면 당시 프랑스 패션이 대단한 영향을 미쳤음을 알 수 있다. 아기에게 젖을 먹이 면 체형이 변한다는 이유로 수유를 거부하는 여성도 등장했고 남자도 예외가 아니어서 기사는 45분간 화장을 했다. 이와 동시에 프랑스 신간 을 읽는 유행과 교양도 요구되었다. 당시 기사도 소설이나 미신담은 금 지되었지만 암암리에 전해져 몰래들 읽었다. 그야말로 경박함과 교양이

묘하게 뒤섞인 시대였다.

이러한 진보 아닌 진보와 함께 전통은 더욱더 엄격하게 강화되었다. 1716년부터 신분이 다른 계층 간의 결혼이 금지되었고, 신분이 같아도 부친이 반대하면 25세 이후에야 결혼이 가능했다. 법률상 결혼 적령기는 16세였지만 부친이 결혼을 반대한다면 실제 결혼은 9년 뒤에나 가능했다.

또한 엄청나게 복잡한 예의가 '조작'되었다. 예의를 표현하는 기다란 어귀가 수없이 만들어져 사람들은 이를 외운다고 법석을 떨었다. 하인을 제외한 누구에게나 '씨뇨레 돈'이라는 누구누구 님(씨)에 해당하는 긴 경어가 붙여졌다. 귀족도 남발되었다. 부르봉 왕조는 권력을 유지하기 위해 관리나 부르주아를 대부분 귀족으로 봉했다. 그러자 본래의 귀족들은 '가짜'와 구별한답시고 자신들을 '각하'라고 불렀다.

당시의 변화로 더욱 주목되는 점은 성(性)의 혁명이다. 산업 발달로 여성이 노동을 하기 시작하여 중산계급의 성관념이 크게 변한 탓에 자유 또는 방종의 분위기가 흘러 넘쳐 혼외 성교가 성행하고 사생아 수가 급증하여 이들을 거두는 시설도 늘어났다. 궁정이나 교회도 예외는 아니었고, 서민들도 축제나 카니발이 끝나면 성을 즐겼다. 뿐만 아니라 부랑아도 늘어나 그 해결책으로 제시된 것이 청년을 군대로 보내자는 주장이었다. 특히 해군의 경우 가혹한 선상(船上)생활을 해야 했는데도 부모가 자발적으로 자식을 해군에 강제로 보내는 경우도 드물지 않았다.

또한 교육은 더 이상 특권계급의 전유물이 아니었다. 1788년 마드리드에는 빈민을 위한 학교가 64개소나 있었고 남녀 모두에게 직업교육의 기회가 주어졌다. 당시 학교는 군대처럼 규율이 엄했으나 상류계급이 다니는 학교는 그렇지 않았다. 귀족들은 장남을 오냐오냐 키워 읽기도 쓰기도 전혀 하지 못하는 아이들이 많았다. 그들은 장남이라는 특권을 과시하고 부모의 재산을 탕진하면서 인생을 허비했고 차남 이하의 자녀들만 대학에 갔다.

이 시기에는 특히 여성의 교육이 중시되기 시작했다. 빈민 여아에 대한 직업교육이 중시되었을 뿐만 아니라 1785년에는 여성에게 철학박사 학위가 주어졌으며, 학위자는 아카데미 회원이 될 수 있었다. 그럼에도 불구하고 당시 스페인 사람 85%가 문맹이었으니, 모든 사람이 공평하게 교육의 혜택을 받은 것은 아니라는 의미다.

제3장 위기

1. 세기말

프랑스 대혁명

세기말인 1790년대는 고야에게 위기의 시절이었다. 그는 궁정에서 성공하기 위해 예술을 파는 짓을 그만두어야겠다고 생각했다. 그 결정적인 계기는 프랑스 대혁명이었다. 그가 혁명에 이념적으로 동조했는지 증명된 바는 없지만 프랑스 대혁명은 스페인, 특히 지배계급에 큰 변화를 초래했다. 고야 역시 그동안 자신이 출세하기 위해 매달렸던 사람들이 하루아침에 전락하는 것을 목도해야 했다.

1789년, 프랑스 혁명이 일어나자 스페인 정부는 그 소식이 국내에 전해지지 않도록 막기 위해 광분했고 자그마치 3년 동안이나 공식 보도가 통제되었다. 이미 프랑스 혁명 이전에도 스페인에서는 폭동이 일어나는 등 분위기가 심상치 않았던 데다가 프랑스 혁명이 발발한 그해에는 새로운 왕 카를로스 4세가 즉위했기 때문에 위기의식은 더욱 컸다. 왜냐하면 카를로스 4세는 대혁명으로 처형당한 프랑스 왕 루이 16세(Louis XVI, 1754~1774, 재위 1774~1791)의 사촌이었기 때문이다.

스페인 신문과 잡지는 프랑스 혁명에 대해 침묵을 지켰으나 그해 여름, 프랑스에서 프랑스어 신문과 잡지가 들어와 7월 14일에 일어났던 바스티유 공격과 함락, 8월 26일 공포된 인권선언에 대한 소식이 전해졌다. 이에 9월에는 정부가 국경 세관으로 하여금 혁명에 관련된 출판물을 몰수하도록 명하고 이단심문소를 통해 교회와 군주제에 반대하는 모든 국내 출판물을 회수하도록 명령하며 외국 우편물의 배달까지 금지했지만 끝없이 흘러드는 뉴스는 막을 수 없었다.

그야말로 프랑스에서는 '혁명', 스페인에서는 '이단심문'이었다. 스페인에서 이단심문이 시작된 1481년부터 1808년까지 327년 동안 34만 명 가량이 형벌을 받았는데 그중 3만여 명은 화형, 2만 명은 종신형, 29만 명은 중형에 처해졌다. 스페인에서만 이단심문이 유독 심했던 것은 아니다. 영국에서는 1553년부터 1603년까지 50년간 5만 7천 명이 화형이나 참수형을 당했다. 이를 비율로 따지면 영국이나 스페인이나 비슷하다.

그러나 그렇게 극심했던 이단심문도 프랑스 혁명의 영향을 완전히 막지는 못했다. 그 후 스페인에서는 신구세력의 갈등이 시작되었고, 바스크나 카탈루냐의 분리주의*도 싹트기 시작했다. 그러나 이는 단순히 사상의 영향 때문만이 아니라 당시 부르주아를 중심으로 한 경제발전의 결과이기도 했다. 특히 카를로스 3세 만년에는 스페인 경제가 전례 없는

------

* 분리주의란, 한 국가에서 지방이 종교, 민족, 역사적인 이유 등로 분리 독립하려는 현상을 말한다. 1714년 스페인에 병합된 이래 문화·역사·언어가 다르다는 이유로 줄곧 분리독립을 요구해왔다.

호황을 누려 강력한 중산계급이 육성되었다.

물론 이러한 경제 발전은 하층 노동자에게는 와닿지 않았다. 물가와 급료의 차이는 너무나도 컸고 서민들의 생활은 고통스러웠다. 그들은 계몽운동과 무관하게 전통적 가치관을 지켜왔다. 이는 반동의 토대가 되었고 혁명의 시대에 대중은 반혁명의 선두에 섰다. 오늘날까지도 스페인에는 귀족제도가 남아 있으며 사실 스페인에 민주주의라고 할 만한 정치체제가 생긴 것은 얼마 되지 않았다.

청각의 상실

1792년 늦가을, 고야는 안달루시아를 여행하던 중 심한 고열을 앓는다. 그 후유증으로 귓병이 생겨* 대서양의 항구 카디스로 옮겨가 거의 1년간 병상 생활을 하게 되는데 그가 걸린 병에 대해서 많은 의학적 견해가 발표되었으나 정설은 없다. 다만 고야가 향했던 카디스 지역은 당시 유럽에서도 이름난 온천지로, 고야가 채택한 온천요법이 어떤 병적인 상태, 즉 노이로제나 신경쇠약, 류마티스 등에 유효하다는 점은 고려해볼 만하다.

우리에게는 고야가 걸렸던 병명은 중요하지 않다. 중요한 점은 그 후

■ * 홋타 요시에를 비롯한 전기작가들은 매독 때문이라고 설명하나, 이는 이미 1930년대에 부정된 낡은 학설로서 아무런 근거도 없다는 것이 밝혀졌다. 고야가 콜레라에 걸렸다는 설도 있으나 이 역시 추정이다.

'새로운 고야'가 탄생했다는 점이다. 고야는 로코코라는 과거에 집착했던 18세기 화가에서 '현대 회화의 선각자'로서 진면목을 드러내기 시작한다.

46세의 젊은 나이에 고야는 청각을 잃었다. 그는 육체가 망가졌지만 이를 통해 정신의 변화를 경험했다. 정신은 그 자체로 변하지 않는다. 인간의 정신 앞에는 항상 육체가 있기 마련이어서 몸의 변화 없는 마음의 변화는 믿을 게 못 된다. 몸이 망가졌는데 정신이 변하려면 아주 오랜 시간이 필요하다. 정신이 요구하는 욕심이 다 채워져야만 인간은 비로소 지난 날들을 뒤돌아보기 시작한다. 고야의 욕심은 1799년, 53세에 수석궁정화가가 되는 것으로 일단 채워졌다.

청각 상실은 고야의 예술관을 변화시키는 데 촉진제가 되었지만, 사실 그 이전부터 이미 고야는 프랑스 대혁명을 비롯한 사회변화를 통해 계몽사상의 영향을 강하게 받아 그 나름의 예술관을 가지게 되었다.

그는 병들기 직전에 이미 "회화에는 어떤 규범도 존재하지 않는다."라고 공언했다. 그것도 사적인 자리에서가 아니라 1792년 10월, 마드리드 왕립미술아카데미의 동료에게 보내는 각서에 썼다. 당시 그의 동료들은 이에 엄청난 충격을 받았다. 1760년대 이후 아카데미는 멩스의 고전주의(classicism)에 따라 학생을 지도했다. 기하학, 수학, 고전문학을 배우는 것이 미술가의 자격요건이었는데 고야는 그것을 정면으로 부정했다.

고야는 미의 해방자, 이단자가 되었지만 고독했다. 그가 아카데미의 중심 화가로서 영향력이 없는 것은 아니었지만, 규범화된 낡은 미술에서 해방되어야 한다는 계몽주의적 견해를 공적으로 밝힘으로써 그는 사실상 젊은 화가들이 마음속에 품은 표현의 자유를 대변했다.

자유와 창의

고야가 요양을 하는 동안 프랑스와 스페인의 정세는 악화되었다. 1791년, 프랑스 국왕 일가는 체포되었고 스페인으로서는 프랑스와 전쟁을 치르지 않을 수 없는 상황이 되었다. 1793년 1월 17일, 국민공회의 투표에 의해 루이 16세의 사형이 결정되었고 4일 뒤 혁명광장에서 그는 공개적으로 처형당했다. 사형 찬성표에는 어용화가였던 다비드의 한 표도 포함되었다. 다비드가 어용화가로서 누린 권력과 부는 같은 어용화가였던 고야로서는 상상할 수도 없을 만큼 대단한 것이었다.

프랑스 왕이 처형당하자 전 유럽의 왕가는 반발했고 미술에서도 프랑스 왕을 기념하는 작품들이 수없이 제작되었다. 특히 스페인에서는 앞에서 본 이단심문소가 더욱 맹위를 떨쳤으며, 반프랑스적 분위기가 폭발적으로 생겨났다. 당시 시골 온천에서 요양 중이던 고야도 이러한 사태를 잘 알고 있었다. 계몽주의를 외쳤던 그의 친구들은 '친프랑스파'라는 이유로 정치적 박해를 당했다.

1793년 후반, 고야는 어느 정도 병이 나아 마드리드로 돌아왔지만, 청각장애를 이유로 2년 동안 맡았던 아카데미 회화부장 직을 사퇴했다. 그는 그 여파로 경제적인 궁핍을 감당해야 했다. 자신의 가족만이 아니라 형제자매를 돌보아야 했고 친구 아들까지 보살펴야 했기 때문이다. 또한 그간 누렸던 사치스러운 생활에 대한 향수도 그를 절망스럽게 했다.

이제 고야는 '누군가에게 잘 보이기 위한 그림을 그릴 필요가 없다.'고 생각해서가 아니라 경제적 필요에 의해, 수입을 얻기 위하여 '거실용 그림'을 그려야 했다. 그 최초의 작품이 바로 1793년에 그린 〈민중의 기쁨〉이라는 11매의 소품이다. 그는 주문화에서 맛볼 수 없었던 '자유와 창의'를 발휘했다고 고백했는데, 여기서 자유(capricho)란 훗날 《로스 카프리초스》로 발전한다. 이와 관련하여 아들 하비에르는 고야가 "벨라스케스와 렘브란트를 존경하고 특히 자연을 사랑하여 연구한 것이 청각을 잃은 것과 관계있다."고 말했다.

〈민중의 기쁨〉에 있는 그림들은 투우, 화재 현장으로부터의 구출, 난파 등 선명한 주제를 의식하였다. 이러한 주제는 당시 유행했던 '거실용 그림'의 목가적이거나 관능적인 그림들과는 전혀 다른 획기적인 것들이었고 이 그림들은 이듬해 아카데미에서 공개되어 많은 사람들의 찬양을 받았다.

우리의 관심을 끄는 작품은 고야가 12번째로 아카데미에 보낸 〈광인의 뜰〉이다. 고야는 그 장면을 현실에서 직접 목격하고 그렸는데, 그 처참한 그림이 〈민중의 기쁨〉 중 하나인 이유는 정신병원이 당시 민중에게는 구경거리였기 때문이다.

고야는 단순히 정신병원을 구경거리 삼아 그린 것이 아니다. 노천의 하늘에서 쏟아지는 강렬한 빛과 대비된 어두운 정신병원, 간수는 그 빛

▲ 〈광인의 뜰〉, 1794년, 철판 유화, 42x28cm, 텍사스 댈러스 SMU 부속 메도우즈 미술관

에 반사되어 빛나는 채찍을 들고 금방이라도 광인을 내리칠 듯하다. 이러한 급박한 분위기 속에서 한 인물이 은은히 드러나는 아치 밑에 두 팔을 높이 쳐들고 서 있다. 이러한 인물은 다른 연작에도 등장하는 중심 인물상이며 고야는 여기서도 현실을 묘사하면서 구원과 해방을 희망한다.

이러한 파멸적 상황 속에서 필사적으로 몸부림친다는 자극적인 주제는 유럽에서 이미 인기를 얻고 있는 소재였지만 당시 스페인에서는 보기 드물었다. 영국에서는 호가스(William Hogarth, 1697~1764)를 비롯한 화가들이 그런 주제로 많은 작품을 그렸으며, 특히 프랑스에서는 난파선과 가족의 위기, 전투장면, 영웅적 행위가 매년 열린 관전인 '르 살롱'(le Salon)'에 출품되는 국가 공인의 중요한 장르였다. 이러한 그림들은 수입을 얻기 위한 것인 동시에 낡은 규범으로부터 해방된 새로운 예술의 창조였다. 이는 고야가 전에 그린 칼톤이나 초상화는 물론 개인적으로 그린 〈수가형〉이나 벨라스케스의 모사와도 다른 것이었다. 이제 그는 더욱 고상하고 심각한 내면성을 표현하는 예술의 창조에 몰두했다.

■　* 르 살롱은 프랑스미술가전람회라는 뜻의 '살롱 데자르티스트 프랑세(Salon des Artistes Français)'에서 비롯된 것으로 루이 14세는 1664년 '왕립회화조각아카데미(Académie Royale de Peinture et de Sculpture)'를 설립하고 창립기념 전시회를 개최했다. 전시는 루브르궁의 살롱들에서 열렸기 때문에 '르 살롱'이라고 부르게 되었으며, 17, 18세기 왕가를 비롯한 귀족들은 응접실(salon)에 자신들이 소유한 미술작품과 희귀한 물건을 진열해 놓고 예술인, 애호가들과 함께 작품을 감상하며 대화하고 토론하였다. 이는 오늘날 박물관, 미술관의 모태가 되기도 하였다. 살롱전은 1667년 개최 이래 아카데미 회원들만 참가하는 관전(官展)으로, 프랑스 아카데미즘 미술의 중심이 되었으며 1881년 정부가 미술 아카데미로 그 관할을 이관하면서 르 살롱(le Salon)이라 불리게 되었다.

1790년대에 10년간 고야가 창조에만 몰두할 수 있었던 것은 그를 지원해준 사람들 덕분이었다. 여기에는 오스나 부부를 비롯하여 당대의 지성, 문화인들이 많이 포함되었다. 특히 뒤에서 다룰 알바 공작부인은 빼놓을 수 없는 중요한 지원자였다.

1790년대의 자화상

고야는 모두 11점의 자화상을 남겼고 1790년대에만 네 점을 그렸다. 1790년대 초에 그는 두 번째 자화상이자 유일한 전신상인 〈아틀리에의 자화상〉을 그린다.* 누군가의 초상화 또는 칼톤인지도 모를 그림을 그리고 있는 화가 자신을 그린 이 그림에서, 그는 촛불을 꽂은 기묘한 모자를 쓰고 있다.

고야는 아틀리에에 매일 들렀는데, 한번 그림을 그리기 시작하면 10시간 정도 작업을 계속했다. 그리고 밤이 되면 촛불로 빛을 밝혀 마지막 손질을 했다. 캔버스를 가득 채운 햇살은 밤새 작업한 뒤에 맞이한 새벽 햇살로, 대개 고야가 마지막 붓질을 끝내고 휴식을 맞으려는 순간의 풍광을 담은 것이다. 홋타 요시에는 그 얼굴은 고상하다고 할 수 없고, 위에서 본 최초의 자화상에 비해서 더욱 천박하고 교활한 느낌을 준다고

* 홋타 요시에는 이 그림이 1775~1780년 사이의 작품이라고 추정하나(제1권, 348쪽), 통설은 그 10년 뒤인 1785-1790년 또는 1788년이라고 추정하고 있고 최근 시몬즈는 더욱 늦게 1791~1792년으로 추정한다(Sarah Symmons, Goya, Phaidon, 1998).

▲ 〈아틀리에의 자화상〉, 1790~1795년, 캔버스 유화, 42x28cm, 마드리드 왕립 산 페르난도 미술 아카데미

말한다. 그러나 이러한 관찰은 피상적이다. 가장자리에 있는 기묘한 붉은 장식과 금은으로 테두리를 한 저고리, 가슴 장식을 보고 그러한 오해를 할 수도 있으나 당시 고야가 그린 귀족들의 초상에 비교하면 그 정도의 사치는 아무것도 아니다. 복장은 당시 마호들이 즐겨 입는 유행 아이템으로 프랑스 대혁명의 영향을 받은 대중취미의 표출에 불과했다.

무엇보다도 중요한 점은 그의 얼굴이다. 그의 표정은 자유롭고 분방하지만 천박하거나 교활하지 않다. 창작의 고뇌에서 해방되어 휴식을 취하려는 것뿐이다.

이렇게 해석하는 이유는, 고야는 당시 기준으로 초로(初老)라고 할 수 있는 50대였고 우리가 뒤에서 볼 60대의 고뇌를 준비하는 성숙된 시기였다는 점, 또한 그가 누구보다도 내면의 표현에 충실한 렘브란트를 특별히 존경하여 자화상에 자기통찰과 심리묘사를 담고자 했기 때문이다. 화가가 전신상을 그렸다는 점 또한 당시로서는 매우 예외적인데, 이 역시 렘브란트의 영향을 받은 것으로 보인다.

또한 이 그림은 1789년 프랑스 대혁명 이후의 작품이며, 고야는 대혁명에 공감한 계몽주의 지식인으로서 자기 표명의 의지를 자화상에 담고자 했다. 그는 이미 해방의 분위기에 들떠 있다. 스페인은 아직 밤이었지만 프랑스가 그랬듯 곧 해가 뜨고 새벽이 다가오리라. 화면 가득한 여명은 화가의 개인적 해방을 상징함과 동시에 사회적 해방을 의미한다.

또 하나의 자화상은 〈안경 쓴 자화상〉이다. 당시 안경은 이성과 계몽을 상징하는 것으로, 고야의 초상화에는 물론 유럽 다른 나라의 초상화

▲ 〈안경 쓴 자화상〉, 1797~1800년경, 캔버스 유화, 54x39.5cm, 카스트르 고야 미술관(프랑스)
▶ 〈자화상〉, 1795년경, 담묵, 15.2x9.1cm, 뉴욕 메트로폴리탄 미술관

▲ 《로스 카프리초스》 제1번 〈고야, 화가〉, 1797~1798년경, 판화, 21.8x15.2cm, 뉴욕 메트로폴리탄 미술관 외

에도 유행처럼 등장했다. 당시 화가들이 그린 자화상을 보면 안경 쓴 모습을 어렵지 않게 볼 수 있다.[*]

이런 지성적인 모습과 대조적인 것이 낭만주의적 초상화 내지 자화상이다. 1798년과 1800년^{**} 사이에 그린 또 하나의 〈자화상〉에는 눈이 광인처럼 묘사되어 흡사 베토벤 초상을 보는 것 같다. 그러나 그 모습을 광기로 오해해서는 안 된다. 그는 회의감에 휩싸여 있다. 이는 고야가 귀를 먹은 뒤 내면에 침잠했음을 뜻한다. 고야는 이때 독서와 사색을 중시했다. 그 결과 그는 지성이 번뜩이는 풍자정신으로 무장한 진정한 화가로 변모했고 이후 30여 년에 걸쳐 《로스 카프리초스》를 비롯한 진정한 걸작들을 낳았다.

1790년대 고야 자화상의 마지막 하나는 《로스 카프리초스》의 첫 페이지를 장식했다. 고야는 당시 유행했던 실크모자를 쓴 근대적인 모습과 함께 시니컬한 회의의 눈길을 던지는 것으로 풍자화의 단초를 제공했다. 이는 이성의 빛을 그린 〈아틀리에의 자화상〉이나 〈안경 쓴 자화상〉과 달리 유행의 최첨단을 달리는 자신만만하고, 성공한 신사로서의 고야이다.

■　　* 프랑스 화가 샤르댕(Jean-Baptiste-Siméon Chardin, 1699~1779)과 영국 화가 레이놀즈(Joshua Reynolds, 1723~1792)도 안경을 쓴 자화상을 남겼다.
　　** 홋타 요시에는 1795년이라고 하나 최근에 수정되고 있다.

2. 《로스 카프리초스》

알바

1795년, 바이유가 죽자 고야는 그의 뒤를 이어 아카데미 회화부장에 취임한다. 이 자리는 그에게 더 이상 오를 곳 없는 마지막 최고의 자리였다. 이 무렵 고야는 완벽에 가까운 섬세함과 세련미를 보여주는 여성 초상화를 많이 그렸다. 그러나 이 시기에 그려진 알바 공작부인 초상은 그런 맛이 느껴지지 않는 인형 같은 느낌이다. 〈알바 공작부인〉에서 알바는 무미건조한 얼굴로 우리를 응시한다.

오십의 고야는 알바 공작부인의 별장에 머물렀다. 이는 1796년의 일로, 당시 알바 공작부인은 상중이었다. 두 사람은 부적절한 관계를 맺으며 불륜에 빠졌다. 그 사랑이 두 남녀에게 얼마나 절실하고 진실한 것이었는지는 알 수 없지만, 34세인 젊은 알바와 달리 고야는 그것을 마지막 사랑으로 느꼈던 만큼 더욱더 절실하고 비통했을 것이다. 천한 출신의 일개 화가가 스페인 명문가 출신으로 손꼽히는 미인과 사랑에 빠졌다는 것은, 어쩌면 고야에게는 '한여름 밤의 꿈'과 같았을지도 모른다.

▲ 〈알바 공작부인〉, 1797년, 캔버스 유화, 210x149cm, 뉴욕 히스패닉 소사이어티

그녀는 13세에 19세의 병약한 알바 공작과 결혼했다. 알바는 '공작부인'이라고 불렸는데 이는 알바 공작과 결혼했기 때문이 아니다. '공작'이라는 신분은 그녀의 출신에 따라 태어나면서부터 얻은 것이었다.

그림 속 알바의 오른쪽 손끝이 가리키는 곳을 따라가 보면, 모래 위에 'Solo Goya*'라고 적혀 있다. 이는 '오직 고야만'이라는 뜻이다. 그것이 알바와 고야의 관계를 말하는 것인지, 아니면 고야가 유일한 화가라는 뜻인지에 대해서는 아직까지도 논쟁이 있다. 알바가 검지에 끼고 있는 금반지에도 'Goya'라는 글자가 박혀 있고, 중지에 낀 칠보반지에는 'Alba'라고 새겨져 있다.

《마드리드 화첩》

알바와의 사랑은 훗날 고야가 그린 판화 제목처럼 〈거짓과 부정의 꿈〉으로 끝나고 〈그녀는 날아가버렸다〉(《로스 카프리초스》 제61번). 그러나, 고야에게 그것은 새로운 창조의 계기가 되었다. 귀가 먼 탓도 있었으나 화첩에 느낀 것을 자유롭게 묘사한 소묘는 판화 밑그림을 포함하여 900점에 이른다. 알바와의 사랑과 이별은 대담하고 내밀한 고백으로 그의 정신사 세계를 형성했다.

■　　* 'Solo Goya'에서 'Solo'라는 글씨는 고야가 그림을 그린 뒤에 지웠다는 학설도 있다. 이에
　　대해 두 사람의 돈독한 관계를 보여주는 것이 아니라 이미 두 사람의 관계가 끝났을지도 모
　　른다는 추측을 낳기도 했다.

▲ 《로스 카프리초스》 제61번 〈그녀는 날아가 버렸다〉, 1797~1798년경, 판화, 21.9x15.2cm, 프라도 미술관 외

알바를 만나기 전까지만 해도 고야는 데생을 하지 않았다. 고야는 알바를 알고 난 뒤부터 그녀를 소재로 한 즉흥적인 데생을 하게 되었는데 초기 화집은 《산 루카르 화첩》과 《마드리드 화첩》이며 이를 전문적으로 《A, B화첩》이라고도 한다. 그 밖에 1801년부터 1803년까지 그린 《D화첩》도 《로스 카프리초스》와 관련된다.

그런데 알바와의 즐거웠던 안달루시아 추억이 기록된 《B화첩》의 제56번과 제57번에 별안간 마녀가 등장한다. 나중에 《로스 카프리초스》에 편입되는(제69번, 70번) 이 두 그림은 고야가 최초로 그린 마녀 그림이라는 점에서 주목할 만하다.

이어 그는 마녀와 악마가 등장하는 여섯 점의 공상화를 그렸다. 당시 스페인에는 미신이 들끓었다. 계몽주의자들은 그 미신을 부정하고 이단자, 마녀, 악마적 의식을 행했다는 소문이 있는 자에 대한 박해를 권력의 남용으로 보았다. 이러한 마녀 그림은 현실을 비판한 것으로서 이는 당시의 계몽적 지식인들이 주장한 스페인 비판과 연결된다. 그들은 스페인에는 민중도, 공업도, 농업도, 애국심도, 승인된 정부도, 교육도, 지식도 없다고 하면서 다음과 같이 개탄했다.

귀족들은 무지몽매함을 자랑으로 삼고, 학교에는 교육원리가 없으며, 대학은 야만시대의 편견을 충실히 보관하는 창고일 뿐이다. 군대는 장군 투성이나 동포를 탄압하는 전문가에 불과하고, 주택보다 교회가, 부엌보다 제단이, 속인보다 수도승이 더 많고 헛소리만 한다.

도덕은 농담이고, 법의 진창 속에 빠져 허우적거리는 자들이 입법가라는 환상을 품고 있다. 사법은 법률 수보다 더 많은 판사들의 심심풀이고, 경제는 인민을 착취하여 왕실 수입을 늘리는 일만을 한다. 인간이란 인간은 모두 썩었다. 마호도 마하도 무례하고 파렴치할 뿐이다. 우리는 곧 저 영악한 영국과 프랑스에 잡아먹히리라! 오오, 행복한 스페인, 행복의 나라여!

고야가 그린《로스 카프리초스》는 바로 이 선언문의 그림판이다. 그림 제18번 〈집이 불타고 있는데〉는 스페인이 불타고 있는 것을 의미하며, 제59번 〈그래도 물러나지 않는다〉는 벽이 무너져 내려도 잠만 자는 스페인 사람들을 통박한다. 제42번 〈너는 할 수 없을 거다〉와 제63번 〈보라, 놈들은 진지하다〉, 그리고 제77번 〈피차 마찬가지다〉는 귀족과 성직자를 비판함과 동시에, 그들을 상징하는 당나귀나 괴물을 짊어지고 비틀거리는 모습으로 귀족과 성직자에게 당하는 민중을 비판한다. 제53번 〈놀랍게도 금으로 만든 주둥이다〉는 주둥이만 까진 지식인과 의사를 욕한다. 제73번 〈노는 편이 낫다〉와 제11번 〈일하라, 젊은이들이여〉는 고야가 한때는 멋쟁이로 그린 게으른 마호들까지도 비판한다.

《로스 카프리초스》의 사상

고야는 1797년부터 그리기 시작한 동판화집《로스 카프리초스》를 통해 최초로 정치적 의사를 표명한다. 19세기 프랑스 시인 보들레르는 그것이 '진실한 기괴함을 보여주었다.'고 시적으로 이야기했다. 그러나 고야가 《로스 카프리초스》를 그린 것이 당시 영국에 유행한 캐리커처*를 보고 난 뒤라는 점을 생각해보면 이는 명백한 정치적 회화이다. 고야는 이 단심문을 피하고자 '기괴함'을 앞세워 정치에 대한 풍자를 숨겼다.**

《로스 카프리초스》는 흔히 '변덕' 또는 '제멋대로'라고 번역된다. 그러나 그 의미를 살리려면 '자유'라고 해야 한다. 내가 이 책에서 《로스 카프리초스》를 그대로 표기하는 것은 그 뜻을 자유 또는 자유로움으로 이해하고 싶어서다. 고야는 '보편적 언어… 유일한 목적은 유해하고 비속한 미신을 떨쳐버리고, 믿을 수 있는 진실한 증언을 이 자유로운(caprichos) 일 속에서 불후의 것으로 만드는 데 있다.'라고 연작을 그리는 뜻을 제 43번 그림 해설에서 직접 명백하게 밝히고 있기 때문이다.

이 연작판화를 단순히 기괴하다거나 신비롭다거나 초현실적이고 환상적인 것으로 오해하면 안 된다. 시대는 바야흐로 프랑스 혁명의 여파가 전 유럽을 뒤흔들어 구체제에 대한 풍자와 공격이 초원의 불처럼 번진 세기말이었다. 변하지 않는 사회의 악폐와 인습, 위선, 어리석은 남녀관계, 매춘부, 수도회의 타락, 이단심문, 무능한 정치가, 슬픈 민중의 모습

■ * 캐리커처(caricature) 또는 희화(戲畵)는 본래 회화(繪畵)의 용어로 사물의 특징을 과장해서 노출시켜 풍자적 의도로 신랄하게 그린 작품을 말하며, 현재에는 문학작품에 관해서도 사용되고 있다.
** 《로스 카프리초스》의 배경에 대한 흥미있는 연구로는 Edith Helman, Trasmundo de Goya, Madrid 1963 참조.

이 공격적으로 묘사되었지만 그 속에는 계몽, 자유, 진보를 주장하는 동료들 사이의 공감이 있었다.

이제 고야는 남을 위한 그림을 그리지 않는다. "사람들에게 기쁨을 주기를 포기한 순간부터 자기류 괴물이 나타났다."라고 프랑스 작가 앙드레 말로가 말했듯, 고야는 그림을 통해 〈이성이 잠들면 괴물이 나타난다〉고 외쳤다. 이 그림에서 잠들어 있는 사람은 고야 자신이다. 해설에서 고야는 '상상이 이성과 결합되면 모든 예술의 어머니, 모든 경이로움의 원천이 된다.'고 썼다. 이 그림은 80매 전체의 중심으로서 본래 판화집의 표지화로 삼고자 했었고, 당시 신문 광고에 나왔던 기사의 일부를 구성한 것이기도 하다. 이를 1번 시니컬한 초상화와 함께 보면 고야가 뜻하는 바를 더욱 분명히 알 수 있다.

고야가 당시 이단심문소를 의식한 탓인지, 80매의 그림은 고의로 흩어져 있으며 원래 5매가 더 있었지만 제외되었다. 많은 연구에서 85매의 그림을 체계적으로 연결하려고 노력했지만 아직 누구도 성공하지 못했다. 훗타 요시에는 그의 책에서 이 그림들을 단순히 번호순으로 설명하였으나 나는 내 나름대로 체계화를 시도해보려 한다.

권력 또는 괴물

먼저 고야는 권력층을 비판한다. 이미 앞에서 본 작품 제42, 53, 63, 77번 외에도 무능한 인간들이 중요한 자리를 차지하여 사회에 피해를 야기하는 것을 당나귀에 비유한다. 교육자(제37번), 예술가(제38, 41번), 의사(제40번), 또는 지휘관(제76번)처럼 사회적 역할이 부당하게 혹은 지나치게 행사되는 직업들의 폐해를 폭로한 것이다.

마찬가지로 커다란 귀와 교만한 앞발을 가진 거대한 당나귀가 귀족의 옷을 입고 선조들이 그려진 그림을 보고 있다(제39번). 또한 귀족의 신분이 족보로 상속되는 것을 조롱하며(제57번), 심지어 귀족인 당나귀

▲ 《로스 카프리초스》 제41번 〈모자람 없이〉,
1797~1798년경, 판화, 20.8x15.2cm, 프라도 미술관 외

를 그리는 화가 자신의 모습마저 원숭이로 비유하여 조롱한다(제41번)*.

고야는 주로 귀족들을 허영심의 상징인 당나귀로 비유하면서 동시에 (제37, 42번) 인민은 노새로 비유했다. 노새인 인민은, 무지에 의해 양육되고 스스로는 움직이지 않으며 언제나 잘난 척하여 아예 몸이 굳어버린 귀족을 먹여 살린다(제50번). 그런데 정작 신음하는 민중을 억압하는 것은 귀족이다(제42번). 귀족은 민중에게 〈너는 어쩔 수 없다〉고 말한다. 고야는 그림 해설에서 '그러나 누가 말하지 않을까. 당나귀를 타고 있는 것은 흉흉한 야수다.'라고 했다.

■　　* 자신 뿐만 아니라 화가들에 대해서도 풍자한 이 그림의 원래 제목은 <굶어죽지는 않으리라>였다.

▲ 《로스 카프리초스》 제42번 〈너는 어쩔 수 없다〉, 1797~1798년경, 판화, 21.3x15.2cm, 프라도 미술관 외
▶ 《로스 카프리초스》 제58번 〈혹독한 강요〉, 1797~1799년경, 21.4x15.1cm, 프라도 미술관 외

의인화하지 않고 직설적으로 지배계급을 풍자하는 경우도 많다. 뜨거운 것을 급히 마시는 탐욕스러운 사제들(제13번), 잠을 자면서 책 읽는 흉내만 내는 학자들(제29번), 노인이 되어서도 돈 자루를 쥐고 감추는 부르주아(제30번), 사람을 살리기는커녕 억지로 약을 먹여 피를 토하고 죽게 만드는 의사(제33번) 등이다. 그림 제58번은 이단심문소에서 고문에 사용했던 거대한 관장기를 들고 있는 광기의 사제를 중심으로, 그 심문에 정신을 못 차리는 무지한 인간들을 묘사한다. 무리 속에서 사는 개인은 필연적으로 고통스럽다. 인간의 무리 뒤에는 불합리하고 비합법적인 지배체제를 상징하는 괴물이 있다. 그러나 고야는 58번 작품을 두고 "혼자 산다고 해도 고통스럽기는 마찬가지다."라고 설명했다. 18세기 사

상의 핵심이었던 지배와 자유, 보편과 개인을 '사회계약'이라는 허구로 융화시키고자 했던 풍조를 고야는 마음껏 냉소한다.

제23번 그림 제목은 〈저 먼지〉이다. 그림 속 노파는 이단심문 판결문 낭독을 듣고 있다. 당시 종이모자는 열등아가 반성할 때 쓰는 것이었다. 고야는 이 그림에 '얼마나 부끄러운가. 약간의 돈으로 열심히 유익하게 가족을 먹여 살리는 착한 여인을 이 따

▲ 〈로스 카프리초스〉 제14번 〈얼마나 희생적인가!〉, 1797~1799년경, 판화, 30.6x20.1cm, 프라도 미술관

위로 대우하는 것은'이라는 해설을 붙였다. 이 그림은 1812년에 그려진 유화 〈종교재판의 정경〉에 앞서는 것이며, 앞에서 본 〈수가형〉이나 〈십자가 위의 그리스도〉를 연상시키기도 한다.

이단심문은 악명 높은 종교재판으로 1481년에 시작되어 1808년 나폴레옹이 스페인 왕으로 세운 그의 형 조제프 보나파르트(Joseph-Napoléon Bonaparte)에 의해 폐지되기까지 327년간 350만 명을 죽였다. 그 후 이단심문은 페르난도 7세(Fernando VII, 1808, 재위 1813~1833)가 복위하면서 부활했고, 이후 1833년까지 존속되었다. 최근 연구를 통해 스페인 이단심문이 유럽 다른 나라에 비해 훨씬 약했다는 점이 밝혀졌지만 고야가 생존했던 당시 이단심문은 폭정의 가장 중요한 도구로 비난받았다.

종교재판뿐만 아니라 일반재판도 문제가 되었다. 작품 제32번 〈다정다 감하기 때문에〉는 애인을 돕기 위해 남편을 죽인 여자가 처형당한 당시 살인 사건에 대해 주목했다. 다른 범죄사건을 다룬 그림에서도 마찬가 지이지만 고야는 범죄를 사회적 구조악으로 바라보았다.

또한 고야는 가족을 더 이상 경제적 생산단위로 그리지 않았다. 가장 은 국가 풍기를 단속하는 경찰을 대리한다고 보고 이들이 절대적으로 지배하는 권력관계에 대한 의문을 제시한다. 개별 가족구성원이 자신의 권리를 주장함에 따라 교육은 무의미한 권력의 행사가 되었다(제25번). 또한 자녀가 성년이 되어 '이성의 명령'을 통해 자발적으로 따르게 하지 않고 자녀를 강제하거나 자녀를 대신하여 행위하는 것을 교육이라 일컫

▲ 《로스 카프리초스》 제23번 〈저 먼지〉, 1797~1798년경, 판화, 21.9X15.0cm, 프라도 미술관 외
▶ 《로스 카프리초스》 제32번 〈다정다감하기 때문에〉, 1797~1798년경, 판화, 21.9x15.3cm, 프라도 미술관 외

는 자들도 탄핵의 대상이 되었다. 이처럼 루소의 교육관은 고야 시대에 도 이미 상당한 영향을 미쳤다.

운명

고야는 가혹한 현실에서 도저히 달성될 수 없는 '희망'이라는 목표와 '안정적인 인간관계'에 대한 불안정성을 여러 가지 주제로 그려냈다. 고야는 그림을 그릴 때 대상이 되는 인물의 개인적 성질을 해명하고 자신과 상대의 신뢰를 바탕으로 관계를 구축하는 것을 전제로 하였다. 그러나 상대를 인식하기 위해 그 사람의 몸과 마음에 가까이 가고자 해도 제6번처럼 '누구도 그 자신을 알 수가 없다(Nadie se conoce)'. 각자의 사회적 역할이 서로를 '타인'으로 만들고, 외면적인 현상에 가려 '순수한 인간성'은 보이지 않는다.

고야가 운명이라는 주제를 다룬 것은 우연이 아니다. 고야는 개인적인 관계의 불안정성과 불가해한 운명에 맡겨진 인간의 모습을 그리고자 했다. 그래서 대단히 높은 지위에 오른 자*가 하루아침에 전락하는 모습을 인간의 운명으로 그린다(제56번). 제55번 〈죽을 때까지〉에서는 고도이와 불륜관계에 빠진 왕비 마리아 루이사(María Luisa de Parma, 재위 1788~1808)가 화장을 하고 있는데, 고야는 1812년에도 이 같은 제목과 내

■　*이는 당시 수상인 고도이를 일컫는다.

▲ 《로스 카프리초스》 제55번 〈죽을 때까지〉, 1797~1798년경, 판화, 22.0x15.4cm, 프라도 미술관 외
▶ 《로스 카프리초스》 제62번 〈누가 그것을 믿겠는가?〉, 1797~1799년경, 판화, 20.4x15.1cm, 프라도 미술관 외

용으로 그림을 그렸다.

허위의 투우장 그림(제77번)에서도 마찬가지로 불안정한 운명이 나타난다. 이 그림에서는 투우사가 승리함으로써 소는 죽음을 맞이한 듯 보인다. 그러나 승자와 패자의 역할은 운명적으로 언제 뒤바뀔지 모른다. 제62번에서도 적대적 관계가 서로 대립하는 것을 볼 수 있다. 인간의 본성은 상실된 채 그저 이기기 위해 서로의 운명을 희롱한다. 이러한 인간의 대립에서는 각자의 역할이 언제든 뒤바뀔 수 있다. 오직 초인간적인 힘만이 허물어진 틀 속에 존재한다.

고야는 궁정에서 이미 그러한 변전(變轉)을 수없이 보았다. 그것은 경쟁에 의한 시민사회의 변화를 예고했다. 과거에 '안정적'이라고 여겼던 사회적 역할이 이제는 불안정해졌다. 신분이 높다거나 사회적으로 높은 지위에 있다는 것이 더 이상 안전을 보장하지 않는 시대가 된 것이다.

악마 또는 마녀

《로스 카프리초스》에 나타나는 또 다른 중요한 주제는 악마 또는 마녀이다. 고야는 인간과 그 비정상적인 본성에 대한 비판으로 사회풍자를 추구했다. 이는 사회사적으로 보아 논리적이고, 동시에 그 가장 엄밀한 속편인 악마와 마녀 그림에서도 나타난다. 이성이 잠들어 꾸게 되는 악마의 꿈(제43번), 마녀 집회와 같이 사회질서가 전도된 카니발, 마녀가 덮어쓴 가면(제2, 6, 57번) 등은 인간적인 행동과 다른 행동의 경계영역을 보여주며, 또 과거로부터의 전통에 따라 악마적인 힘과 존재의 작용이 관계되는 여러 규범의 반전을 보여준다.

여기서도 고야는 당나귀 연작처럼 인간의 잘못된 행동을 분명히 지적하며, 인간을 반(半)동물 또는 타락한 마녀로 야유한다. 마녀 연작에서 고야는 현실적 문제인 '악습'을 중세의 '사회풍자'라는 양식적 전통과 연결한 셈이다.

여기서 분명한 것은, 마녀에게도 인간 사회를 지배하는 폐해인 다툼, 욕망, 관능적 욕구, 어리석음, 비합리적인 계층질서에 대한 굴종이 나타난다는 점이다(제46, 62, 63, 70번). 마녀 또한 인간과 마찬가지로 충동을 억제해야 했고 자기결정을 할 수 없었다(제62번).

A caza de dientes.

▲ 《로스 카프리초스》 제12번 〈이를 뽑다〉, 1797~1798년경, 판화, 21.9×15.3cm, 프랑스 국립 도서관 외

마녀는 아이들을 훔친다. 마법을 사용하여 부모에게 자식을 희생물로 바치게 하고 그 피를 빨아먹는다(제45, 46, 44번). 그리고 비를 타고 공중을 날아 집회에 참여한다(제68, 71번). 이 그림은 모두 미신과 마녀의 광기라는 낡은 생각에 근거한 것들이다.

미신에 대한 풍자는 그림 〈이를 뽑다〉에서도 나타난다. 사형수의 이를 가지고 있으면 사랑하는 사람의 마음을 조종할 수 있다는 미신을 믿은 여인이 두려움을 무릅쓰고 사형수의 이를 뽑는다. 고야는 그림에 '그런

▲ 《로스 카프리초스》 제43번 〈이성이 잠들면 괴물이 나타난다〉, 1797~1798년경, 판화, 21.5x15cm, 프라도 미술관 외

미신을 믿는 사람들은 얼마나 불쌍한가?'라고 해설을 붙였다. 이는 우리가 앞에서 본 〈수가형〉이라는 형벌의 세계에 고야가 다시 돌아온 것을 뜻한다. 당시 스페인에서는 〈수가형〉을 제작했던 20년 전보다 더욱 범죄가 성행하고 있었고, 그즈음 고야는 이러한 상황에 다시금 주목했다.

마녀의 나라

고야 시대 스페인은 '카르멘'이나 '성모의 나라'가 아니라 '마녀의 나라'였다. 옛날부터 스페인에는 마녀 이야기가 많았다. 마녀는 세르반테스의 〈돈키호테〉에도 등장한다. 북유럽에서는 마녀 이야기를 종교적 차원에서 다루지만 스페인에서 마녀 이야기는 그렇지 않다. 마녀에 대한 강렬한 강박관념을 가지고 마녀 사냥에 열광하며 교훈적으로 접근하는 것이 아니라 풍자적으로 장난기 가득하게 다룬다.

스페인 역사에 기록된 최초의 마녀재판은 1610년 피레네산맥의 프랑스 국경지대, 지금은 바스크족이 사는 어촌에서 행해졌다. 그곳에 사는 많은 남자들은 고기를 잡으러 나가서 죽거나, 고기를 팔아 돈을 좀 벌었다 싶으면 낭비하여 처자를 버리기 일쑤였다. 여성들은 이로 인해 집단적인 히스테리현상을 일으켰는데 사람들은 이들을 마녀로 여겨 화형에 처한다. 이때 처형당한 여성은 80명에 달한다. 마녀재판이란 대체로 그런 식으로 행해진 일종의 미신 같은 것으로, 고야가 살았던 18세기에는 매우 예외적이었지만 민중에게 마녀에 대한 관념은 여전히 강하게 남아 있었다. 가톨릭교회 역시 이도교 신의 존재를 마녀로 규정하여 스페인에도 그 잔재가 남아 당시 가장 계몽적인 성직자조차도 악마의 존재를 굳게 믿었다.

고야는 인간과 마녀를 분명하게 구별하지 않고 마녀를 실존하는 것처럼 리얼하게 그렸다. 이에 우리는 고야도 마녀의 존재를 믿었다고 의심할 수도 있다. 그러나 고야는 마녀를 '비이성의 상징'으로 그려 세상이 완전하게 이성에 의해서만 지배되지 않음을 표현했을 뿐이다. 또한 악마는 인간의 정신내면에 존재하는 것임을 시사한다. 이는 바로 가장 유명한 작품인 〈이성이 잠들면 괴물이 나타난다〉를 보면 알 수 있다.

고야는 그러한 현실묘사에 그치지 않고 이성에 대한 믿음까지 표명한다. 작품 제71번에서 〈해가 뜨면 우리는 사라져야 해〉라고 하면서 마녀는 동쪽 하늘을 가리키고 있다. 그리고 마지막 작품인 80번에서 마녀들은 〈이제 시간이 됐어〉라고 하며 떠날 준비를 한다. 그 작별의 여행은 작품 제64번에서 그려진다. 고야는 이를 통해 마녀와 마법과 미신은 이제 사라져야 한다는 의사를 확실히 표명했다.

인간성의 묘사

고야가 《로스 카프리츠스》에서 묘사한 인간성은 당시 유행한 역사화처럼 이상적인 타입의 모범적인 현상형식이나 상황이 아닌 부정적인 징후로 표현되었다. 고야는 인간의 변태나 기형을 강조함으로써 인간이 체제에 의해 파괴되었음을 고발하고자 했다.

인간성에 대한 담론은 그만의 독자적인 탐구에 의한 것은 아니다. 이는 18세기 사상에서 매우 중요한 경향이었다. 당시 사상가들에겐 정열과 이성, 감각과 오성(悟性, Verstand)의 균형에 대한 문제가 중요한 관심사였다. 그들은 감각과 감정을 인식의 근원으로 보아 이성과 대등한 위치 또는 그 상위에 놓았다. 이에 따라 경험에 앞서는 타고난 관념(선험, a priori)에 근거했던 이성의 권위가 무너지고 있었다. 시민계급은 물론 궁정사회에서도 인식의 근거를 체험이나 경험에 둘 필요성을 더욱 중시했다.

사회적 계층 속에서 개인의 신분관계, 사회적 위치, 행동은 더 이상 개인을 판단하는 유일하고 결정적인 것이 아니었다. 시민계급은 인간의 가치를 사회적인 지위가 아니라 그 성격에서 찾았다. 이에 심리학과 골상학, 조형예술 분야에서 초상화가 각광을 받았다.

개인은 점차 '자주 독립한 힘의 중심'으로 파악되었다. 격정은 초개인적인 힘 속에서 비롯되고, 마음은 외부의 악에 의한 악습으로서가 아니라 마음 자체에 그 근원이 있는 것으로 이해되었다. '정열'만은 너무나도 강하고 억제할 수 없어 여전히 병으로 취급되었지만 규칙적인 정열이라면 정신의 태만을 예방하고 기적을 낳을 수도 있다고 간주되었다.

《로스 카프리초스》에 담긴 많은 작품은 정열을 주제로 한다. 그중에서도 특히 남녀 관계를 주제로 한 것은 당시의 사상적 분위기와도 관계가 많다. 《로스 카프리초스》에서 가장 평범한 연애 장면부터 보자. 여자를 유혹하기 위해서 남자는 지나가던 여자에게 자세를 낮추고 구애하

▲ 《로스 카프리초스》 제2번 〈'네'라고 대답하고 손을 내밀어 최초로 찾아온 남자와 결혼한다〉, 1797~1798년 경, 판화, 21.5x15.0cm, 프라도 미술관 외
▶ 《로스 카프리초스》 제27번 〈누가 이겼는가?〉, 1797~1799년경, 판화, 19.3x14.9cm, 프라도 미술관 외

듯 올려다본다(제27번). 그러나 여자는 남자를 더욱 애타게 하려는 것인 지 일부러 모르는 척하고 눈도 마주치지 않는다(제5번).

고야는 사회제도에 의해 정열이 파괴된다고 주장했다. 특히 약탈과 유 괴, 결투를 잘못된 사랑의 극단적 표현이라고 비난하면서 균형을 보증 하는 이성이 억제하지 못하는 정열이란 파괴와 자기파멸로 이르는 지름 길일 뿐이라 역설한다(제8, 10, 19, 20, 21번). 한편 금욕을 찬양하는 수도승 이 먹고 마시는 데 빠져 있음을 보여줌으로써 왜곡된 욕망을 표현하기 도 한다(제13, 79번).

고야는 평생을 두고 사랑을 갈구했다. 사랑은 언제나 사랑하는 사람들

■ 왼쪽부터 시계방향으로

《로스 카프리초스》 제8번 〈그들이 그녀를 끌고 갔다!〉, 1797~1799년경, 판화, 21.4x15.0cm, 프라도 미술관 외
《로스 카프리초스》 제10번 〈사랑과 죽음〉, 1797~1799년경, 판화, 22.5x15.1cm, 프라도 미술관 외
《로스 카프리초스》 제31번 〈그녀를 위해 기도한다.〉, 1797~1799년경, 판화, 20.5x15.0cm, 프라도 미술관 외
《로스 카프리초스》 제75번 〈우리를 풀어줄 사람은 없는가?〉, 1797~1799년경, 판화, 20.4x15.1cm, 프라도 미술관 외

사이에서, 어떤 한계도 있을 수 없는 공간에서 이루어지는 두 사람만의 사적인 일이다. 그러나 현실의 사랑은 그렇게 단순하지 않다. 도리어 매우 정치적이거나 경제적이다. 고야는 그 사실을 잘 알고 있었다(제31번).

당시에는 자유연애가 불가능했다. 따라서 사랑은 종종 금전관계와 엮여 타락하기 일쑤였다. 그러한 환경에서는 자연스러운 참된 감정, 즉 인간의 본성이 꽃필 수 없다. 결혼은 교섭에 의해 결정되었다(제2, 14번). 사람들은 자신이 손해 보는 결혼을 했는지 아닌지 따지게 되었으며 심지어 결혼하고 난 뒤에도 다른 상대를 찾았다. 결혼은 남녀를 서로 구속하는 고통스러운 것이기에 각자로부터 벗어나 자유롭게 되고자 하였다. 그러나 작품에서 보듯 거대한 존재가 이 서로에게 구속된 풀리지 않는 결합을 감시하고 있기 때문에 끝내 자유로울 수 없다(제75번).

고야의 미학

18세기까지 미학이란 빙켈만(Johann Joachim Winckelmann, 1717~1768)이 세운 조화로운 고전적 이상*을 찬양하는 고전주의를 말했다.** 그러나 캐리커처가 아카데미의 고전주의, 궁정과 시민계급의 이익 조정에 노력하

■   * 빙켈만은 고대 그리스 미술에 깊은 애착을 보이며 '고귀한 단순함과 고요한 위대함'에서 예술의 이상을 구하며 고대 그리스 예술의 본질을 이루고자 했다. 또한 정신적인 고귀함에서 예술미의 본질을 찾고자 했다.
  ** J. J. Winckelmann, Sendschreiben ueber die Gedanken: Von den Nachahmung der grirchischen Werke in der Malerey und Bildhauerkunst(1756). In: Kleine Schriften. Hg. W. Rehm, Berlin 1968, S. 77.

는 절대군주제의 예술제도를 공격하면서 다양성과 진실, 리얼리즘을 주장하기 시작한 결과 고전주의 미학은 상대화되고 더 이상 신용할 수 없게 되었다.

이상적인 미를 고집하는 대신 미적 가치를 현실적이고 역사적인 특권의 부여로 보아 하층계급과 상층계급을 나누는 데 일조하는 것으로 인식하는 리히텐베르크(Georg Christoph Lichtenberg, 1742~1799)의 주장이 설득력을 갖게 되었다.* 그 결과 미적 가치로서의 고전적인 미가 상대화됨과 동시에 윤리적인 가치로부터 분리되었다. 나아가 디드로(Denis Diderot, 1713~1784)의 미학에서는 균형, 조화, 질서, 가지런함에 근거한 추상적 이상을 요구하지 않고, 그림에 나타난 모습을 일상의 기능 및 행동과 관련시켜 파악하면서 미적 가치의 타당성을 이러한 합목적적 기준에서 판단하게 되었다.

앞에서 보았듯이 고야는 이미 1792년 아카데미 교육에서 그리스의 석고상 모델을 그리는 것이 아무런 도움도 되지 않고 자연 자체를 관찰하여야 한다고 주장하여 고전주의를 거부했다. 나아가 어떤 규칙에도 따르지 않고 인간을 주제로 그릴 것을 주장한다. 다음《로스 카프리초스》선전문을 보면 이런 의도가 명확하게 드러나 있음을 알 수 있다.

■ * Ch. Lichtenberg, Ueber Physiognomik wider die Physiognomen zu Befoerderung der Menschenliebe und Menschenkenntnis, Goettingen 1778. In Schriften und Briefe, Bd. 3, Darmstadt, 1972, S. 271.

화가는 인간의 성질과 악습의 비판이 (이는 웅변술이나 시작에 어울리는 것으로 생각되지만) 회화의 주제가 될 수도 있다고 확신하므로 작품 속에서 어떤 인간사회에도 공통되는 광태와 어리석은 짓, 또는 관습적으로 용인되고 있는 편견이나 기만, 무지, 이해관계 중에서 영상으로 기탄없이 사람들을 분발시키는 것을 골랐다.

《로스 카프리초스》의 운명

스페인에서는 고야가 마녀를 그리기 이전에 마녀를 그린 화가를 찾아보기 어렵다. 당시 스페인에서는 네덜란드 화가 보스의 작품이 38점이나 전시되었는데, 고야가 그의 그림들에서 영향을 받아 마녀 그림을 그렸으리라고 추측하기도 한다. 현대 화가로는 피카소가 그린 〈셀레스티나La la Celestina〉가 마녀 그림으로 유일하다. 각막염을 앓고 있는 노파를 그린 이 그림은 중세 마녀의 전형을 보여준다.

고야는 마녀 그림을 많이 그렸다. 이는 고야가 마녀에 흥미를 가져서가 아니라 마녀재판으로 상징되는 이단심문소를 통렬하게 비판하기 위해서, 그리고 인간의 내면에 존재하는 모든 악함에 대해 고뇌한 바를 표현하기 위해서다. 고야에게 마녀는 이성의 황혼이 낳은 인간의 추악성과 폭력성의 상징이었다.

《로스 카프리초스》 연작 판화는 1799년부터 신문 광고를 통해 판매되었다. 판매 장소는 고야의 집이었다. 《로스 카프리초스》는 실크 모자를 쓴 자화상을 필두로 80매로 구성되었는데 보급판의 가격은 320레알[*]이었다. 당시 마드리드 노동자의 평균임금이 5레알, 빈곤한 아라곤 평민의 일당이 3레알 정도였음을 감안한다면 상당히 비싼 편이었다.

이단심문소에 고야의 꾀는 통하지 않았다. 광고 직후 그의 판화는 이단심문소에 의해 판매가 금지되었고, 결국 사후에야 대중에게 알려졌다.

몇 달 뒤, 고야는 수석궁정화가(Primer Pintor de Cámara)로 취임하고 1803년, 동판과 《로스 카프리초스》 미판매 판화집을 국왕에게 바친다. 그리고 그 대가로 아들의 장학금을 받았다.^{**} 이 점은 매우 미스터리하지만 고야가 당시 높은 평가를 받아 수석궁정화가로 임명되었다는 점과 특히 당시 재상이 계몽주의자이자 고야의 친구였다는 점이 배경으로 작용하지 않았나 싶다.

■　　* 스페인 레알(Real español)은 과거 14세기 중반부터 몇 세기에 걸쳐 쓰인 스페인의 통화 단위를 일컫는다.
　　** 이를 두고 홋타 요시에는 투기적 모험의 성공이라고 하지만 당시의 자유로운 분위기와 재상 등의 덕분이라고 보는 것이 옳을 것이다.

3. 유화

종교화와 초상화

《로스 카프리초스》는 판매금지라는 불운을 맞았지만 이후 고야가 출세의 가도를 달릴 때나 왕실 후원자와 관계를 정립할 때에도 이로 인한 부당함을 경험하지는 않았다. 주변 사람들은 고야의 작품이 종종 판매금지를 당하고 또 한편으로 그가 전통적인 주제를 다루는 작품을 하면서도 관습을 벗어나는 수법을 사용하는 것을 보고 수근거렸지만 우려할 만한 상황은 벌어지지 않았다. 도리어 왕실은 1798년 마드리드에 신축된 산 안토니오 데 라 플로리다 성당 벽화를 고야에게 의뢰했다.

〈성 안토니의 기적〉은 고야의 작품 중에서도 양식이 특이하며 초기 프레스코화와는 전혀 다른 모습이다. 실제 사람보다 더욱 큰 인물은 대담하고 자유로운 필치와 강렬한 색채로 묘사되어 고야가 그림 전체의 인상에만 관심을 두고 세부 묘사에는 거의 무관심하다는 느낌마저 준다.[*]

[*] 이에 대해서는 Enrique LafuenteFerrari, Goya, The Frescoes in San Antonio de la Florida, New York 1955 참조.

▲ 〈성 안토니의 기적〉, 1798년, 프레스코화, 직경 550cm, 마드리드 산 안토니오 데 라 플로리다 성당

그림의 중심은 성 안토니우스이지만 도리어 주변을 둘러싸고 있는 민중들에게 더 시선이 간다. 심지어 《로스 카프리초스》를 다시 그려놓은 듯한 느낌도 든다. 이 그림이 종교적인 그림이라기보다 매우 세속적인 풍속화라는 느낌을 주는 배경이다. 이 작품은 지금도 산 안토니오 데 라 플로리다 성당에 있고, 고야의 유해는 1929년 보르도에서 이 성당으로 이장되었다.

초상화에도 새로운 바람이 불었다. 과거처럼 휘장을 두르고 있는 정장 초상 대신 간결하고 자연주의적인 기마상을 그리기 시작했다. 전통적인 기법은 남아 있으나 전체적으로 위엄성보다 호화로움을 우선으로 하여 얼굴에 성격이 뚜렷이 부각되도록 그렸고 그 대표적인 작품이 바로 〈카를로스 4세의 가족〉이다.

이 시대 고야가 그린 초상화에는 모델에 대한 화가의 심정이 그대로 드러난다. 예컨대 고야가 그린 여성 초상화 중에서 심리적 통찰이 가장 뛰어나다고 평가되는 작품인 〈친촌 백작부인〉에는 그녀에 대한 동정심이 작품 전반을 지배한다. 이는 고야가 그녀의 남편 고도이의 초상화를 경멸에 근거해 그린 것과 참으로 대조적이다.

친촌 백작부인은 카를로스 4세의 질녀 마리아 테레사이다. 그녀는 작위를 받아 친촌 백작부인이라는 이름을 얻었다. 고야는 그녀의 아버지와도 친분이 있어 어린 시절부터 그녀를 잘 알았다. 고야는 그녀가 4세였을 무렵 초상화를 그리기도 했는데 이 그림에서 그녀는 우수에 가득 찬 눈길로 옆을 바라보고 있다. 마리아 루이사 왕비는 애인 고도이를 인척

▲ 〈친촌 백작부인〉, 1800년, 캔버스 유화, 216x144cm, 프라도 미술관

관계로 만들어 매어두고자 마리아 테레사를 고도이와 정략적으로 결혼시켰다. 그녀는 오랫동안 수도원에 있다가 1789년 18세의 나이로 고도이와 결혼했다. 이 그림은 그 후 3년이 지나 고도이의 아이를 임신한 마리아 테레사를 그린 것이다. 머리 앞의 보리 장식은 풍요를 상징하는 동시에 임부임을 보여주며 그녀의 오른손 중지에 낀 거대한 반지에 그려진 고도이의 얼굴이 그녀의 소속을 말해준다.

마리아 테레사는 불행했다. 고도이는 애인을 여럿 두었고 그들은 식사를 같이해야 할 형편이었다. 그녀는 고도이가 1808년 실각하자 남편과 헤어져 딸을 데리고 보르도에 망명하여 고야가 죽은 해와 같은 해인 1828년에 파리에서 죽었다.

〈카를로스 4세의 가족〉

1800년, 고야는 궁정화가로서 최후의 공식 집단 초상화인 〈카를로스 4세의 가족〉을 그렸다. 그것이 공식 초상화라는 것은 왕을 비롯한 남자들이 옷에 걸친 휘장이나 화려한 훈장을 통해서 쉽게 알 수 있다. 가운데 흰줄을 두고 두 청색 줄이 그려진 휘장은 카를로스 4세를 상징한다. 집단 초상화를 요즘 말로 하면 '기념 촬영'인 셈이다. 고야가 화려한 복장의 묘사 속에서 그들에 대한 모욕과 결별의 감정을 드러낸 이 그림은 자유로운 붓놀림으로 더욱 빛난다.

이 작품은 프라도 미술관의 중심 홀에 걸려 있는 세로 2.8미터, 가로

3.36미터의 대작으로 왕의 가족 13인과 고야 자신을 포함한 14인을 그렸다. 특히 왕족을 이상화하지 않고 그들의 모습을 있는 그대로 드러낸 사실주의가 매우 인상적인 작품이다. 아마 벨라스케스였다면 더욱 품위 있게 그렸으리라.

고야가 이 그림에 나타나는 인물들을 왕족에 대한 패러디로 그렸다고 보는 관점에 대해 나는 의문을 제기하고 싶다. 홋타 요시에는 이 그림을 보고 고티에가 "복권에 당첨된 빵집 주인 일가족 같다."고 말한 것을 인용하면서 이는 빵집주인에게 실례라고 조롱한다. 그러면서 자신은 '심신이 모두 병들고 쇠퇴하고 퇴락하고 물을 너무 많이 마셔서 배가 부풀어 오른 것처럼 퉁퉁하게 살이 찐 이 13명은 모두 이미 끝난 사람들, 살아 있으면서도 엘 에스코리알 별궁의 시체 썩는 곳에 서 있는 사람들'이라고 말한다. 이는 묘지 관리인들에게 실례되는 말이 아닐까?

반대로 이 그림을 두고 고야와 작중 인물들 사이의 깊은 애정을 보여주는 것이라고 해석하는 견해도 있다. 여하튼 그림이 완성되었을 때 그림에 그려진 왕가 사람들도 이 그림에 만족했다고 하니 이 그림에 대한 과도한 주관적 해석은 이 그림을 정확하게 이해하는 데에 걸림돌이 될 뿐이다.

카를로스 4세는 "짐이 곧 국가이다."라는 말로 유명한 프랑스 왕 루이

* 제2권, 384쪽
** 고야, 제2권, 388-389쪽
*** M. Levey, Rococo to Revolution, New York 1966 p. 211; F. Licht, Goya's Portrait of the Royal Family, in Goya in Perspective, Englewood Cliffs, 1973, p. 162; Sarah Symmons, Goya, Phaidon, 1998.

▲ 〈카를로스 4세의 가족〉, 1800~1801년, 캔버스 유화, 280x336cm, 프라도 미술관

14세(Louis XIV, 재위 1643~1715)의 증손이다. 그는 1788년에 왕이 되었고 그로부터 몇 년 지나지 않아 루이 16세는 왕비 마리 앙투와네트(Marie Antoinette d'Autriche, 1755~1793)와 함께 처형되었다. 1789년 미국에서는 워싱턴(George Washington, 재임 1789~1797)이 대통령에 취임했다. 그림 속의 카를로스 4세는 이렇듯 복잡한 국제정세를 알면서도 자신은 괜찮다는 듯한 표정을 짓고 있다.

이 그림의 중심은 왕이 아니라 왕비라는 점도 주목할 만하다. 스페인에서는 당시부터 지금까지 그녀를 '요부'라고 불렀다. 왕비는 재상인 고도이와 부적절한 관계를 맺고 있었는데, 일설에 의하면 왕비 곁에 있는 왕자와 공주는 사실 고도이의 아이라는 이야기도 있다.

고야가 왕비를 권세욕과 색욕의 화신으로 그렸다는 해석이 있으나 앞에서도 말했듯 이는 과도한 주관이다. 혹자는 왕비의 얼굴을 '투우로 죽은 소의 고기를 자르는 푸줏간의 여주인' 같다고 해석하기도 한다. 왕비의 튼실한 팔을 자랑스레 묘사하기 위해 왕국에서 다른 여자들이 팔을 감추려고 끼는 긴 장갑을 착용하지 못하게 했다는 말도 있다. '왕도 마찬가지로 푸줏간 주인 같다.'는 비유는 뒤에 이 그림을 본 나폴레옹이 혀를 차며 지껄인 소리인데, 이는 편견으로 가득 찬 해석임에 틀림없다.

왕비가 고도이를 처음 알게 된 것은 34세 때였다. 당시 고도이는 18세의 근위기병대 장교였고 왕비는 그를 사랑하여 25세의 젊은 나이에 고도이를 수상 자리에 앉혔다. 왕비는 그를 사랑했다. 당시 나폴레옹은 25세로 아직 청년장교였다. 훗날 나폴레옹이 스페인을 정복하고 왕비에게 왕과 고도이와의 관계를 묻자 "우리는 지상의 성(聖)삼위일체다."라고 답했다고 한다. 나폴레옹은 그냥 웃고 말았지만, 이를 전해들은 스페인의 대중들은 그것이 '성(性) 삼각관계'라는 말을 잘못 발음한 것이라며 포복절도했다고 한다.

고도이의 별명은 '곱창'이었다. 고도이의 출신지가 돼지 곱창으로 유명한 곳인 데다가 곱창이 남성 성기를 연상시켰기 때문에 붙여진 별명이 아닐까 한다. 당시 대중은 왕자와 공주를 '곱창과 창녀의 새끼들'이라고 농락하며 비웃었다. 한편 고도이는 왕비로 만족하지 못했다. 아내를 두고도 다른 애인들을 여럿 만났다. 고야가 고도이의 애인을 모델로 그림을 그렸을 정도다. 왕비는 질투에 눈이 멀어 이단심문소를 종용하여 불경한 그림을 그린 고야를 체포하게 했으나 그렇게 되면 국민들이 왕비와 고도이의 우정을 '오해'하게 된다는 이유로 왕이 반대함으로써 수포로 돌아갔다. 덕분에 '성스러운 삼각관계'는 그 뒤로 20년간이나 더 계속되었다.

그림을 보자. 왕과 왕비 사이에 왕자가 서 있고 그 뒤는 비어 있다. 화면의 다른 부분은 사람들이 중첩되어 있으나 왕과 왕비 사이는 공허하다. 그래서 훗타 요시에를 비롯한 호사가들은 고야가 그곳을 고도이 자리로 생각하고 비워뒀으리라고 추측한다.

그림의 왼쪽 구석, 뒤쪽에서 아무 표정 없이 서 있는 고야는 당시 54세였다. 그 전 해에 수석궁정화가로 임명되어 기뻐해야 할 시기이나 그는 그로부터 8년 전인 1792년에 이미 중병으로 쓰러져 가까스로 시력은 건졌지만 청력을 잃고 만다.

알바와 마하

고야는 〈옷을 벗은 마하〉와 〈옷을 입은 마하〉의 모델이 누구인지 밝히지 않았다. 세간에서 꼽은 마하의 유력한 후보는 고야와 연인 관계로 알려진 알바 공작부인이다. 그러나 이 그림들이 알바를 모델로 했는지에 대해서는 아직도 논란이 있으며 알바를 그린 것이 아니라는 주장이 더 인정받고 있다.

우선 얼굴만 보아도 그렇다. 알바는 전형적인 귀족 얼굴이지만 마하는 평민 여인의 모습이다. 게다가 두 그림에 등장하는 얼굴은 왠지 어색하다. 그래서 그림을 완성한 뒤에 덧칠한 것이 아닌가 하는 의문도 제기되었지만 그림을 엑스레이로 검사한 결과 덧칠한 흔적을 찾아낼 수 없었다. 처음부터 그렇게 그렸다는 게 밝혀진 셈이다. 또한 그림의 마하는 키가 크지 않고 통통한 여성으로 묘사되었지만 현실의 알바는 늘씬하고 키가 컸다고 한다. 이를 이유로 마하는 알바가 아니라고 부정하는 견해도 있으나 서 있는 몸과 누워 있는 몸을 비교하는 것은 별로 의미가 없다. 자세에 따라 묘사가 얼마든지 달라질 수 있기 때문이다.

한편, 명색이 스페인 명문이었던 알바 가문의 공작부인이 그림을 위해 스스로 옷을 벗었겠는가 하는 의문도 제기된다. 그러나 고야가 알바의 몸을 직접 보지 않았더라도 상상으로 충분히 그릴 수 있었을 것이라는 의견도 있다.

이와 함께 두 장의 마하를 알바가 직접 주문했다는 견해도 있다. 알바는 어려서부터 벨라스케스의 〈거울 속의 비너스〉와 코레조(Antonio

Allegri da Correggio, 1489~1534)가 그린 〈큐피드의 교육〉이라는 유명한 두 점의 나체화를 보면서 성장했고, 그녀가 죽을 때까지 이 그림들을 자신의 서재에 소장했다는 것이 근거로 제시되었다. 그러나 그것만으로 알바가 마하의 모델이었다고 주장할 수는 없다. 또한 1868년, 고야의 손자는 마하의 모델이 고야의 친구였던 신부가 총애한 여성이었다고 주장했다.

이렇듯 마하가 누구였는지에 대해서 여러 의견이 있으나 지금은 마하의 모델이 고도이의 애인이었다는 학설이 유력하다. 1800년에 고도이의 집에서 〈옷을 벗은 마하〉를 보았다는 기록이 나타났으며 실제로 1808년에 두 점의 〈마하〉가 고도이 수집품 속에서 발견되었기 때문이다. 고도이는 〈거울 속의 비너스〉와 함께 죽은 알바 부인의 유품이었던 두 점의 마하를 압수했다. 그 후 이 그림들은 1815년에 아카데미로 이전되어 공개되었다가 이후 프라도로 옮겨졌다.

알바 집안은 지금까지도 스페인에서 명문 귀족 가문이다. 마하가 알바라는 구설은 대대로 유서 깊은 알바 가문의 수치였다. 알바의 후손들은 알바의 결백을 증명하고자 급기야는 알바의 무덤을 파헤쳤다. 그러나 관을 열고 유해를 검시한 결과, 마하가 알바가 아니라는 점이 증명되기는커녕 소문만 더욱 무성해졌다. 유골의 크기가 비례하기에 알바는 마하가 맞다는 의견과 함께 몸통과 다리 길이의 비율이 마하와 다르다는 엇갈린 주장이 제기되었기 때문이다. 결국 무덤을 판 일은 진실 규명에 도움이 되지 않았을 뿐더러 오히려 이 그림에 대한 궁금증만 증폭시켰다. 후에 스페인 국영방송국에서 제작한 〈고야〉라는 드라마에서는

▲ 〈옷을 벗은 마하〉, 1795~1800년경, 캔버스 유화, 98x191cm, 프라도 미술관

알바 공작부인이 나체로 등장하기도 했다.

1802년, 알바는 40세가 되던 해에 세상을 떠났다. 신문 보도는 그녀가 사망한 지 열흘이나 뒤에 나왔고 장례식도 은밀하게 치렀기에 그녀의 죽음에 대한 갖가지 소문이 떠돌았다. 그중 왕비와 고도이가 알바를 독살했을 것이라는 소문이 유력하다고 한다. 그 밖에 알바가 고야에게 매독을 옮아 얼굴이 일그러지는 고통을 견디지 못해 끝내 자살했다는 소문도 돌았다. 사후 그녀는 마드리드 근교의 공동묘지에 묻혔는데 지금 그곳은 잡초가 우거진 빈민의 묘지로 사용된다.

나는 마하의 모델이 알바인지 아닌지에 대해서는 관심이 없다. 그러나 고도이가 벨라스케스의 〈거울에 비친 비너스〉뿐만 아니라 두 점의 마하 역시 알바로부터 압수했다는 점을 통해 그림들의 본래 소장자는 알바였음을 짚어두고 싶다.

마하

'마하'는 고유명사가 아니라 일반명사다. 스페인어로 '매력적이고 요염한 여자'를 일컫는 이 말은 우리말로 '요부' 정도가 적당하겠다. 고야의 마하는 집시라는 별칭으로 불리기도 했고 비너스라고도 불렸다. 전혀 다른 두 별칭으로 불리는 것은 이 모델이 누구인지에 대해서 아직도 정설이 없는 것과 관련이 있다.

두 장의 그림에 대해 〈옷을 입은 마하〉는 성행위를 하기 전, 몸을 비틀며 성적 욕망을 드러내는 그림이고 〈옷을 벗은 마하〉는 성행위를 하고 난 뒤 성욕을 충족한 후의 나른함을 보여주는 것이라는 견해가 있다. 물론 해석하기 나름인데 그 만큼 〈옷을 벗은 마하〉는 살아 있는 몸을 표현한 것으로 유명하다. 그때까지만 해도 나체화에는 음모를 그리지 않았다. 〈옷을 벗은 마하〉에서 와서야 비로소 음모가 등장했다. 더구나 그 모습은 당당함을 넘어 자랑하는 듯싶기도 하다. 얼굴에는 화장기가 있으나 머리는 헝클어져 있고 강인하게 보이는 팔은 머리를 휘감아 온몸을 드러내고 있다. 흘깃 쳐다보는 눈은 우리를 유혹하는 듯 요염하다.

반면 배경의 필치는 어둡고 억제되었다. 빛은 어둠을 밝히며 부드러운 피부를 부각시킨다. 조금만 들여다보면 얼굴에서 목으로 흐르는 선이 부자연스럽다는 점도 간파할 수 있다. 또한 풍만한 신체가 기대고 있는 긴 의자의 쿠션이나 시트가 조금도 눌리지 않은 점 역시 어색하다.

두 그림 모두 현실에 존재하지 않는 상상 속 인물을 그린 것으로 보이기도 한다. 〈옷을 벗은 마하〉에서는 무대설정이나 나체의 설정이 인공

▲ 〈옷을 입은 마하〉, 1800~1807년경, 캔버스 유화, 95x190cm, 프라도 미술관

적이고 비현실적이며, 〈옷을 입은 마하〉의 경우 이국적인 터키풍 의상이 비현실성을 부추긴다. 또한 〈옷을 입은 마하〉는 연노란색, 주홍색, 금색, 흑색 등이 주조인데 비해 〈옷을 벗은 마하〉에서는 핑크색, 청록색, 주홍색, 갈색 등이 주조로 쓰였다. 색상 계열이 대조적이긴 하지만 두 작품 모두 비현실적으로 다가와 묘한 환상을 자아낸다.

〈옷을 입은 마하〉가 〈옷을 벗은 마하〉와 같은 모델을 같은 방식으로 그렸다는 점은 쉽게 알 수 있다. 차이점이 있다면, 〈옷을 벗은 마하〉는 얼굴에 화장기가 없고 머리가 흐트러져 있고, 〈옷을 입은 마하〉의 주인공은 화장이 짙고 가지런히 빗은 머리칼에 금색 핀을 꽂았다는 점이다. 게다가 입은 옷도 화려하기 그지없다. 이런 복장은 〈흰 옷의 알바〉에서 보는 것과 비슷하다. 특히 고야의 여성 초상에서 여성은 허리에 붉은 띠를 두르고 있는데, 이러한 특징은 알바의 초상에서도 볼 수 있다.

〈옷을 입은 마하〉에서 마하가 입고 있는 바지나 조끼는 당시 유행한 터키풍이다. 이는 18세기 말 프랑스나 영국의 터키풍 초상화에 자주 등장하는 소도구로서 유럽 전역에서 유행한 아이템이다. 19세기 초에는 앵그르(Jean Auguste Dominique Ingres, 1780~1867)를 비롯한 많은 프랑스 화가들이 오달리스크를 주제로 한 그림을 여럿 그렸다. 오달리스크는 그랑 오달리스크(Grand Odalisque)라고도 하며, 터키 궁전의 밀실에서 왕의 욕구를 충족시키기 위해 대기하는 궁녀들을 지칭하는 말이다.

〈옷을 벗은 마하〉와 〈옷을 입은 마하〉가 기법적으로 〈알바 공작부인〉과 비슷하고 제작 연대도 같으며 동일한 관능성을 보여준다는 점에서 마하의 모델이 알바가 아니냐는 의혹은 오래전부터 제기되었다. 두 그림에 대한 최초의 기록은 1800년에 고도이의 집을 방문한 사람이 그곳에 벨라스케스의 〈거울에 비친 비너스〉를 비롯한 여러 금지된 그림과 함께 '고야의 나부(裸婦)'를 보았다는 것이다.

종래에는 〈옷을 벗은 마하〉가 〈옷을 입은 마하〉보다 최대 5년 먼저 제작되었다는 설이 유력했다. 기법면에서 〈옷을 입은 마하〉가 〈옷을 벗은 마하〉보다 더욱 세련되고 색채도 풍요하고 온난하다는 점과 고도이가 나체 그림을 받고 난 뒤 다시 착의한 그림을 주문하여 대조적인 두 작품을 자신의 방에 은밀하게 걸어놓고 즐겼으리라는 추측이었다. 그러나 현재는 〈옷을 입은 마하〉가 먼저 그려졌다고 보는 견해가 더 유력하다. 〈옷을 입은 마하〉가 〈옷을 벗은 마하〉보다 훨씬 현실적이고 생생한 이미지를 준다. 의상 표현에 있어서도 길게 이어지는 터치와 흔들리는 듯한 색조를 사용하여 전체적으로 더욱 자유로운 느낌을 준다. 이러한 나체와 착의의 전통은 그리스 신화에 등장하는 쌍둥이 비너스 이래 속세의 사랑과 성스러운 사랑을 상징하는 것으로 곧잘 그려졌다.

여기서 〈옷을 입은 마하〉는 〈옷을 벗은 마하〉와는 다른 이유에서 모델에 대한 의문을 자아냈다. 즉 고가의 비단 옷과 금박 구두는 당시 상류계급 귀부인들이 애용했던 물품인 만큼 마하는 일반 서민이 아니라 고도이의 애인이었을 것이라는 추정이다. 홋타 요시에는 그림 속 마하의 얼굴이 고야의 만년을 함께한 레오카디아와 닮았다는 추측을 조심스럽게 개진했는데[*] 마하가 레오카디아가 맞다면 레오카디아의 나이와 그림의 제작연대가 맞지 않는다는 문제점이 생긴다. 〈옷을 입은 마하〉가 그려진 연대로 추정되는 해 중 가장 이른 것이 1796년인데, 이때에 레오카디아는 고작 8살에 불과했기 때문이다. 따라서 마하를 레오카디아라고 본다면 그림의 제작연대를 훨씬 뒤로 잡아야 한다.

50대의 고야

〈카를로스 4세의 가족〉은 고야가 그린 마지막 왕족 초상화이다. 그 후 고야와 왕가는 우호적인 관계를 끝냈다. 그 결과 고야는 1804년 아카데미 회장 선거에서 떨어졌다. 왜 관계가 나빠졌는가에 대해서는 여러 가

■　　* 제3권, 56쪽

지 견해가 있다.《로스 카프리초스》의 판매를 금지당했던 전력 때문이라는 설도 있고, 1803년 고야가 왕에게 동판을 헌납한 것이 자신을 지키기 위해서였는데 이게 먹히지 않았다는 견해도 있으며, 고야가 알게 모르게 민중의 편에 섰던 정치적 신조 때문이라는 의견도 있다. 한편에서는 1801년에 고야의 친구인 호베리야노스가 수감되었는데 이에 영향을 받았을 수도 있다고 한다. 그런가 하면 1802년 알바 부인이 죽었을 때 의문점이 많았는데 그 혐의 중 일부가 고야에게 돌아갔다고 보는 견해도 있다.

그러나 가장 설득력 있는 이유는 왕가의 기호가 변했다는 것이다. 1802년 궁정화가로 부임한 로페스의 화풍이 고야와 많이 달랐다는 점이 이를 반증한다. 로페스는 당시 유행을 선도했던 신고전주의의 대가였다.

공적인 후원자를 상실했음에도 불구하고 고야는 이후로도 수년간 많은 작품을 제작하며 유복한 나날을 보냈다. 1803년에는 3층짜리 벽돌집을 구입했고 1805년 외동아들이 결혼했을 때에는 집을 사줄 정도로 여유가 있었다. 그때 그의 나이 59세였다. 고야의 아들은 아버지가 왕에게 받은 장학금으로 유학을 갈까 한때 생각했다고 하지만 공부는커녕 아버지와 알바 부인이 유언으로 남겨준 용돈으로* 방탕한 생활에 빠졌다.

이처럼 고야의 50대는 행복과 불행이 교차했던 시기다. 앞에서 보았듯이 50대의 문턱에서 그는 거의 죽을병에 걸려 귀머거리가 되었다.

■　　* 하루 10리알의 용돈을 받았다. 고야의 아들은 고야가 죽은 뒤에 아버지가 남긴 작품을 팔아 노는 일에만 열중했다.

53세에는 화가로서 최고 영광인 수석궁정화가가 되었고, 이어 알바와 사랑과 이별을 경험했다. 아들의 결혼식에서 그는, 아내가 죽은 뒤 마지막까지 함께 살았던 레오카디아를 만난다. 당시 그녀는 17세였고 고야는 59세였다. 그 후 20년간 고야는 죽기 몇 년 전까지도 왕족은 물론 왕명에도 따르지 않았으며 단 한 사람의 초상화도 더 그리지 않았다.

제4장 전쟁

1. 스페인과 프랑스

제2의 비극

고야가 청력을 잃은 것은 크나큰 비극이었다. 이것이 개인적인 비극이었다면, 고야가 62세였던 1808년에는 국가적이고 국제적인 비극이 찾아왔다. 그리고 마침내 고야는 시대와 민족의 현실에 공포의 눈을 뜬다. 스스로 공범자라는 각성하에 표현은 더욱 암담해졌고, 이상과 현실의 괴리에서 나온 고통은 심연에까지 영향을 미쳐 고야의 비극 제2막을 열게 된다.

이는 바로 나폴레옹의 등장과 함께 찾아왔다. 나폴레옹은 전형적인 군인이었다. 보통 사람들이 먹는 데에 두 시간이 넘게 걸린다는 프랑스 풀코스 요리를 단 4분 35초 만에 먹어치울 정도였다. 배설하는 시간은 먹는 시간보다 더 빨랐다고 한다. 당시 스페인 수상이었던 고도이는 그에게 상대가 되지 않았다. 점심 한 번 먹는 데 3시간 반, 정사를 나누고 낮잠을 자는 데 또 3시간 반이나 소비했던 고도이는 나폴레옹 앞에서 '아무것'도 아니었다. 고야가 《로스 카프리초스》에 그린 대로 그냥 먹고 싸고 자는 돼지 같은 놈팡이에 불과했다. 스페인은 그런 자들 때문에 고통에 신음하고 있었다.

1785년, 고도이는 근위 기병대의 18세 장교로서 오직 몸이 좋다는 이유 하나로 16세 연상인 왕비의 애인이 되었고 그로부터 7년 뒤 25세의 젊은 나이로 수상이 되었다. 고도이가 수상이 되었을 때 나폴레옹은 아직 초급 장교였으나, 몇 년이 지나지 않아 스페인을 비롯한 세계를 정복했다. 고도이와 달리 나폴레옹은 비교적 '정상적'으로 결혼했다. 그의 부인은 자작의 미망인으로 6세 연상이었는데 음란함으로 치자면 스페인 왕비에 못지않았다.

나폴레옹은 결혼 3년 뒤인 1799년에 집권한다. 당시 그의 나이는 서른이었다. 그는 영국을 공격하는 데 방해가 되는 포르투갈의 대영 협력을 저지해줄 것을 스페인에 요구한다. 이에 1801년 스페인은 고도이를 총사령관으로 내세워 포르투갈에 선전포고를 한다. 포르투갈은 이내 항복했는데, 이는 고도이가 똑똑해서가 아니라 포르투갈이 워낙 나약했기 때문이다.

1805년, 스페인 프랑스 연합함대는 영국의 넬슨(Horatio Nelson, 1758~1805)에 의해 완벽하게 패배한다. 이어 프랑스는 대륙을 봉쇄하고 러시아를 침략하여 스스로 무덤을 파게 된다. 1807년 스페인 땅에 프랑스 군대를 진입시킨 나폴레옹은 영국의 동맹국인 포르투갈을 침략했고 퐁텐블로 조약(Traité de Fontainebleau)은 나폴레옹이 스페인을 침략하는 구실로 작용했다.

나폴레옹의 스페인 침략

1808년에 나폴레옹은 스페인을 침략한다.[*] 부패한 왕정에 지친 스페인 민중은 처음에는 나폴레옹을 환영했지만 프랑스군이 자신들의 성상(聖像)을 파괴하자 이내 돌아선다. 그러자 나폴레옹은 이집트 원정을 마치고 나서 잔인하기로 소문난 이집트군을 이끌고 스페인에 들어와 학살을 자행한다. 이는 바로 고야가 〈1808년 5월 2일:맘루크의 공격〉, 〈1808년 5월 3일, 프린시페피오 언덕의 학살〉로 표현한 사건이다.

외국군을 침투시켜 잔혹하게 학살한 장면은 훗날 스페인 시민전쟁에서 식민지였던 모로코의 군대를 이끌고 공화국군을 학살한 프랑코에 의해 재현된다. 그러나 공화국을 지키려는 시민군은 프랑스군처럼 성상을 파괴하는 바람에 민심은 돌아섰고 결국 3년 만에 패배할 수밖에 없었다. 가톨릭은 스페인의 보수를 상징하는 괴물이자 스페인인의 골수에 뿌리박은 괴물이다.

1808년 3월, 아란페스에서 민중이 봉기하여 숨어 있던 고도이를 체포하고 카를로스 4세를 폐위한 뒤 그 아들 페르난도 7세(Fernando VII, 재위 1808, 1813~1833)를 왕위에 올렸다. 그러나 나폴레옹은 이들 부자간의 왕위 분쟁을 틈타 두 사람 모두에게 왕위를 포기하게 한 뒤 자신의 형을 호세 1세라 명명하며 스페인 왕에 책봉한다. 당시 나폴레옹에게는 스페인만큼 기반이 약한 곳이 또 없었다. 스페인은 그에게 해군기지이자 해

■   [*] Raymond Carr, Spain 1808~1939, Oxford University Press, 1965; Richard Herr, The Eighteenth Century Revolution in Spain, Princeton, 1958 참조.

외식민지의 기지로서 중요했으나 1813년까지의 지배기간 중 단 한 순간도 완전히 지배하지 못했기에 호세 1세는 몇 번이나 도망가야 했다.

민중은 각지에서 지방평의회를 결성하고 그것을 묶어 중앙평의회를 세웠다. 개혁을 희망하면서도 너무나도 혁명적인 인민정권의 수립을 두려워한 계몽파는 호세 1세를 지지했으나, 민중으로부터 프랑스 편으로 몰려 혐오를 면하지 못했다. 카디스는 여전히 그곳에서 헌법을 제정한 자유주의자들의 요새였다.

시민계급은 세계무역에서 스페인이 몰락한 이후 정치적으로 무의미한 존재였다. 그 결과 시민층이 개혁주도층에 붙어 계몽화된 군주제를 도입하고자 했던 시도는 실패로 끝났다. 계몽파 개혁층은 그 후 민중은 물론 스페인 정부로부터도 박해를 받아야 했다.

스페인 독립전쟁

1808년 5월 2일, 마드리드에서 일어난 시민 '폭동'(스페인에서는 '폭동'이라는 말을 사용하지 않고 '봉기'라고 한다)을 계기로 독립전쟁*이 시작되어 1814년까지 6년간 계속되었다. 나폴레옹은 스스로 진두에 서서 군대를 지휘하여 한때 이베리아 반도의 대부분을 점령했으나 나폴레옹을 두려워한 영국은 스페인을 지지했고 결국 게릴라전에 패배한 프랑스군은

■　* 훗타 요시에는 독립전쟁이라는 미명으로 이 전쟁을 이상화하는 것은 고야의 뜻에 어긋나는 것이라고 하나(제3권 190쪽) 나는 그렇게 생각하지 않는다.

1814년에 물러났다. 이에 페르난도 7세가 열광적인 민중의 환영을 받았다.

한편 전란의 마드리드로부터 도망친 의회가 카디스에 소집되어 1812년 카디스 헌법이 공포된다. 카디스는 기원전 11세기 페니키아인에 의해 대서양변에서 발견된 스페인의 오랜 마을이다. 스페인 최초의 헌법인 '카디스 헌법'은 입헌군주제와 주권재민주의를 섞은 것이지만 3권 분립을 비롯한 근대적 정치구조를 분명히 선언했다. 그러나 국민은 성상을 파괴하는 자유주의자들을 믿지 않았고 의회는 게릴라 민중과도 무관했다.

1814년, 전쟁은 끝났으나 부조리는 여전했다. 의회는 페르난도 7세에게 헌법에 대한 충성을 맹세시켰으나 절대왕제를 희망하는 귀족과 성직자들의 지지를 받은 국왕은 헌법을 폐기했다. 나아가 왕은 자유주의자를 탄압하고 이단심문의 재개를 포함한 구체제의 모든 기관과 제도를 부활시켰고 수도회도 부활하여 예수회가 다시금 교육계를 장악했다.

여기서 우리는 1812년에 제정된 카디스 헌법에 주목할 필요가 있다. 이 헌법에 '교육은 모든 국민에게 개방되어야 하고 무상이며 자유로워야 한다.'는 규정이 있었고, 그것에 의해 교육청이 설립되었으며 현대와 같은 초중고의 3단계 교육제도가 확립되었다. 그러나 왕은 이를 무시하고 1815년 초중등 교육에 대한 권한을 교회에 돌려주고 수도원에 초중등학교의 설립과 경영을 위임했다. 이는 부모와 교사 및 사제를 존경하고 국왕과 체제에 충실한 국민을 만들기 위해서였다.

기타 언론 출판의 탄압과 대학의 봉쇄 등 전면적인 구체제의 복귀로 고야의 자유주의자 친구들은 죽임을 당하거나 망명했다. 당시 사형은 5센티미터나 되는 굵은 주사기를 항문에 넣어 극심한 설사를 유도하여 수분을 완전히 빼낸 후 죽음에 이르게 하는 방법을 썼는데, 잔혹하게도 그 주사기의 대금은 사망자가 부담해야 했다.

전쟁 속의 고야

고야는 1808년 3월, 페르난도 7세의 기마상을 그리라는 명령을 받는다. 고야는 모델을 45분씩 3번만 보고 그림을 그렸고, 이 작품은 10월에 전시되었다. 그러나 그 사이에 페르난도 7세는 폐위되었고 나폴레옹이 자기 형을 왕으로 세운 뒤 프랑스군은 마드리드에 진주했다.

▲ 〈페르난도 7세의 기마상〉, 1808년, 캔버스 유화, 285x205cm, 마드리드 왕립 산 페르난도 미술 아카데미

고야는 1808년 5월 시민 폭동이 일어났을 당시 마드리드에 있었고, 그해 말에는 당시 모든 스페인 남자가 그랬듯이 프랑스 왕에 대한 충성을 맹세해야 했다. 이것이 계기가 되어 고야는 전쟁의 참상을 기록하고자 62세의 나이로 고향 푸엔데토도스를 거쳐 사라고사에 갔고, 그곳에서 《전쟁의 참화》를 그렸다.

고야는 1809년에 마드리드에 돌아와 나폴레옹 미술관을 위해 그림을 선정하라는 지시를 받는다. 그리고 궁정화가로 〈마드리드시의 우의〉 같은 작품을 그리고 호세 1세로부터 스페인 왕실의 훈장도 받았다. 〈마드리드시의 우의〉 오른쪽에 있는 대형 메달에는 처음엔 호세 1세의 초상이 그려졌으나, 그 후 여덟 번이나 바뀌어 지금은 '5월 2일'이라는 글자만 남아 있다. 그림 하나가 이렇게 엇갈리는 운명에 시달렸다는 것은 19세기 스페인의 정치변동이 얼마나 이데올로기적인 것이었는가를 대변한다. 또한 당시 상황에서 고야가 취해야 했던 모순된 정치적 입장이 얼마나 어려운 것이었는지 잘 설명해준다.

1812년, 웰링턴 공작(Arthur Wellesley, 1st Duke of Wellington, 1769~1852)이 이끄는 영국군이 마드리드에 입성하여 프랑스군을 패퇴시켰고 고야는 웰링턴의 기마초상과 초상을 그렸다. 그해, 고야의 아내 호세파가 65세의 나이로 세상을 떠났다. 이후 고야는 가정부 레오카디아와 함께 살았고 이듬해 레오카디아는 딸 로사리오 웨이스를 낳았다.

전쟁이 끝난 1814년, 프랑스 왕에게 고개를 숙였던 자들에 대한 숙청이 시작되었다. 고야도 그 대상에 포함되었다. 고야는 프랑스 왕이 수여한 훈장을 한 번도 목에 건 적이 없으며 그러한 훈장은 자랑이 아닌 더러운 것일 뿐이라고 주장했다. 몇 명의 증인이 고야를 변호했고 그의 결백이 인정되어 고야는 페르난도 7세의 수석궁정화가로 복귀했다. 이어 고야는 5월에 있었던 두 사건을 그릴 수 있도록 허가해달라고 요구하였으며 국왕의 초상화도 다수 제작했다.

▲ 〈마드리드시의 우의〉, 1810년, 캔버스 유화, 260x195cm, 마드리드 역사 박물관

고야가 마지막으로 그린 왕족의 초상은 과거에 그렸던 왕비의 초상화 이상으로 캐리커처 같았다. 왕의 교만한 태도와 교묘하게 과장된 표정은 왕의 잔인하고 포악한 성격을 부각시켰다. 이렇듯 솔직한 그림에 왕이 불쾌감을 느꼈던 탓인지 아니면 고야의 자유주의적 경향에 불쾌해한 탓인지는 모르겠으나 고야는 다시금 보호자를 잃게 된다.

1815년, 고야는 두 점의 〈마하〉 때문에 이단심문소에 고소를 당한다. 그러나 고야가 초상화를 그려주었던 귀족들의 도움으로 무사히 심문에서 벗어났고, 10년 동안 수석궁정화가로 지내게 된다.

그 후 고야는 《투우》 연작 외에는 개인 후원자와 친구를 위한 그림들만을 그렸다. 일상의 관찰이나 기억을 사적인 표현 수단인 소묘로 기록했고 자유로운 기법을 사용하여 독창적이고 인상주의적 작업이 드러나는 작품 〈연애편지〉, 〈대장간〉 등을 그렸다. 그의 인상주의적 작법은 몇 개의 공식 초상화를 제외하고 자신을 치료해준 의사의 초상과 자화상 등 인물화에서 잘 드러난다.

1810년대 유화들

작품 〈연애편지〉는 검은 옷을 입은 마하가 주인공처럼 보이지만 사실은 그녀의 뒤에 배경처럼 그려진 빨래하는 여성들이 주인공인 노동화다. 햇빛을 가리는 파라솔이 등장하고 누군가 씌워준 양산 아래 묘사된 당당한 여성의 모습은 고야가 30년 전에 그린 〈양산〉을 떠올리게 한다. 그러나 과거 궁정화가로서 행복한 나날을 보내며 〈양산〉에 등장한 여성을 사랑스러운 시선으로 바라보았던 것과 달리 〈연애편지〉에서는 화려한 복장의 마하가 그 뒤에 있는 빨래하는 여성들과 대조를 이룬다.

허리에 손을 얹고 가슴을 당당하게 편 자세로 연애편지를 읽는 이 우아한 여인은 귀부인인 듯, 흙 한 점 묻지 않은 새하얀 구두를 신고 애완견까지 거느리고 있다. 그녀의 왼쪽 뒤편에는 굵은 팔이 눈에 띄는 3명의 여자들이 빨래를 하고 있는데, 오른쪽에서는 부랑배들이 세탁하는 여성을 둘러싸고 그녀를 꼬드기려는 듯 기웃거린다.

이 그림에서 여인의 얼굴은 기묘하게도 〈옷을 벗은 마하〉, 〈옷을 입은 마하〉의 주인공 얼굴과 비슷해 보인다. 또 어떤 이는 이 그림의 모델이 고야의 아내 호세파가 죽고 난 뒤 고야가 죽을 때까지 함께 살았던 가정부 레오카디아로 추정된다고 말하기도 한다.

이어 고야가 그린 물장수와 대장간에서 칼을 가는 모습으로 상징화되어 등장하는 '노동'은 다음 단락에서 다룰 《전쟁의 참화》와 연결되면서 고야를 '노동의 화가'라고도 부르게 되는 단초를 제공한다. 이에 대해 훗타 요시에는 '마르크스주의가 생겨난 이후의 사고방식으로 그 이전의 것을 다루는 것은 역시 위험하다.'고 말하나, 그렇다고 해서 마르크스가 태어나기 이전의 노동을 무조건 부정할 수는 없다.

■ * 제3권, 236쪽

▲ 〈연애편지〉, 1812∼1814년, 캔버스 유화, 181x122cm, 릴 미술관(프랑스)

▲ 〈칼 가는 사람〉, 1790년경, 캔버스 유화, 68x50cm, 부다페스트 국립 미술관(헝가리)
▶ 〈대장간〉, 1812~1816년, 캔버스 유화, 181.6x125cm, 뉴욕 프릭 컬렉션

2. 《전쟁의 참화》

《전쟁의 참화》

고야는 1810년부터 6년간《전쟁의 참화》를 그린다.* 스페인 독립전쟁은 1808년 발발하여 1814년까지 계속되었고, 전쟁이 끝난 뒤에도 고야는 2년을 더 작업에 집중한 셈이다. 전쟁과 함께 1811년부터 1812년 사이에 발생했던 기근, 그리고 성직자 비판을 주제로 하여 구성된 이 판화집은 반체제적인 성격 때문에 1828년 고야가 죽고 나서도 26년간이나 엄밀하게 보관되었고 1863년에 와서야 겨우 출판되었다.

《전쟁의 참화》는 당시 아카데미 간부이자 초상화가로 유명했던 고야의 지위나 명성에 배치되는 것이었다. 특히 기아를 표현한 부분에서는 마드리드를 배경으로 하여 계급갈등이라고 볼 수 있는 장면까지 있었고(제61번), 성직자를 비난하고 빈민을 찬양하는 그림도 있었기에 이 그

■　　* 훗타 요시에는 10년간이라고 하나 최근에 시몬즈 등은 1810년부터 1815년까지의 6년으로 보고 있다.

림들은 고야 생전엔 출판될 수 없었다. 또한 그의 사후 35년이 지나서야 작품이 출판된 이유는 당시 프랑스 왕과 스페인 귀족의 결혼으로 두 나라가 동맹관계에 있었기 때문이다. 그 후 제목 없이 그림의 내용만 보면 역사적 구체성을 띠지 않으므로 구체적인 역사를 지칭한 제목만 바꾸면 문제가 없다고 판단되면서 출판이 가능해졌다.

고야는 처음에 판화집 제목을 〈보나파르트와 피투성이 전쟁이 스페인에 초래한 비참한 결말과 기타 강조된 카프리초〉라고 붙였다. 이는 먼저 그렸던 《로스 카프리초스》와 연관된 듯 보인다. 그러나 《로스 카프리초스》는 정치적 문제를 포함한 《전쟁의 참화》와는 달리 도덕적 비판이 주가 되었다. 《로스 카프리초스》에 풍자적이고 시적인 설명이 붙었다면 《전쟁의 참화》에는 간결하면서도 음울한 주석이 더해졌다. 또한 《로스 카프리초스》는 첫 그림으로 당대 성공한 도덕적 신사인 고야 자신의 초상화를 자랑스럽게 걸었으나, 《전쟁의 참화》에서는 동굴과도 같은 어둠 속에서 무릎을 꿇고 앉아 참담한 표정으로 두 손을 벌리고 있는 광기 어린 중년 남자를 그린 〈이제 곧 닥쳐올 사태에 대한 슬픈 예감〉을 첫 장에 실었다. 고야가 젊은 시절에 그렸던 성 이시드로를 닮은 이 남자는 하늘을 우러러보고 있지만 하늘에서는 아무런 답이 없다.

고야가 판화 제작을 시작했던 1810년은 전쟁 중이어서 동판은 물론 종이나 기타 제작에 필요한 물자를 구하기가 어려웠다. 고야는 이 그림을 통해 당시 너무나 어려운 상황에서 판화집을 만들어야 했던 자신의 참담한 심정을 표현하고자 했는지도 모른다. 그러나 그토록 어려웠던 상

Tristes presentimientos de lo que ha de acontecer

▲ 《전쟁의 참화》 제1번 〈이제 곧 닥쳐올 사태에 대한 슬픈 예감〉, 1814~1815년경, 판화,
17.6x22.0cm, 프라도 미술관 외

황에도 불구하고 그가 사용한 기법은 가히 혁신적이었다.

산(酸)을 바로 철필에 묻혀 동판에 새기는 '라비'라는 기법을 스페인 최초로 시도했는데 이는 분노를 표현하는 데 아주 적절한 기법이었다. 또한 당시 캔버스를 비롯한 화구가 부족한 상태에서 그림을 그릴 수 있는 최선의 방법은 에칭이었기 때문에 고야는 철저한 소묘 작업을 거쳐 판화를 제작했다.

전쟁을 보는 눈

판화집 《전쟁의 참화》를 두고 말로는 그의 저서 『사투르누스, 고야론 *Saturne, essai su Goya*』(1950)을 통해 '이 판화집은 이른바 조국을 러시아군에 점령당한 공산주의자의 화집으로 보아야만 비로소 그 전체적인 의미가 드러난다.'고 말했다. 말로의 책이 발간된 1950년 시대 상황에 비추어 보면 이는 구소련에 점령당한 동유럽을 두고 한 말이다. 이에 대해 훗타 요시에는 '단순하고 어리석은 견해'라고 비판하며[*] 전쟁의 참화를 침략군인 프랑스군은 물론 그것에 대항해 싸운 게릴라군이나 영국군에 의해서도 자행된 것이라고 본다[**].

어떤 전쟁도 '완전한 순수'와 '완전한 악질'의 싸움이 될 수 없다. 전쟁이란 것 자체가 악이다. 그러니 훗타 요시에와 같은 식의 추궁은 전쟁을 일으킨 쪽에 대한 면죄부가 될 가능성이 크다. 나는 사회주의자 훗타 요시에의 양면 책임론에 동의하지 않는다. 물론 고야의 그림에는 프랑스군의 학살이나 약탈뿐 아니라 게릴라군의 만행도 등장한다. 그러나 그렇다고 해서 게릴라군을 전쟁을 일으킨 침략군과 똑같은 선에 놓고 나쁘다고 몰아붙일 수는 없다.

제28번 〈민중〉에서는 분노한 민중이 알몸인 사람을 패고 있으며 제29번 〈보복을 당할 만했다〉에서는 민중이 누군가를 끌고 가는 모습을 볼 수 있다. 혹자는 이를 두고 민중이 귀족을 때리고 끌고 가는 장면이

■　　[*] 고야, 제3권, 143쪽
　　　[**] 제3권, 145쪽

266

▲ 《전쟁의 참화》 제28번 〈민중〉, 1810~1815년경, 판화, 17.7x22.0cm, 프라도 미술관 외

▼ 《전쟁의 참화》 제29번 〈보복을 당할 만 했다〉, 1810~1814년경, 판화, 18.0x22.0cm, 프라도 미술관 외

라 하나.* 여기서 흠씬 두들겨 맞은 배신자는 프랑스군이라고 보는 것이 옳을 것이다.

이 그림들은 민중을 예찬하는 것도 아니고 민중을 모멸하는 것도 아니다. 민중의 영웅적 용기를 예찬하는 애국적인 그림은 드물지만, 고야는 제7번 〈얼마나 용감한가!〉를 통해 사라고사의 여성 영웅 어거스틴을 예찬했다. 이 그림은 이상하리만치 단순해 보이지만 이러한 단순성이야말로 마침내 고야가 획득한 회화적 완성을 보여준다.《전쟁의 참화》에는 이처럼 지극히 단순화된 작은 인물상이 광대한 공간 속에 그려진다. 고야는 공격자와 피해자의 익명성을 중심으로 극단적인 상황에 닥친 인간이 삶에 대해 느끼는 불안감과 극도의 피로감에 집중한다. 덕분에 주의를 환기시키는 독특한 설득력을 얻게 된 것이다.

어거스틴은 이 외에도 수많은 회화, 시, 판화의 소재가 되었으며 그중에서도 영국 시인 바이런(George Gordon Byron, 1788~1824)이 쓴 『차일드 헤럴드의 순례Childe Harold's Pilgrimage』(1812) 제1편에서 그녀에 대해 노래한 것이 가장 유명하다.

제4번 〈여성들은 용기를 준다〉, 제5번 〈그녀들도 맹수 같다〉는 여성의 투쟁을 주제로 하였으며 제9번 〈그녀들은 원하지 않는다〉는 여성을 겁탈하려는 프랑스 군인을 뒤에서 공격하려는 여성을 그렸다.

그러나 그림 대다수는 짓밟히는 민중의 모습을 그렸다. 제9번뿐만 아니라 제10, 11, 13, 19번에서 여성들은 박해당한다. 제13번 〈차마 보고 있

■ * 홋타 요시에, 3권, 184쪽

▲ 《전쟁의 참화》 제5번 〈그녀들도 맹수같다〉, 1810~1814년경, 판화, 15.5x20.9cm, 프라도 미술관 외

▼ 《전쟁의 참화》 제7번 〈얼마나 용감한가!〉, 1810~1814년경, 판화, 15.5x20.6cm, 프라도 미술관 외

▲ 〈전쟁의 참화〉 제13번 〈차마 보고 있을 수가 없다〉, 1810~1814년경, 판화, 18.0x22.0cm, 프라도 미술관 외

을 수가 없다〉는 남편으로 보이는 포박당한 남자 앞에서 두 병사가 여인을 겁탈하려 하고 있으며 제19번 〈시간이 없다〉는 여자들을 위협하고 희롱하는 병사들에게 시간이 없다고 재촉하고 있다. 제15번 〈이리하여 구원은 없다〉는 프랑스군에 살해당하는 민중의 현실을 보여주며 제33번 〈이 이상 무엇을 할 수 있는가?〉는 남자의 성기를 잘라내는 프랑스 병사를 그렸다. 제32번 역시 게릴라 전사를 살해하는 장면을 담고 있다. 제34번 제목처럼 〈칼 한 자루 가지고 있었다는 이유만으로〉 처형당한 남자, 제39번 〈시체에 대해 이 무슨 만용인가〉에서 갈기갈기 찢겨진 채 전시된 민중의 시체는 끔찍하다. 피를 토하며 죽어가는 민중들의 신음을 그린 제12번 그림의 제목 〈이러려고 태어났는가〉는 이러한 상황을 대변

하는 듯하다.

《전쟁의 참화》 제1번 그림 〈이제 곧 닥쳐올 사태에 대한 슬픈 예감〉은 앞에서도 보았듯이 한 남자가 무릎을 꿇고 팔을 벌리고서 허공을 응시하는 그림이다. 《로스 카프리초스》처럼 고야 자신을 그렸다고도 볼 수 있으리라. 그러나 앞의 화집에 그려진 화가의 자화상과는 달리 이제는 그 자신이 연작 판화의 주인공인 민중의 한 사람이다.

제2번 〈이유가 있어서 하는 짓인가, 아니면…〉은 프랑스 군인이 민중을 학살하고 있으며 이어 제3번 〈마찬가지다〉는 농부가 프랑스 군인을 죽이고 있다. 이 두 장의 그림을 통해 고야가 기본적으로 이 전쟁에서 가해자와 희생자를 굳이 구분하지 않았다는 식의 해설도 나왔으나 가해자는 분명 프랑스군이다. 여기에 '침략자'로서 귀족과 성직자가 더해진다. 반면 민중은 피해자임과 동시에 복수자이기도 하다. 민중은 처음부터 가해자가 아니었다. 가해자와 피해자를 분명하게 밝히지 못하고 애매하게 해석하는 오류를 범해서는 안 된다.

홋타 요시에는 《전쟁의 참화》 85점을 일곱 가지로 분류한다. 그러나 나는 다음과 같이 세 가지로 나누는 것이 적절하다고 본다. 첫 번째는 전쟁 자체를 그린 제47번까지의 작품, 두 번째는 1811~1812년의 기근 문제를 다룬 제48번부터 제64번까지의 작품, 그리고 세 번째는 1815년경 완성된 정치적 자유를 다룬 제65번부터 85번까지의 작품이다.* 이러한

■　　* 이는 시몬즈의 분류를 참고한 것이다.

▲ 《전쟁의 참화》 제9번 〈그녀들은 원하지 않는다〉, 1810~1814년경, 판화, 15.3x20.7cm, 프라도 미술관 외
▼ 《전쟁의 참화》 제12번 〈이러려고 태어났는가〉, 1810~1814년경, 판화, 16.3x23.7, 프라도 미술관 외

분류에 따라서 그림들을 살펴보자.

전쟁, 비참, 참살

전쟁은 비참했다. 그 비참함은 현실이었다. 제14번 〈올라가는 발걸음은 고
되다!〉는 앞의 작품들과 달리 성직자가 누군가를 괴롭히고 있다. 괴롭힘을
당하는 사람이 프랑스 군인인지 프랑스 민간인인지 스페인 반역자인지
알 수 없다. 제16번과 제17번에서도 가해자가 누구인지 분명하지 않다.

고야는 제13번 〈차마 보고 있을 수가 없다〉에서 잔혹한 처형을 묘사

▲ 《전쟁의 참화》 제14번 〈올라가는 발걸음은 고되다!〉, 1810~1814년경, 판화,
14.3x16.8cm, 프라도 미술관 외

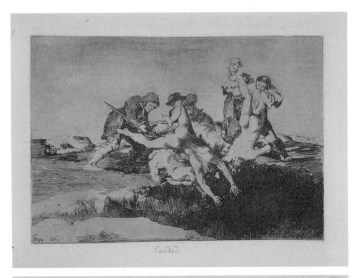

▲ 《전쟁의 참화》 제27번 〈관용〉, 1810년경, 판화, 16.3x23.6cm, 프라도 미술관 외

▼ 《전쟁의 참화》 제37번 〈이것은 최악이다〉, 1810~1814년경, 판화, 15.7x20.8cm, 프라도 미술관 외

▲ 《전쟁의 참화》 제3번 〈마찬가지다〉, 1810~1815년경, 판화, 15.9x21.9cm, 프라도 미술관 외
▼ 《전쟁의 참화》 제19번 〈시간이 없다〉, 1810~1814년경, 판화, 16.6x23.9cm, 프라도 미술관 외

하고, 처형당한 시체들이 쌓여 있는 죽음의 들판을 그려(제22, 23, 30번) 전쟁의 결과인 굶주림과 질병을 처절하게 묘사한다. 풀도 자라지 않는 황야에서 죽어가는 여성과 아이들(제18, 50번), 시체의 산 위에 쓰러진 남자(제12번)는 제목 그대로 〈이러려고 태어났는가〉라는 질문을 던진다.

그림 제41번에서 제47번까지는 전쟁을 피해 도망 다니는 비겁한 성직자를 폭로한다. 여기서도 작품 제목들을 연결해보면 당시 상황을 짐작해볼 수 있다. 〈그들은 불길 속을 도망쳐 다닌다〉(제41번), 〈모든 게 거꾸로다〉(제42번), 〈이것도 역시〉(제43번), 〈나는 보았다〉(제44번) 등등이다.

기근

전쟁과 기근은 누구보다도 약자와 빈민에게 큰 상처를 남긴다. 1811년부터 1812년까지의 기근으로 2만 명 가까운 민중이 유명을 달리했다. 전쟁을 방불케 하는 대참사였다. 고야는 기근을 해결하려는 인도적인 노력을 무시하지는 않으나(제49, 50번) 그 무익함을 〈차 한잔이 무슨 소용인가〉(제59번)라는 그림으로 표현한다.

제49번 〈어느 여인의 자비〉에는 기근으로 굶주린 사람들을 지나쳐 가는 부유한 남녀가 등장하며, 남자가 큰 모자를 쓴 것으로 유추해 보면 그는 경찰이다. 또 등을 돌린 채 사람들에게 한 그릇의 수프를 내밀고 서 있는 여자가 보인다. 제54번 〈헛된 호소〉 역시 앞의 그림처럼 굶주림에 지쳐 앉아 있는 빈민들 곁을 유유히 지나치는 남녀가 등장한다.

고야는 전쟁 속에서 대립되는 계급의 모습을 분명히 묘사했다. 기근과 전쟁에서 부당하게 분배되는 행복과 불행에 대해 다루며 제57번 〈건강한 사람과 병든 사람〉에서 빈민과 병자를 건강한 사람과 대비시켜 그린다. 또한 제61번 〈족속이 다를 것이다〉에서 경찰은 빈민과 부자를 구별하여 나누고 있다.

민중은 굶어 죽고 있다. 〈구걸해야만 하는 것은 가장 불행한 일이다〉(제55번), 그래서 〈차곡차곡 쌓인 시체〉(제63번)는 수레에 실린 채 〈묘지로 나르고〉(제64번), 〈도와줄 수 있는 사람은 아무도 없다〉(제60번), 도움을 준다 해도 이미 〈너무 늦었다〉(제52번). 너무나 참혹한 전경(全景)들이다.

자유

1815년까지 그려진 최후의 작품들은 바로 고야가 〈기타 카프리초〉라고 부른 부분이다. 제목처럼 화가는 그림을 자의로 자유롭고 변덕스럽게 그렸다. 이 작품들은 인간과 동물이 합체된 그로테스크한 모티브가 등장하는 '환영의 세계'에 기울어져 있다. 시체를 먹는 흡혈귀가 인간의 얼굴을 하고 있는 등 짐승과 인간, 괴물과 광인의 합체가 복잡한 정치적 우의 속에서 나타나거나 사악함을 상징한다. 이 부분에서 볼 수 있는 동물 의인화는 오웰의 『동물농장』을 연상시키지만 사실 의인화는 문학에서 오랜 전통이었다. 동물이 인간과 함께 등장하고 동물을 통해 인간

Caridad de una muger

Lo peor es pedir

▲ 《전쟁의 참화》 제49번 〈어느 여인의 자비〉, 1812∼1815년경, 판화, 15.6x20.8cm, 프라도 미술관 외
▼ 《전쟁의 참화》 제55번 〈구걸해야만 하는 것은 가장 불행한 일이다〉, 1812∼1814년경, 판화, 15.6x20.8cm, 프라도 미술관 외

▲《전쟁의 참화》제50번 〈불쌍한 어머니!〉, 1812~1814년경, 판화, 15.7x20.6cm, 프라도 미술관 외
▼《전쟁의 참화》제60번 〈도와줄 수 있는 사람은 아무도 없다〉, 1812~1814년경, 판화, 15.4x20.7cm, 프라도 미술관 외

에게 교훈을 주고자 하는 문학양식은 여러 나라에서 발견된다.

그보다 더욱 중요한 부분은 1815년 당시 정치적, 종교적 반동에 대한 풍자들이다. 예컨대 제66번 작품 〈이상한 신앙심!〉은 성직자의 시체가 들어 있는 유리관을 말이 지고 가는데, 사람들은 이를 두고 고개를 숙이며 기도를 하고 있다. 이 얼마나 이상한가! 제67번 〈이것도 역시 적잖이 이상하다〉는 늙은 두 귀족이 성모상을 등에 지고 힘겨워 한다. 제69번 작품 〈허무다〉는 도깨비들의 세상을 그린 것이다.

제70번 〈그들은 길을 모른다〉는 경찰관과 성직자들이 목에 밧줄을 걸고 하염없이 바위를 맴도는 그림이다. 이어 제71번 〈공공복지에 어긋난다〉는 성직자를 괴물 같은 짐승으로 매도하고 제72번 〈그 결과〉는 그 괴물에 쪼여 먹히는 민중을 그리고 있다.

제74번 〈이것은 최악이다!〉는 민중이 맹목적으로 수도승들의 거짓 마술에 홀려 있음을 풍자하고, 제75번 〈허풍선이들의 수다〉에서는 입만 살아 있는 성직자들을 풍자한다. 제76번 〈고기를 먹는 독수리〉는 교황을 상징하는 독수리를 죽이는 농민을 그리고 있다.

그리고 〈진리는 죽었다〉(제79번), 〈부활할까?〉(제80번), 〈이것이 진실이다〉(제81번) 등의 자유, 정의, 노동을 찬미하는 그림을 그렸다. 〈진리는 죽었다〉는 1814년 5월, 마드리드에서 페르난도 7세의 명령에 의해 자유주의 헌법이 무효가 되고 자유의 여신을 상징하는 '자유의 상'을 대중들 앞에서 파괴한 사건을 다룬 작품이다. 여기서 진리란 헌법을 말한다. 진리는 죽었지만 사람들은 그 죽음을 슬퍼하기는커녕 몰려들어 정말 죽었

▲ 《전쟁의 참화》 제70번 〈그들은 길을 모른다〉, 1814~1815년경, 판화, 17.7x22.0cm, 프라도 미술관 외

는지 확인하려고만 한다. 그저 그녀의 친구만이 오른쪽 구석에서 슬퍼하고 있을 뿐이다.

제83번 〈공안은 범죄와 똑같이 야만적이다〉, 제84번 〈공안은 고문을 필요로 하지 않을 것이다〉, 제85번 〈만일 그가 유죄라면 빨리 죽는 편이 낫다〉는 죄수들을 그린 그림으로, 《전쟁의 참화》 1820년판에서 부록으로 첨부되었으나 1863년판에는 아예 제외되었다. 이 그림들은 정치범들을 다룬다. 죄수의 인권을 분명하게 고발하는 것으로 미술사에 다시없는 작품이다.

▲ 《전쟁의 참화》 제66번 〈이상한 신앙심!〉, 1814~1815년경, 판화, 17.7x22.2cm, 프라도 미술관 외
▼ 《전쟁의 참화》 제74번 〈이것은 최악이다!〉, 1814~1815년경, 판화, 17.9x22.0cm, 프라도 미술관 외

▲ 《전쟁의 참화》 제78번 〈녀석은 용케도 자신을 지킨다〉, 1814~1815년경, 판화, 17.9x21.9cm, 프라도 미술관 외
▼ 《전쟁의 참화》 제85번 〈만일 그가 유죄라면 빨리 죽는 편이 낫다〉, 1810~1812년경, 판화,
12.0x8.6cm, 뉴욕 메트로폴리탄 미술관 외

양식의 변화

고야는 전쟁의 목표나 전쟁으로 인한 영웅적 행위를 그린 것이 아니라 전쟁이 낳은 비참을 그렸다. 이는 프랑스 계몽주의자들, 예컨대 볼테르 (Voltaire, 1694~1778)가 쓴 풍자 소설 『캉디드 *Candide, ou l'optimosme*』(1759)에서 묘사한 것처럼 전쟁의 야만성을 비판한다.

《전쟁의 참화》는 오랜 기간에 걸쳐 그려졌으므로 그 안에서 양식이 변화하는 모습을 확인하기가 수월하다. 초기 작품(제5, 9, 11번)은 선이 가늘고 윤곽이 분명하다. 전형적으로 작고 뾰족한 발과 함께 사치스러운 묘사와 기묘한 움직임을 보여주는데, 이는 《로스 카프리초스》에서도 나타났다. 그러나 《전쟁의 참화》에서는 《로스 카프리초스》의 경우처럼 궁정에서의 위선이나 추종을 보여주지 않고 인간의 야만성을 있는 그대로 직접 나타낸다.

후기작으로 갈수록 윤곽은 더욱 불분명하고 묵직해지며 세부 묘사는 거의 생략된다. 또한 움직임은 순수하게 기능적이다. 그래서 《로스 카프리초스》에서 볼 수 있는 기묘함은 완전히 사라졌지만 작품 제53번, 제61번, 제62번에서는 병적으로 특이한 포즈가 등장한다.

제53번에는 슬픔에 잠긴 사람들이 하나의 무리를 이루어 서 있다. 또한 제62번 〈죽음의 침대〉에는 시체가 널려 있는 죽음으로 가득한 바닥에 상복을 입고 얼굴을 가린 채 고개를 숙이고 있는 사람이 등장한다.

이러한 단순화는 배경의 추상화로 이어진다. 예컨대 작품 제45번은 배경을 추상적으로 처리하고 오직 가재도구를 가지고 도망가는 사람들

▲ 《전쟁의 참화》 제77번 〈밧줄이 끊어진다〉, 1814~1815년경, 판화, 17.8x22.1cm, 프라도 미술관 외
▼ 《전쟁의 참화》 제79번 〈진리는 죽었다〉, 1814~1815년경, 판화, 17.6x22.1cm, 프라도 미술관 외

Las camas de la muerte.

▲ 《전쟁의 참화》 제62번 〈죽음의 침대〉, 1812~1815년경, 판화, 17.7x22.1cm, 프라도 미술관 외

을 중점적으로 묘사하고 있다. 또한 그들이 어디서 와서 어디로 가는지
도 설명되지 않으며 전쟁의 원인과 배경에 대한 설명도 생략된다. 이러
한 특징은 마지막 우화적 작품인 제73, 76번에서 더욱 도드라지게 나타
나는데 이 그림들에서는 전쟁 상황인지조차도 알 수 없으며《로스 카프
리초스》에 자주 등장했던 괴물, 마녀와 같은 환상은 등장하지 않는다.

칼로와의 비교

화집《전쟁의 참화》는 흔히 칼로(Jacques Callot, 1592~1635)가 그린 판화와

비교된다. 칼로 그림에서 나타나는 비참함은 전쟁 과정에서 생겼다. 칼로는 '절대자가 명령하는 전쟁'에서 '도구'로 투입되는 대중의 고통을 묘사한다. 이 전쟁화는 승리자를 찬양하는 유럽의 전통적인 전쟁화와 다른 성격을 가지고 있다는 점에서 가치가 있다.

한편 고야는 그동안 그 어떤 예술가도 인간적인 얼굴로 바라보지 않았던 하층을 구성하는 사람들, 즉 농부나 일용노동자에게 인간의 얼굴을 부여했다. 고야는 이들의 투쟁을 칼로처럼 수동적인 고통이나 유린으로 바라보지 않고, 스스로를 방어하고 공격하며 전쟁에 나서서 싸우기도 하는 것으로 보며 이들 또한 한 사람의 개인이자 인간이라는 사실을 분명하게 보여준다.

이러한 개별화는《로스 카프리초스》에서처럼 경멸하는 대상과 일정한 거리를 두고 그린 것과는 전혀 달랐다. 민중을 인간적인 존재로 바라본 고야의 시점은 문학에서는 결코 실현될 수 없었던 도덕성의 계몽 가능성을 열어주었다. 고야는 적이 없는 싸움에서 목표도 없이 단지 생존을 목표로 행해진 민중들의 희망 없는 삶을 객관화하지 않고 그렸다. 이를 통해 고야는 그림 속의 사람들, 민중들과 연대하고자 하였다. 마치 싸우고 있는 사람들이나 고통을 당하는 사람들이 그림 속에서 힘을 합치는 모습을 통해 민중에 대한 새로운 접근 방식을 보여주었다.

3. 5월의 그림들

새로운 역사화

1814년, 고야는 두 장의 그림을 그렸다. 이 그림을 그리게 된 과정은 기존의 방식과는 전혀 달랐다. 당시 화가들이 그림 내용과 대상을 주문받아 그린 것과 달리, 고야는 스스로 이 그림을 그리겠다고 결심하고 무엇을 어떻게 그릴지 직접 결정했다.

당시 프랑스에서는 수많은 전쟁화가 그려졌고 대부분이 나폴레옹을 주인공으로 한 영웅 예찬화였다. 그러나 고야는 이러한 공식적인 전쟁화와는 달리, 그야말로 민중을 주인공으로 하여 전쟁 그 자체의 현실을 그렸다. 이는 문학으로 치면 프랑스 소설가 스탕달(Stendhal, 1783~1842)이나 러시아 작가 톨스토이(Lev Nikolayevich Tolstoy, 1828~1910)에 비유된다.

또한 당시 피라미드 구도에 선과 윤곽이 분명했던 역사화와도 달랐다. 고야의 두 그림은 피라미드 구도가 아닐 뿐더러 선과 윤곽도 분명하지 않다. 〈1808년 5월 2일:맘루크의 공격〉의 경우 비교적 전통적인 요소가 좀 더 강하지만, 〈1808년 5월 3일, 프린시페피오 언덕의 학살〉에서는 그러한 전통은 완전히 사라지고 왼쪽에 있는 피살자만이 강렬하게 그려져 있다. 이렇듯 기존의 전쟁화, 역사화와 달랐던 이 두 그림은 오랫동안 무시당했을 뿐만 아니라 얼마 전까지만 해도 프라도 미술관에 걸리지 못했다.

고야가 이러한 '새로운 역사화'를 최초로 시도한 것은 아니다. 이미 18세기에 미국 화가 벤자민 웨스트(Benjamin West, 1738~1820)가 전쟁 전후의 모습을 그린 바 있고, 1793년 영국 화가 다비드(Jacques-Louis David, 1748~1825)는 〈마라의 죽음〉(1793)을 이상적으로 그렸다. 마라(Jean-Paul Marat, 1743~1793)는 프랑스 혁명의 영웅이었으며 다비드는 로베스피에르(Maximilien François Marie Isidore de Robespierre, 1758~1794)의 말처럼 마라를 '인류의 복지자, 공화국의 순교자'로 그렸다.

반면 고야는 '영웅'을 그리지 않았다. 스페인에는 영웅 대신 민중이 있었다. 고야는 민중조차도 영웅으로 찬양하지 않았고 그들을 죽음의 공포와 함께 그렸다.

다비드의 마라와 고야의 민중은 예수의 처형이나 죽음처럼 묘사되었다는 점에서 공통된다. 〈마라의 죽음〉이 그렇듯 고야에게도 기독교의 이데올로기는 뿌리 깊다. 그러나 앞에서 본 《전쟁의 참화》 제69번 〈무無〉에서처럼 고야의 그림에는 죽음, 절망, 공허로 가득 찬 허무만이 남아 고야의 절망은 더욱 깊다.

프랑스의 혁명화, 특히 들라크루아(Eugène Delacroix, 1798~1863)가 그린 〈민중을 이끄는 자유의 여신〉(1830)은 1830년 시민혁명에서 자유를 위해 시도되었던 투쟁을 찬양했다.* 고야가 자유를 찬양하지 않은 것은 아니다. 그러나 고야가 그린 〈신성한 자유〉라는 C화집에 실린 소묘에서 작가는 시민계급의 투쟁에서 확보된 자유가 아닌, '신이 부여할 사상의 자유'를 기대한다. 앞에서 보았듯《전쟁의 참화》마지막 그림에서 진리는 비현실적인 비전으로 그려진다. 정의에 대해서도 그는 '저울'이라는 전통적이고 추상적인 상징물로 표현했는데,** 이는 자유에 대한 투쟁에 있어 프랑스와 스페인의 차이를 말해준다.

《전쟁의 참화》마지막 부분에서 고야는 진리를 매장하는 교회를 비판함으로써 새로운 생활로 나아가는 보다 구체적인 비전을 제시했다. 프랑스에서 제시한 '시민계급'의 모습을 스페인의 고야는 '농민'의 모습으로 나타냈다. 프랑스에서 농민은 더 이상 혁명세력이 아니었지만, 스페인의 농부는 그야말로 진실한 생활을 표현하며 악에 대항하는 새로운 인간상의 표상이었다.

나는 고야가 당시 대부분의 스페인 엘리트처럼 계몽군주인 나폴레옹이나 호세 1세에 대해 희망과 기대를 가졌으리라고 본다. 수석궁정화가라는 신분을 떠나 당시의 스페인 현실에서 개개인으로서 스스로 군주제를 지지했으리라. 그러나 그러한 군주제에 대한 희망은 스페인 봉기가 실패하면서 급작스럽게 소멸되었다. 이에 5월 전쟁을 묘사한 작품에서는 궁정의 시점을 찾아볼 수 없다.

■ * W. Friedlaender, David to Delacroix, New York 1952.
** F. D. Klingender, Goya in the Democratic Tradition, London 1948.

▲ 《전쟁의 참화》 제69번 〈무(無)〉, 1814~1815년경, 판화, 15.5x20.1cm, 프라도 미술관 외

프랑스 화가들이 시민들의 환영을 받은 것과 달리 고야는 시민들의 환영을 받을 수 없었다. 프랑스에서는 화가들이 혁명의 기억을 그림에 담고 그 성과를 변호하도록 하였는데, 이는 화가들에게 요구된 새로운 시민계급적 기능이었다. 그러나 스페인에서는 독립전쟁에서 싸워 살아 남은 민중계층이 전쟁 후 부르봉왕조의 노예로 전락했기에 고야를 비롯한 화가들은 프랑스에서처럼 새로운 사회적 기능을 담당할 수 없었다.

그럼에도 불구하고 고야는 민중으로부터 '단결'이라는 새로운 연대의 삶을 발견하여 그림을 그렸다는 점에서 위대하다. 고야는 프랑스 혁명에 의해서도 해방되지 못한 민중의 저항과 고통을 그렸다. 이는 다비드를 비롯한 프랑스 혁명의 공식화가들, 특히 다비드가 혁명화를 완전히 보수적인 역사화의 기법으로 그린 점과 지극히 대조적이다.

〈5월 2일〉

흔히 〈5월 2일〉로 불리는 그림의 정식 명칭은 〈1808년 5월 2일:맘루크의 공격〉이다. 나폴레옹은 이집트군을 앞세워 스페인을 잔혹하게 제압하고자 했다. 그래서인지 이 그림 앞에 서면 시민전쟁에서 모로코 병사를 앞세워 승리한 프랑코가 생각난다. 그러나 이 그림에는 그러한 역사적 배경이나 인물이 구체적으로 그려져 있지 않다. 게다가 색채는 핑크, 오렌지, 청색, 회색, 갈색 등으로 파스텔 색조에 가깝다. 보통 파스텔 색조는 서정적인 그림에 적합하여 잔인하고 폭력적인 주제를 그리는 데에는 잘 사용되지 않았다.

또한 이 그림에는 중심 내용이 없다. 오른쪽에는 이집트, 프랑스 병사와 말들이 있고 왼쪽으로는 스페인 민중들이 있다. 자세히 보면 단도를 들고 있는 몇몇 사람들과 죽은 사람들이 보이지만, 이러한 장면들은 그림에서 전혀 강조되지 않은 한 부분일 뿐 중심으로 보기 어렵다. 그래서 이 작품은 흔히 '실패작'이라고 평가될 수도 있지만 이러한 부분들은 고야가 의도를 가지고 독특하게 묘사한 것임을 주의하여야 한다. 즉,《전쟁의 참화》처럼 일부러 그림의 형식과 내용을 애매하게 만들어 특정한 사건이나 인물이 아닌 전형적인 인간의 모습과 삶, 그리고 전쟁이라는 비극을 강조하고자 했다.

5월 2일과 3일 두 그림의 색채가 파스텔 색조로 분명하지 않은 점은 당시 고야가 판화에 열중했기 때문이다. 고야가 그린 《전쟁의 참화》는 물론 당시에 유포된 민중 판화들의 영향을 받아 판화에서 표현되는 흑백의 기법으로 인해 색채가 억제되고 원근법이 무시되었다. 이제 고야는 전통적인 '아카데미풍 역사화'와 완전히 단절된 채, '민중 판화'의 세계로 들어갔다는 점에서 가히 혁명이라 할 수 있다.

내용 면에서도 이 그림은 혁명이다. 일반 시민에 의한 항의 행동을 그린 최초의 그림으로, 고야 이후로 이 주제는 프랑스에서 필수 불가결하고 일반적인 것이 된다. 이로 인해 19세기 프랑스의 불안한 정치사와 동시대 역사를 기록하고자 하는 새로운 연대기로서 '항의적 회화'를 정착시켰다. 우리나라에서 서양화 역사는 매우 짧다. 우리의 서양화 역사에서도 그러한 근대적 경험이 있었더라면 20세기 초엽부터 파리의 유행을 정신없이 모방하는 일은 없었을 것이다.

프랑스에서는 1830년, 들라크루아가 고야를 본받아 〈민중을 이끄는 자유의 여신〉을, 1867년에는 마네가 〈황제 맥시밀리안의 처형〉을 그린다. 또한 도미에(Honoré Daumier, 1808~1879)와 쿠르베(Gustave Courbet, 1819~1877)가 민중의 봉기를 그린 것도 고야로부터 출발했다.

〈5월 3일〉

흔히 〈5월 3일〉이라고 불리는 〈1808년 5월 3일, 프린시페피오 언덕의 학

▲ 〈1808년 5월 2일:맘루크의 공격〉, 1814년, 캔버스 유화, 26.8x34.7cm, 프라도 미술관
▼ 〈1808년 5월 3일, 프린시페피오 언덕의 학살〉, 1814년, 캔버스 유화, 26.8x34.7cm, 프라도 미술관

살)은 〈5월 2일〉과 연결되어 앞의 그림에서 저항하는 시민으로 등장했던 인물을 처형하는 그림이다. 이 두 그림은 이틀간 일어났던 사건을 전후의 장면으로 그려 연속적인 효과를 준다. 이는 《전쟁의 참화》에서 보여준 것처럼 영화 한 편에서 이어지는 스틸을 보는 것과 같은 수법이다. 최근의 연구에 의하면 5월의 그림은 현존하는 두 점 외에도 두 점이 더 있었을 것이라고 한다.

이 연속되는 두 장의 그림에 등장하는 인물 중에는 동일 인물로 특정할 수 있는 사람들이 있다. 예컨대 〈5월 2일〉 앞쪽에는 저항하는 세 남자가 있다. 중앙에 있는 검은 옷을 입은 남자, 그 왼쪽에 짧은 바지와 노란 저고리를 입은 남자, 그리고 오른쪽에 초록 저고리를 입은 남자이다. 중앙의 남자는 〈5월 3일〉에서는 그림 앞면 왼쪽에 죽어 있는 남자 같다. 그 곁의 죽은 남자도 〈5월 2일〉의 나머지 두 남자 중의 하나일 수 있다. 그러나 내게는 누구보다도 〈5월 3일〉의 중앙에 선 처형 당하기 직전의 남자가 〈5월 2일〉의 오른쪽 남자가 아닐까 싶다. 이런 이야기는 이 세상에서 나 혼자 하는 것이니 독자들은 무시해도 좋다.*

〈5월 3일〉은 특히 한국에서 오랫동안 금지된 그림으로 지금은 〈5월 2일〉보다 널리 알려져 있다. 미국의 역사가 커밍스(Bruce Cummings, 1943~)가 쓴 『한국전쟁의 기원*The Origins of the Korean War*』(1986)을 비롯한 수많은 책의 표지를 장식했으며, 여러 나라에서 우표 도안으로 사용되기도 했다.

■   * 톰린슨은 <5월 3일>의 죽은 남자가 <5월 2일>의 중앙 남자라는 추측을 하고 있다.

이 그림은 전체적으로 지극히 효과적인 색채 대비를 사용하여 전체적으로 〈5월 2일〉보다 분명한 느낌을 준다. 음울한 흑색과 회색, 그리고 갈색 배경 앞에 선명한 흰색, 금색, 복숭아색으로 표현된 죽기 직전의 남자들이 새겨져 극적인 효과가 더욱 강렬하다.

마드리드에 있는 프린시페피오 언덕의 배경은 어둡다. 때는 새벽이 오기 전, 동트기 직전으로 하늘은 조금씩 밝아지려 하고 있다. 실제로 처형은 새벽 4시에 집행되었다고 한다.

어두운 등불은 희생자를 비추고 있다. 사형을 집행하는 8명의 병사들은 총을 들고 피살자의 바로 앞, 피살자에게서 몇 발자국 떨어지지 않은 거리에서 수평으로 조준하고 있다. 이러한 거리감은 고야가 공포의 충격을 강조하기 위해 저격수와 희생자의 거리를 극도로 단축한 것으로 보인다. 또한 병사들의 얼굴을 보라. 그들은 얼굴을 드러내지 않고 있다. 이는 얼굴 없는 조직이자 폭력조직인 동시에 국가와 권력을 상징한다.

그림에서 흰옷을 입은 남자가 팔을 벌리고 있는 모습은 처형당하는 예수를 연상하게 한다. 펼쳐 든 오른손에는 못이 박힌 상처가 있다. 그는 무릎을 꿇고 있음에도 불구하고 거인처럼 보인다. 고야는 원근법을 무시하고 그를 과대하게 그렸다. 죽음을 앞둔 이의 눈과 손은 두드러진다. 흰옷을 입은 이 남자는 총살자를 응시하고 있다. 얼굴은 왜곡되어 있다. 그러나 단순히 두려움 때문만은 아닌 듯하다. 스페인 사람이 아닌

* Enrique Lafuente Ferrri, El dos de Mayo y los Fusilamientos, Baecelona, 1946.

것 같은 그의 얼굴로 보아 그는 집시일 수도 있고 흑인일 수도 있고 그 피가 반반씩 섞여 있을 수도 있다. 그는 발사 명령에 놀라서 순간 온몸이 굳어져 자기도 모르게 양팔을 번쩍 들었던 것일까, 아니면 용기를 내어 끝까지 저항하고자 했던 것일까? 나는 그가 저격수들에게 어서 죽이라고 말한다거나 공포를 이미 초월한 상태라고 보는 영웅주의적 추측에는 찬성할 수 없다. 그는 그저 죽임을 당하게 되어 죽을 뿐이다. 죽기 직전의 그에게는 그야말로 일촉즉발의 순간이다. 지금 막 처형 중지 명령을 내린다고 해도 그를 구할 수는 없을 것만 같다. 우리가 저격수에서 그에게로 시선을 옮기는 순간, 총탄의 발사 소리가 들려온다.

죽음을 앞둔 사람은 그 한 사람만이 아니다. 그의 곁에 있는 나머지 사람들도 곧 죽으리라. 실제로는 43명이 사살되었다고 기록되어 있으나 투쟁의 역사에서 죽은 사람들은 셀 수 없이 많다. 대부분 평민처럼 보이는 희생자들 중 한 사람, 흰옷을 입은 남자의 왼편에 머리가 벗겨진 남자는 프란시스코파의 신부로 추측된다. 그의 두 손이 묶여 있다고 보는 견해도 있으나 내 눈에 그는 기도를 하는 것 같다.

신부 뒤에 서 있는 남자는 왼손은 내리고 오른손은 쳐든 채 주먹을 꼭 움켜쥐고 있다. 그는 사형집행인의 눈을 피해 먼 하늘을 바라보면서 신이라도 찾는 듯하다. 전쟁 영화에서는 대개 절망한 인간들의 마지막을 그릴 때 순수했던 눈동자에서 빛이 사그라지게 한다. 고야의 이 그림도 마찬가지다. 뒤에 있는 왼쪽 남자는 《전쟁의 참화》에 나오는 그림의 제목처럼 〈차마 볼 수 없다〉는 듯 두 손으로 얼굴을 가리고 있다.

그림의 왼쪽 구석에는 희미하게 무언가를 감싸 안고 있는 여인이 있다. 훗타 요시에는 이를 성모 마리아로 해석한다.[*] 그렇게 되면 언덕은 골고다 언덕이 되고. 이러한 해석은 그야말로 자유이나 그것이 무엇을 위한 것인지는 명확하지 않다.

4. 후기 작품

1810년대 후반의 유화

프라도 미술관에는 〈5월 2일〉과 〈5월 3일〉 사이에 고야의 마지막 〈자화상〉이 걸려 있다. 고야가 69세 때인 1815년의 작품이다.

그는 고뇌에 가득 차 있다. 1810년대 후반에 그려진 그림들은 고뇌가 더욱 어둡게 형상화되어 나타난다. 1815년에 그린 〈왕립 필리핀 회사〉는 고야가 그린 그림 중 가장 큰 크기의 그림으로, 그 장대한 스케일에도 불구하고 고뇌는 더욱 명확히 드러난다. 왕립 필리핀 회사는 1785년에 설치된 식민지 지배 회사였다. 이는 영국이 인도를 지배하기 위해 설치한 동인도회사나 일본이 조선을 지배하기 위해 설치한 조선척식회사와도 같다.

이 그림은 고야가 회사의 요청으로, 그 회사의 대표인 페르난도 7세 (그림 중간의 인물)가 참석한 총회를 그렸다. 따라서 식민지 지배를 예찬하기 위해 그린 그림은 아니지만, 고야는 당시 식민지 문제에 대해 어느 정도 수준의 인식을 가지고 있었다.

▲ 〈왕립 필리핀 회사〉, 1815년, 캔버스 유화, 327X447cm, 카스트르 고야 미술관(프랑스)

▼ 〈고행 행렬〉, 1812~1819년경, 나무 패널 유화, 46x73cm, 마드리드 산 페르난도 왕립 미술 아카데미

그러나 그보다도 이 그림은 그림 속 인물들을 풍자하고 있다는 점에 주목해야 한다. 단하에 앉은 사람들은 모두 딴전을 피우고 있음이 여실히 드러나고, 왕을 비롯한 이사들은 멀리 작게 그려 권위가 전혀 보이지 않는 점이 흥미롭다. 아마도 왕이 무언가 훈시를 하고 있는 상황일텐데도 아무도 왕에게 집중하지 않는다. 그들을 중심으로 한 이 그림은 그야말로 공허와 허무를 표현한다.

또한 〈고행 행렬〉과 〈이단심문소의 판결〉은 권위에 의해 움직이는 군중을 표현하고 있다. 그림 〈고행 행렬〉에 그려진 행렬은 야만적이라는 이유로 1777년에 금지되었다. 고야가 그림을 그린 1815년에는 그 행렬을 볼 수 없었지만, 고야는 그림을 통해 당시의 군중을 풍자하고 비판한다.

그림 〈이단심문소의 판결〉은 고야가 그림을 그린 당시에 위세를 떨쳤다. 그러나 이 그림 역시 당시의 이단심문소를 그린 것이 아니라, 1610년에 행해졌던 마녀 재판을 서술한 책에 근거하여 그린 작품이다. 그럼에도 이 그림은 고야 시대까지도 이어진 이단심문소를 풍자하는 의도임은 분명하다. 그림 앞줄에 긴 모자를 쓰고 앉아 있는 사람들은 죄수인 '이단'들이다. 그들은 심문을 당하기 전에 '행렬'을 통해 군중들로부터 조롱을 당해야만 했다.

이단심문소도 이제는 비판과 풍자의 대상으로, 권위나 위세와는 전혀 무관해졌다. 이단 심문을 받기 위해 사람들은 죄인의 모습이 아니다. 여기에는 종교나 권력의 권세가 표현되어 있지 않고, 왕립 회사의 허무 이상으로 권태만이 감돈다.

▲ 〈이단 심문소의 판결〉, 1812~1819년경, 나무 패널 유화, 46x73cm, 마드리드 산 페르난도 왕립 미술 아카데미
▼ 〈정신병원〉, 1815~1819년경, 나무 패널 유화, 45x72cm, 마드리드 산 페르난도 왕립 미술 아카데미

또한 〈정신병원〉을 보면 건물의 구조가 이단심문소와 유사한 것을 알 수 있다. 정신병자들의 모습은 더욱더 풍자적이다. 그림 오른쪽 구석에 앉은 광인은 왕관을 쓰고 목에 거창한 목걸이를 걸고서는 몽롱한 웃음을 짓고 있다. 그 곁에 있는 자도 왕관을 쓰고 눈을 감고 노래를 흥얼거리고 있다. 그 곁에 서 있는 남자도 귀족이 쓰는 모자를 쓰고 무언가 공격하는 자세를 취하고 있다. 그리고 다시 왼쪽을 보면 추장처럼 생긴 남자는 창을 들고 서서 그의 손을 여자에게 입 맞추게 하는데, 이들의 모습은 모두 앞에서 본 그림 속 왕이나 이단심문소의 종교인들과 같은 모습으로 풍자의 극에 달한다.

〈정어리의 매장〉은 앞의 〈고행 행렬〉과 마찬가지로, 고야가 그림을 그릴 당시에는 이미 법으로 금지된 카니발의 마지막 풍경이다. 여기서도 권위에 대한 조롱을 볼 수 있으며, 군중들은 가면을 쓰고 춤추는 귀부인 모습의 여자들을 손가락질하며 구경거리로 삼아 비웃고 있다.

판화집 《투우》의 사상

《전쟁의 참화》를 그렸던 1815년경에 그려진 《화첩F》에는 과거의 〈수가형〉과 같은 형벌과 고문의 세계가 다시 등장한다. 동시에 집단적 흥분상태에 빠져 사악한 일을 저지르는 군중의 모습을 담은 〈정어리의 매장〉을 그린 것도 그 무렵이었다. 이 그림에서는 민중을 소외와 희생의 대상으로 다루며 동정하면서도 비판하여 고야의 상반되는 시각이 드러난다.

▲ 〈정어리의 매장〉, 1814~1816년경, 나무 패널 유화, 82x60cm, 마드리드 산 페르난도 왕립 미술 아카데미

이러한 시각은 《투우La Tauromaquia》의 군중에서도 볼 수 있다. 1816년 발행된 판화집 《투우》는 33점으로 구성된다. 이 판화집의 원래 목적은 투우의 역사를 그림으로 설명하는 것이었다. 먼저 고야는 투우의 기원에 대해 로마기원설을 부정하고 스페인 사냥 기원설을 취하고 있다(제1, 2번).* 이어 무어인(Moor)**에 의한 투우의 예술화(제3, 8번)를 다루었으며, 시드와 카를 5세를 거친 역사적인 투우의 모습(제9, 13번), 그리고 유명한 투우사들의 투우 장면(제13~33번)도 그렸다.

투우는 나폴레옹 침략 시에 더욱 적극적으로 수용되었다. 스페인 민중은 소를 나폴레옹, 투우사를 스페인 민중으로 보았기 때문이다.《전쟁의 참화》에서 등장했던 동물들은 투우의 변종이다. 나폴레옹 전쟁 후 계몽파는 투우를 근절하고자 했지만 고야는 계몽파를 회의적으로 여겼고 투우를 '민중의 적을 해치우는 예술'로 보았다. 그는 민중적인 문화 속에서 민중의 모든 능력이 보존되고 발전될 수 있다고 생각했다. 그래서 투우 판화는 고야의 국민적 자의식에 근거한 낭만주의로 나아간다.

《전쟁의 참화》에는 없었던 '적'과 '투사' 그리고 '구경꾼'이라는 존재가 《투우》에는 분명하게 등장한다. 그리고 이제 투쟁은 집단적인 것에서 개인적인 것이 되고, 전쟁의 주객이었던 군중은 배경으로 밀려난다. 또한

■ * 오늘날 연구결과에 따르면 투우는 로마 격투기에서 기원되었다고 보는 것이 정설이다.
** 아랍계와 베르베르족의 후손들로, 이베리아 반도와 북아프리카에 살았던 이슬람계인을 지칭하는 용어로 쓰였다. 현재까지도 스페인 이슬람계인은 무어인을 닮은 흔적이 있으며 역사적인 맥락에서 무어인은 이슬람계의 공화국인 모로코, 서사하라, 알제리, 모리타니, 말리 등을 의미한다.

▲ 《투우》 제3번, 1816년경, 판화, 24.3×35.2cm, 마드리드 산 페르난도 왕립 미술 아카데미 외
– 스페인에 정착한 무어인들은 코란에 나온 방식 대신 창으로 황소를 찌르는 사냥법을 채택했다.

▲ 《투우》 제20번, 1816년경, 판화, 24.3×35.2cm, 마드리드 산 페르난도 왕립 미술 아카데미 외
– 마드리드에서 파니토 아피니아니가 보여준 민첩함과 대담함

《투우》의 대부분을 차지하는 투우사의 묘사를 통해 고야는 예술가로서 자신의 모습을 그리면서도 화가라는 개인을 분명히 보여주었기에 이 그림은 낭만주의로 통한다.

동시에 고야는 자신의 삶을 언제 죽을지 모르는 투우사의 운명에 투영시킨다. 젊은 시절부터 경험해야 했던 경쟁적인 사회생활과 특히 시민전쟁을 통해 벌어진 궁정의 투쟁 속에서 체험한 화가로서의 불안정감을 투우사의 운명에 빗대어 표현했다. 고야는 사회적 속박으로부터 해방되고 싶었던 개인적이고 주관적인 예술가의 모습을 드러내고자 했으나 현실은 마음대로 되지 않았다. 이는 투우사의 패배로 그려진다(제12, 21, 26번).

특히 마지막 작품(제33번)은 1801년에 죽은 투우사를 그림으로써 자신의 운명을 예감하여 드러냈다. 그림 속 투우사는 소가 자신에 의해 희생되는 것을 원치 않았으나 도리어 그 소에 의해 죽음을 맞는다. 이는 고야가 예술가인 자신과 민중의 관계를 말하는 것이기도 하다. 대부분의 예술가는 투우사들처럼 민중 출신이고 민중을 위해 진력하지만 결국은 민중에 의해 배반당하고 죽음에 이를지도 모른다는 불안을 가지고 있었다.

이에《전쟁의 참화》마지막 작품들과 마찬가지로《투우》에서도 희망이 없는 해결, 즉 죽음을 통한 종결을 보여준다. 그러면서도 고야는 해방의 길을 밝히고 싶어 하는 미래의 비전 사이에서 방황한다. 고야는 죽기 직전 보르도에서 4매의 투우 석판화 연작을 제작했다. 그 작품에는 투우사도, 투우도, 관중도 없고 긴장이나 구별도 없이 모두가 하나가 되어 축제를 벌이는 모습이 묘사되어 있다.

▲ 《투우》 제33번, 1816년경, 판화, 24.3x35.2cm, 워싱턴 국립 미술관 외
 – 마드리드 광장에서 일어난 페페 이요의 불행한 죽음

《투우》의 분석

《투우》는 대담한 구성과 치밀한 기량을 드러내며 고야 판화의 최고봉으로 꼽힌다. 1815년에 그려진 초기 작품(제19, 28, 29, 31번)과는 달리, 후기 작품(제10, 14, 18, 20, 21, 30, 33번)에는 새로운 양식이 등장한다. 소와 투우사는 주변의 추상적인 명암대비에 의해 명료하게 표현되며 경우에 따라서는 투우장이라는 장소조차도 분명하게 드러내지 않는다(제5, 10, 11, 14, 24, 25번).

고야는 종전에 사용했던 중앙집중이라는 고전적 구성을 대신하여 새로운 수법으로 비대칭을 사용하였다. 관중은 평행으로 모인 그림의 배

▲ 《투우》 제31번, 1816년경, 판화, 24.3x35.2cm, 워싱턴 국립 미술관 외
— 창과 폭죽

▲ 《투우》 제26번, 1816년경, 판화, 24.3x35.2cm, 워싱턴 국립 미술관 외
— 피카도르는 황소에서 떨어져 깔려 있다.

▲ 《투우》 제11번, 1816년경, 판화, 24.3x35.2cm, 워싱턴 국립 미술관 외
– 또 다른 황소를 찌르는 우승자 엘 시드

▲ 《투우》 제26번, 1816년경, 판화, 24.3x35.2cm, 워싱턴 국립 미술관 외
– 피카도르는 황소에서 떨어져 깔려 있다.

▲ 《투우》 제21번, 1816년경, 판화, 24.3x35.2cm, 워싱턴 국립 미술관 외
– 마드리드 투우장 맨 앞줄에서 일어난 끔찍한 사건과 토레존 시장의 죽음

경에 숨어 있고 그 반대쪽은 텅 비어 있다(제13, 15, 20, 22, 26, 30, 33번). 특히 작품 제18번의 경우 구성은 더욱 두드러지게 비중심화되어 높은 곳에서 투우를 관람하는 시점과 함께 급격히 경사지게 표현된 왼쪽의 관중석 묘사에 의해서 투우의 긴장감은 더욱 팽팽해진다.

이보다도 더욱 극단적인 비대칭은 작품 제21번에서 볼 수 있다. 여기서는 장막을 뚫고 관중석으로 돌진한 소가 불행히도 관중을 떠받아 머리에 이고 있다. 이 모습은 그림의 오른쪽 끝 부분을 형성한다. 그 아래로 사람들이 도망치고 있는 반면, 반대편은 텅텅 비어 사람이 하나도 없다. 그림의 윗부분과 왼쪽 부분에 존재하는 허공을 통해, 순간의 긴장감은 더욱 팽팽하게 강화된다.

이러한 비대칭성은 궁정의 엄격한 합리성과 규칙성에 반대되는 자연의 특성을 상징적으로 드러낸다. 왜냐하면 자연은 자유, 다양성, 의외성을 본질로 하며 모든 속박으로부터의 해방을 의미하기 때문이다. 18세기 예술사조에 요구되었던 이 같은 비대칭과 다양성은 결국 인간의 내적·외적 능력이 얼마만큼 확대될 수 있는지 보여주는 미적 실험이었다고 평가할 수 있다.

5. 만년의 소묘와 판화

고야 만년

1819년, 72세의 고야는 마드리드 교외 언덕에 위치한 농가를 구입하여 은거했다. 약 3천 평에 이르는 밭이 딸린 이 집은 훗날 '귀머거리집'으로 불린다. 여기서 '은거'라는 말을 '은퇴'라는 어감으로 받아들이면 안 된다. 고야는 〈지금도 나는 배운다〉라는 그림을 그로부터 5년 뒤에 그릴 정도였으니 그에게는 은퇴라는 말이 어울리지 않는다.

이 책의 머리말에서 이 그림을 거론하며 이야기했듯, 고야는 사실 이러한 태도만으로도 우리의 존경을 받을 만하다. 창조하지 않는 예술가와 지식인은 창조를 멈춘 그 순간부터 죽은 자이다. 시골에 은거하든 명상에 빠지든 상관이 없으나 창조와 배움을 멈춘 자는 살아 있는 지식인이 아니다.

'귀머거리 집'은 고야의 새로운 작업장이었다. 훗타 요시에는 그곳이 정말로 좋은 곳*이라고 했지만 내가 본 귀머거리 집은 고야의 고향 아라곤

■ * 4권, 219쪽

313

풍경처럼 살벌하기 짝이 없었다. 다만 귀머거리 집에서 마드리드 시내 풍경이 내려다보이는 것만큼은 참 좋았다. 그곳에서 고야는 레오카디아 모녀와 함께 살다가 1819년 다시 중병에 걸렸다.

고야는 7년 전 부인이 죽은 뒤로 아들 부부와도 따로 살았다. 젊은 시절부터 친하게 지냈던 진보파 친구들은 페르난도 7세의 박해를 피해 망명하면서부터 멀어졌다. '궁정화가'라는 신분은 고야에게는 그저 붙여진 이름일 뿐, 그는 벌써 몇 년째 왕후 귀족의 공식 초상화를 그리지 못하고 있었다.

1820년

1789년 프랑스 혁명은 나폴레옹에 의해 좌절되었다. 그리고 러시아의 알렉산드르 1세(Alexander I, 재위 1801~1825)를 비롯한 신성동맹의 반동이 시작되었다. 그런 가운데 스페인에서는 혁명이 터졌다. 반동의 나라였던 스페인이 이제는 혁명의 나라가 되었고, 당시 유럽의 자유주의자들은 스페인을 우러러보았다. 이제는 스페인이야말로 유럽의 희망이었다.

1820년은 혁명으로 시작되었다. 1월 1일, 안달루시아에서 일어난 자유주의 혁명의 결과로 국왕은 1812년 헌법을 용인했다. 개혁은 또 다시 이루어졌으나 그 내용은 언제나 그랬듯 정부 개편과 의회 소집 및 언론 자유 보장, 이단심문소 폐지와 예수회 추방, 수도원 폐쇄 및 교회 재산 국유화였다.

당시의 행진곡은 제2공화제 이래 스페인의 국가(國歌)가 되었다. 그때 고야는 노구를 이끌고 마지막으로 아카데미에 출석하여 헌법 선서식에 참가하며 혁명에 찬동했다. 그러나 스페인 역사에서 늘 그랬듯이 혁명 정부는 미숙했고 곧 좌파와 우파로 분열되었고 7, 8천 여 명의 친(親)프랑스파 지식인과 행정가들이 추방되었다.

나폴레옹에 대한 독립전쟁이 끝난 뒤 집권한 페르난도 7세는 언론의 자유를 탄압하였으며 특히 반체제적이고 무신론적인 언론을 금지한 결과 두 개의 정부기관지만 살아남았다. 이후 1820년에 와서는 1년 동안 마드리드에만 65개의 신문이 등장했다.

1820년부터 1823년까지 3년 동안은 입헌제에 입각한 정치가 이어졌다. 그러나 1823년, 반동적 귀족과 지주의 책동으로 오스트리아의 정치가이자 외교가인 메테르니히(Metternich, 1773~1859)가 주도한 빈(Wien, Vienna) 반동체제의 간섭을 받아 페르난도 7세가 복귀하고 프랑스군이 다시 스페인을 침략했다. 민중은 '헌법'보다 '국왕'의 아래에 있을 때가 더 좋았던 모양이다. 이어 1824년부터는 왕정복고(王政復古)*가 시작되었고 이 시기에는 스페인령에 속했던 아메리카 식민지 대부분이 독립했다.

또한 언론은 다시 탄압을 받아 4개의 신문을 제외하고는 모두 발매 금지처분을 당했다. 그리고 1820년부터 1823년을 일컫는 '입헌제의 3년' 동안에 외국에서 들여온 모든 반(反)체제적 출판물이 교회와 이단심문

■ * 공화 정체나 그 밖의 다른 정체가 무너지고 다시 군주 정체로 되돌아가는 일을 말한다.

소에 제출되어 이단심문소, 군사위원회, 신앙평의회 등의 사상검열을 통해 대부분 금지되었다.

고야는 1820년부터 4년 동안 자신의 2층집 벽에 연작 〈검은 그림 Pinturas negras〉 14점을 그렸다.[*] 이 작품들은 나이 일흔을 넘긴 노인이 그린 그림이라고는 도저히 믿어지지 않는 대작이고 걸작이다. 그중 백발의 노인은 고야의 분신이다.[**] 〈검은 그림〉은 1870년대에 캔버스에 옮겨진 후 프라도 미술관에 기증되었는데 그 과정에서 상당히 파손되었기에 지금의 그림을 완전한 고야의 작품이라고 볼 수는 없다.

《C화첩》

고야의 소묘집은 A에서 H까지 이어지는데 그중에서 특히 중요한 것은 《C화첩》이다. 《C화첩》에 실린 작품은 원래 133점이었으나 현재는 124점만이 확인된다. 제1부인 작품 제1번부터 84번까지는 부정적인 인간상을 여러 가지 모습으로 그린다. 제2부는 작품 제85번부터 114번까지로 '… 기 때문에'라고 해설되는 희생자들을 다룬다. 이어 제3부는 1820년대에 성복을 벗은 성직자들에 대한 풍자이다. 우리에게 중요한 것은 제2부인데 대체로 1812년 이후에 그려졌다.

■   [*] 본래는 15점이었으나 하나는 없어졌다.
     [**] 이에 대해서는 F. J. Sanchez Canton, Goya et ses peintures noires a la Quinta del Sordo, Milan-Paris 1963 참조.

■ 왼쪽부터 시계방향으로
《B 화집》 제34번 〈지팡이로 학대당하는 여성〉, 1796~1797년, 담채, 21.4x15.2cm, 제노도트 출판협동조합
《C 화집》 제108번 〈얼마나 잔인한가〉, 1810~1811년경, 담채, 20.5x14.3cm, 프라도 미술관
《C 화집》 제98번 〈자유주의자였기 때문에〉, 1803~1824년경, 담채 20.5x14.3, 프라도 미술관
《F 화집》 제56번 〈고문당하는 남자〉, 1812~1820년경, 담채 20.5x14.2, 뉴욕 히스패닉 소사이어티

예컨대 제97번은 고문 장면이다. '헌법을 지지한다는 말을 취소할 것이냐?'라고 물으면서 부정하는 경우 고문을 가한다는 것이다. 제98번 〈자유주의자였기 때문에〉는 완벽하게 갇힌 한 여자 죄수를 그린다.

《어리석음》

《어리석음》은 1816년부터 1823년 사이에 제작된 판화집이다. 22매로 구성된 이 판화집은 1864년에 와서야 간행되었으나 《전쟁의 참화》처럼 정치적인 함의 때문은 아니었다. 또한 《어리석음》은 《로스 카프리초스》의 연장선에 있는 것처럼 보이지만 내용을 살펴보면 극도로 난해한 추상의 경지를 보여준다. 19세기 미술에 이와 유사한 작품은 존재하지 않는다.

《어리석음》은 고야가 죽은 지 36년이나 지난 뒤에 공개되었기에 그 주제와 배열은 고야에 대한 연구들 중에서도 가장 풀기 어려운 숙제였다. 최근에는 이 판화집이 동시대의 사건이나 소설과도 관련되어 있음이 밝혀지고 있다. 이 판화집에서 가장 유명한 제1번 〈여자들의 어리석음〉은 고야가 젊은 시절에 그린 〈짚인형 놀이〉와 비슷해 보인다. 그러나 이번에 헝겊 위에 있는 것은 시체인지 모를 나체와 거대한 당나귀이다. 제3번 〈우스꽝스러운 어리석음〉에서는 나뭇가지 하나에 일가족이 모여 앉아 있는 위태로운 모습을 그렸다. 불안한 상황에서도 그들의 모습은 태평해 보인다. 이는 스페인의 운명을 비유한 것 같기도 하고 우리의 인생을 비유한 것 같기도 하다.

▲ 《어리석음》 제1번 〈여자들의 어리석음〉, 판화, 24.3x35.3cm, 프라도 미술관 외
▼ 《어리석음》 제3번 〈우스꽝스러운 어리석음〉, 판화, 24.5x35.3cm, 프라도 미술관 외

▲ 《어리석음》 추가 작품 〈고지식한 어리석음〉, 판화, 24.6x35.6cm, 프라도 미술관 외
▼ 《어리석음》 제13번 〈비행하는 법〉, 판화, 24.4x35.1cm, 프라도 미술관 외

▲ 《어리석음》 제5번 〈하늘을 나는 어리석음〉, 판화, 24.4x35.2cm, 프라도 미술관 외

한 남자가 저항하는 여자를 안은 채 날개가 달린 괴물의 등에 올라 타 하늘을 날고 있는 이 그림의 제목은 〈하늘을 나는 어리석음〉(제5번) 이다. 새의 형상을 한 이 괴물은 비웃는 듯 기괴한 웃음을 짓고 있다. 제 7번 〈결혼의 어리석음〉은 〈엉망진창인 어리석음〉이라고도 불린다. 이 그 림은 결혼으로 인해 인간이 서로에게 묶여 구속되는 어리석음을 개탄한 다. 고야는 평생 많은 여성을 사랑했지만 끝내 결혼이란 굴레에 갇히는 쪽을 택했다. 제8번 〈자루의 남자들〉은 갇혀 있는 죄수들의 모습을 통 해 인간 존재를 고발하는 작품이다.

▲ 《어리석음》 제7번 〈결혼의 어리석음〉, 판화, 24.4x35.2cm, 프라도 미술관 외
▼ 《어리석음》 제8번 〈자루의 남자들〉, 판화, 24.4x35.1cm, 프라도 미술관 외

검은 그림

〈검은 그림〉은 고야 만년에 그린 14개의 작품들로, 1819년부터 1823년 사이에 제작되었다. 고야가 기거했던 '귀머거리 집' 벽에 그린 이 작품들은 현재 캔버스에 옮겨져 프라도 미술관에 소장되어 있다.

'귀머거리 집' 1층 입구 왼쪽에는 〈레오카디아〉가 있었다. 당시 고야와 함께 살았던 32세의 아름다운 여인은 까만 상복을 입고 있다. 그 상복은 죽음을 앞두고 있는 고야를 위한 것이다.

그 왼쪽에는 〈마녀들의 연회〉 또는 〈거대한 숫염소〉로 불리는 그림이 있었다. 이 그림은 1층 벽 하나를 가득 채우는 대작으로 그 크기는 세로

▲ 〈레오카디아, 검은 그림 연작〉, 1820~1823년, 석회벽 유화를 캔버스로 옮김, 145.7x129.4cm, 프라도 미술관

1.4미터, 가로 4.38미터에 달한다. 이 그림에서 악마는 숫염소의 모습으로 마녀들의 잔치에 나타났다. 마녀들은 의심의 눈초리를 하고는 악마의 설교를 그다지 열심히 듣고 있는 것 같지 않다. 오른쪽 구석에 앉아 있는 레오카디아만이 악마의 말에 귀기울이고 있는 듯하다. 이 그림은 잔혹한 비관주의가 화면 전체를 압도한다.

다시 그 옆으로 〈아들을 잡아먹는 사투르누스〉가 있다. 전설에 의하면 사투르누스는 어머니인 대지의 신으로부터 사투르누스가 자식들에게 지배권을 빼앗길 것이라는 예언을 듣고 자신의 자리를 지키기 위해 아이들을 먹어버린다고 한다. 원래 고야는 이 그림의 데생에서 두 손에 아이

를 하나씩 쥔 고야와 비슷한 영감이 아이를 발부터 맛있게 먹는 모습으로 그렸다. 완성된 그림과는 다른 모습이다. 고야는 이 그림을 그리면서 자신의 죽은 아이들을 떠올린 것은 아닐까?

　다음 그림은 〈유디트와 홀로페르네스〉이다. 유디트는 외경인 『유디트서(書)』의 여주인공으로 유태의 '논개'였다. 논개가 적장을 안고 물에 빠져 죽었다면, 유디트는 적장 홀로페르네스의 목을 베었다. 유디트의 이러한 일화는 성(性)과 죽음을 동시에 표출할 수 있는 흥미로운 주제로 현재까지 수많은 화가들에 의해 그려졌으며 시대적 상황과 화가의 개성에 따라 현저히 다른 표현방식을 보여준다. 고야는 이 그림을 그리며 아마도 독립전쟁에서 희생당한 수많은 스페인 여인들을 생각했으리라. 또한 이 그림을 사투르누스의 그림과 의도적으로 대비시키면서 호색에 대한 저항의 의미도 담겨져 있다.

이어진 그림은 〈성 이시드로를 향한 순례〉이다. 성 이시드로 성당을 향한 순례 행렬을 그린 이 그림에서 행진하는 사람들의 모습은 기묘하다. 행렬 맨 앞에서 기타를 연주하는 사람의 눈은 보이지 않는다. 그의 뒤를 잇는 사람들은 눈을 뜨고는 있지만 각기 다른 방향을 바라보며 한 행렬 속에서도 뿔뿔이 흩어진 느낌을 준다. 순례행렬이라고는 하지만 그들은 사실 정처 없는 나그네처럼 무의미하게 그저 따라서 걷고 있을 뿐이다.

그다음 그림은 〈두 노인〉이다. 이 그림에서 수염을 기른 백발의 노인은 바로 고야 자신이다. 또한 그 옆에 있는 〈수프를 떠먹고 있는 두 노인〉에서는 두 노인이라고는 하지만 오른쪽에 있는 노인의 모습은 사실 해골에 가깝다. 고야는 죽음을 가까이 둔 자신의 처지를 그린 것이리라.

▲ 〈성 이시드로를 향한 순례, 검은 그림 연작〉, 1820~1823년, 석회벽 유화를 캔버스로 옮김, 138.5x436cm, 프라도 미술관

▲ 〈아들을 잡아먹는 사투르누스, 검은 그림 연작〉, 1820~1823년, 석회벽 유화를 캔버스로 옮김,
   143.5x81.4cm, 프라도 미술관
▶ 〈유디트와 홀로페르네스, 검은 그림 연작〉, 1820~1823년, 석회벽 유화를 캔버스로 옮김,
   143.5x81.5cm, 프라도 미술관

▲ 〈수프를 떠먹는 두 노인, 검은 그림 연작〉, 1820~1823년, 석회벽 유화를 캔버스로 옮김, 49.3x83.4cm,
   프라도 미술관

▲ 〈두 노인, 검은 그림 연작〉, 1820~1823년, 석회벽 유화를 캔버스로 옮김, 142.5x66cm, 프라도 미술관
▶ 〈두 여자와 한 남자, 검은 그림 연작〉, 1820~1823년, 석회벽 유화를 캔버스로 옮김,
   125x66cm, 프라도 미술관

▲ 〈아트로포스:운명의 세 여신, 검은 그림 연작〉, 1820~1823년, 석회벽 유화를 캔버스로 옮김, 123x266cm,
   프라도 미술관

이층으로 올라가 보자. 입구의 왼쪽 벽에 〈아트로포스(숙명)〉가 있다. 흔히 이 그림이 그리스 신화에 나오는 운명의 세 여신을 그렸다고 하지만 그림 속 인물은 세 남자와 한 여자이다. 고야는 자식들의 죽음에 대한 숙명과 회한을 그린 것일지도 모른다. 앞에서 이미 보았던 그림 〈곤봉 결투〉에서 두 남자는 종아리까지 땅에 파묻힌 채 피터지게 싸우고 있다. 이 의미 없는 싸움은 이들이 죽을 때까지 계속될 것이다. 이는 고야가 평생을 두고 본 인간들의 모습을 대변한다. 우리는 살아 있는 동안 의미 없는 싸움을 계속한다. 이어 〈두 여자와 한 남자〉에서 두 여자는 자위를 하는 한 남자를 보며 놀리듯 비웃고 있다.

오른쪽 벽으로 넘어가 보자. 그림 〈성 이시드로 샘으로〉에서는 1층에서 본 순례 행진과 같은 장면을 다른 모습으로 담고 있다. 오른쪽, 행렬의 앞에는 이단심문소의 대심문관이 있다. 평생을 이단심문소에 시달렸던 것은 고야뿐만이 아니라 스페인 전체였다.

이어 오른쪽에는 그림 〈아스모데아〉가 있다. 아스모데아(아스모데우스)는 외경인 『토비트서 *The book of Tobit*』에 호색적인 악마로 등장한다. 그는 지붕을 벗겨 사람들의 은밀한 사생활을 폭로하곤 한다. 여자인지 남자인지 모를, 하늘을 나는 아스모데아 아래로 스페인을 상징하는 거대한 바위, 도적떼, 병사들이 있다. 아스모데아가 벗겨야 할 지붕은 보이지 않는다. 아마도 그가 지붕을 이미 벗겨버린 뒤이리라.

그리고 마지막 그림은 〈개〉이다. 이 그림의 아래쪽에서 개 한 마리가 머리만 내밀고 무언가를 바라보고 있다.

▲ 〈성 이시드로 샘으로, 검은 그림 연작〉, 1820~1823, 석회벽 유화를 캔버스로 옮김, 138.5x436cm, 프라도 미술관

▼ 〈아스모데아, 검은 그림 연작〉, 1820~1823년, 석회벽 유화를 캔버스로 옮김, 127x263cm, 프라도 미술관

▲ 〈개, 검은 그림 연작〉, 1820~1823년, 석회벽 유화를 캔버스로 옮김, 131x79cm, 프라도 미술관

1824년

1823년부터 이른바 '저주받은 10년간'에는 많은 사람들이 망명을 하거나 처형당했다.* 고야도 위험했다. 그래서 그는 재산이 몰수당하는 것을 피하기 위해 '귀머거리 집'을 손자에게 유산으로 주고 나서** 1824년, 78세의 나이에 프랑스로 망명했다. 고야는 병을 치료한다는 핑계로 프랑스의 광천수가 건강에 좋다는 이유를 들어 휴가를 받았다.

고야는 죽기 전까지 4년 동안 보르도에서 살았다. 그 사이에 고야는 파리에도 다녀왔고 마드리드에도 두 번 다녀왔다. 마드리드에 다녀온 것은 궁정화가를 사직하고 연금을 받기 위해서였다. 이후 석판화를 그리기 시작했고 많은 데생 작품을 남겼다. 그 대표작 중 하나인 〈나는 아직도 배우고 있다〉는 이 책의 머리말에서 이미 이야기한 바 있으며, 이어 〈보르도의 투우〉를 그렸다. 그리고 최후의 그림인 〈보르도의 우유 파는 소녀〉를 그렸는데, 이 그림은 고야가 죽기 1년 전에 그려져 고야의 '유언'이라고도 불린다. 이 그림은 고야의 칼톤 시대 색조를 떠올리게 할 정도로 감미롭고 조화로우며 음악적이다.

1828년 4월 16일, 고야는 죽었다. 그의 나이 82세였다. 유해는 보르도에서 먼저 죽은 사돈의 유택에 함께 묻혔는데, 1898년에 무덤을 이전하기 위해 무덤을 파 보니 고야의 두개골이 절도되어 보이지 않았다. 1901년에 유골은 스페인 성 이시드로 성당으로 옮겨졌다가 1919년 플로

---

* 이는 116년 뒤 프랑코에 의해 30만명을 처형하는 대학살로 이어졌다.
** 훗날, 결국 손자는 그의 아버지처럼 고야의 재산을 모두 날리고 사기꾼으로 살다 죽는다.

▲ 〈보르도의 우유 파는 소녀〉, 1827년경, 캔버스 유화, 74x68cm, 프라도 미술관

리다 성당에 묻혔다. 이곳은 지금까지도 고야의 판테온(Panteon de Goya) 으로 많은 사람들이 찾는 명소가 되었다.

사후의 고야

고야 생전에 프랑스에서 그의 그림은 제대로 알려지지 못했고, 훗날 인 상파 시대에 와서야 비로소 널리 알려질 수 있었다. 고야는 죽은 뒤 전 세계에 널리 알려졌다. 그를 유럽에 알린 공로자는 프랑스의 들라크루 아, 마네, 도미에, 그리고 노르웨이의 뭉크(Edvard Munch, 1863~1944)였다. 또한 피카소와 달리뿐만 아니라 프랑스 화가 폴 세잔(Paul Cézanne, 1839~1906), 르동(Odilon Redon, 1840~1916), 스위스 화가 클레(Paul Klee, 1879~1940), 영국 화가 베이컨(Francis Bacon, 1909-92), 독일 화가 그로츠(George Grosz, 1893~1959) 등이 고야를 높이 평가했다. 그럼에도 불구하고 고야는 사후 70년이 지나도록 회고전이 열리지 않았다.

고야의 작품 중 최초로 외국에 알려진 작품은 《로스 카프리초스》였다. 1825년 《로스 카프리초스》가 파리에서 발간되자 들라크루아는 열광했다. 1820년대에는 위고와 메리메의 영향으로 프랑스에 스페인 문화가 유행하여 1838년에는 루브르 미술관에 스페인 화랑이 개설되었고 이 화랑은 1848년에 루이 필립이 쫓겨날 때까지 10년 동안 열려 있었다. 당시 전시된 고야의 그림은 〈대장간〉이었는데 당시 도미에가 관여했던 『르 샤리바리le Charivari*』지는 '고야가 예리한 풍자화가이긴 하지만 화가로서는 너무나도 평범하다.'라고 평했다.

그러나 〈대장간〉, 〈칼갈이〉, 〈물병을 나르는 여인〉 등은 곧 19세기 농민화, 빈민화의 효시가 되었으며, 프랑스 화가 도미에, 밀레(Jean-François Millet, 1814~1875), 쿠르베, 피사로(Camille Pissarro, 1830~1903)와 영국 화가들에게도 영향을 미쳤다. 이어 1857년 보들레르가 고야를 '위대한 화가'로 불렀고, 이어 세기말 르동을 비롯한 모더니스트들이 광기 가득한 고야에 대해 관심을 기울였다.

■   * 19세기에 발간되었던 프랑스의 풍자 신문

19세기 고야 사후는 물론 20세기 역시 '전쟁의 시대'였다. 특히 스페인은 한국처럼 처참한 내전까지 경험했으며, 스페인 내전을 그린 수많은 화가들뿐만 아니라 20세기 현대화가들도 전쟁을 그리면서 고야에게서 착상을 얻고 있다. 채프먼 형제 역시 고야의 그림을 모티브로 하여 3차원의 작품을 만들었다.

고야와의 마지막 대화

우리는 고야의 그림을 마음 편하게 볼 수 없다. 적어도 이 책에 소개된 고야의 그림과 '괴물'들의 모습은 더더욱 그렇다. 많은 서양화가들과는 달리 고야는 자신의 그림을 우리가 조용히 커피를 마시며 감상하도록 허용하지 않는다. 똑바로 앉아서 자신과 대화하기를 강요한다. 지금까지 우리는 그런 대화의 여정을 달려왔다.

고야는 결코 단순하지 않다. 그는 우리에게 단순하고 명쾌한 '하나의 정답'을 내어놓지 않는다. 지금까지 우리는 이 책을 통해 고야에 대해 살펴보았다. 어렵고 힘들게 그림을 그렸던 고야는 앞으로 더욱 연구되고 탐색되어야 할 대상이다.

대부분의 그림들이 그렇듯 사실 그림을 보고 그 화가, 그 인간에 대해서까지 알고자 하는 마음이 들지는 않는다. 그러나 고야는 다르다. 고야의 그림을 보면 고야가 살았던 시대와 역사를 알고 싶어지고, 동시에 그의 삶을 들여다보면서 그가 참으로 위대하고 큰 사람이라는 것을 알게 된다.

▲ 《전쟁의 참화》 제39번 〈시체에 대해 이 무슨 만용인가!〉, 1812~1815년경, 판화, 15.6x20.8cm, 프라도 미술관 외
▼ 채프먼 형제 〈시체에 대해 이 무슨 만용인가!〉, 1994년, 혼합 매체 병용, 277x244x152cm, 런던 사치 갤러리

앞에서도 보았듯 고야는 조숙한 천재가 아니었다. 오히려 40대 후반이 되어서야 제 길을 찾았다. 그는 출세하기 위해, 타인을 위해 그림을 그리던 시절을 벗어나 자신의 길을 택하면서 근대회화는 물론 현대회화의 선구자가 되었다. 방대한 작품 수라든지 다양한 장르, 혹은 기법 면에서 위대한 족적을 남겼다. 그러나 이보다 중요한 것은 고야가 택한 그림의 주제들이 '인간'과 '인간행위'에 집중되었다는 점이다. 이 부분에서 그의 예술은 확연히 구별된다.

고야는 중병을 세 번이나 앓았고 초인적인 의지로 병을 극복하여 당시로서는 드물게 82세까지 살았다. 그러나 내가 놀라는 점은 그런 것이 아니다. 그 어둡고 무서운 시대에 죽기 직전까지 당대 현실을 열심히 그려 900매에 이르는 방대한 소묘와 판화를 남겼으니 이 얼마나 놀라운 일인가. 고야의 그림들은 마치 일기처럼 매일을 기록한 '역사적 증언'이다.

고야는 누구인가? 고야의 얼굴을 다시 한 번 보자. 얼굴은 둥글고 코는 뭉뚝하여 날카롭지 않은 느낌을 준다. 그러나 움푹 들어간 눈은 겁 없이 노려보듯 언제나 나를 지켜본다. 마치 나를 속속들이 알아내려는 듯 말이다.

나는 고야가 왕과 왕비를 비롯한 왕족뿐만 아니라 자신이 그린 사람들 모두를 샅샅이 알고 그린 것만 같다. 여기서 '리얼리즘'에 대해서 설명하려는 것은 아니다. 그러나 고야의 그림을 볼 때면 '바로 이게 리얼리즘이다.'라는 생각이 든다. 나는 고야에게서 느껴지는 살 냄새나 땀 내음을 그 어떤 화가에게서도 맡지 못했기 때문이다. 미술사에서 '리얼리

▲ 〈자화상〉, 1815년, 캔버스 유화, 45.8x35.6cm, 프라도 미술관

즘의 선구'라고 평가되는 벨라스케스나 '리얼리즘의 완성자'라고 하는 쿠르베에게서조차도 말이다. 나는 벨라스케스에게서 그저 신비로운 창백함만이 보이고 쿠르베에게서는 굳어진 살덩이만이 보일 뿐이다.

벨라스케스가 정교하게 그린 현실에서는 신비로움이 느껴지지만 고야는 '괴물'을 그려도 신비롭지 않다. 아무리 정교하게 신비를 그리려 해도 고야가 그린 것은 '현실 그 자체'이다. 인간의 광기는 신비로운 대상이 아닌 광기 그 자체로, 참혹한 인간 현실의 단면을 드러낸다.

고야의 그림에는 스토리가 있다. 그는 시인이라기보다 소설가였다. 아니, 역사가이자 사진가이며 기자였다. 고야는 언제나 추상이 아닌 구체에 살았다. 그의 꿈 역시 현실이었다. 환상을 그린 것조차도 현실이었다.

제5장 고야,
    그 이후의 스페인

1. 19세기 스페인

커피, 정치 그리고 지배계급

고야의 〈검은 그림〉은 오랜 기간 방치된 채 사람들이 볼 수 없었다. 대신 그 사이 스페인에서는 '검은 물'이 유행하기 시작했다. 18세기에 마시던 달짝지근한 코코아 대신 자극적인 커피가 새로운 음료로 대체되었다. 스페인의 커피는 다른 나라와 달리 묘한 역사를 가지고 있다. 1820년부터 1823년 사이 보수반동의 시대였던 '입헌 3년간' 비밀결사로 활동한 애국협회가 '커피'와 함께, 커피를 마시는 공간인 '카페'의 보급을 위해 노력했다.

커피의 기원에 대해서는 여러 가지 설이 있다. 아라비아 승려가 커피를 발견했다는 이야기도 있고, 천 년 전 에티오피아에 사는 산골 양치기가 커피 열매를 먹고 흥분 상태로 잠을 자지 않는 것을 보고 커피를 마시게 되었다는 이야기도 있다. 이어 커피는 18세기에 프랑스와 이탈리아, 오스트리아를 거쳐 19세기에는 스페인까지 전파되었다. 커피와 카페는 불가분의 관계로 함께 등장했고 사람들은 카페로 몰려들었다. 특히

18세기와 19세기에는 낭만파들이 카페에서 커피를 마시며 정치와 문학을 이야기했고 사랑을 나누기도 했다.

뿐만 아니라 카페는 정치적 음모를 꾸미는 장소이기도 했는데, 스페인에서 카페는 19세기 말부터 1930년대 후반 시민전쟁이 터지기 직전까지 전성기를 누렸다.

1814년, 6년간 이어진 고된 독립전쟁은 끝이 났고 국왕과 교회 및 귀족의 구체제가 다시 등장했다. 이어 1828년 고야가 죽었고 그의 사후 스페인 정치는 커피처럼 검게 물들어 갔다. 고야가 망명한 이유였던 보수적 반동은 더욱 그 마수(魔手)를 확대했으며 이에 맞서는 변혁적 진보는 쉽사리 그 마수에서 벗어나지 못한 채 조금씩 변화를 이어갔다.*

1833년에 페르난도 7세가 죽자 그의 딸과 동생을 둘러싼 왕위찬탈전이 벌어졌다. 6년 뒤 딸이 왕위계승자로 인정되었으나 당시 그녀는 미성년자였기에 그녀의 어머니가 9년 동안 섭정했다. 그 사이에도 개혁은 계속되었다. 1837년, 진보파가 주권재민과 양원제, 선거에 의한 자치제 구성 등을 인정한 헌법이 성립되었고 교회 재산을 국유화하는 등 개혁이

■　　* Raymond Carr, Spain, 1808-1939, Oxford:Oxford University Press, 1966; Robert W. Kern, Reformers and Caciques in Restoration Spain 1875-1909, Albuquerque: University of New Mexico Press, 1992; John L. Offner, An Unwantes War. The Diplomacy of the United States and Spain over Coba, 1895-1898, Chapel Hill: University of North Carolina Press, 1992; Sebastian Balfour, The End of the Spanish Empire 1898-1923, Oxford: Calrendon Press, 1997: Shlomo Ben-Ami, Fascism from Above:The Dictatorship of Primo de Ribera in Spain 1923-1930, Oxford: Oxford University Press, 1983; Temma Kaplan, Anarchist of Andalucia 1868-1903, Princeton: Princeton Universitu Press, 1977; Gerald H. Meaker, The Revolutionary Left in Spain 1914-1923, Stanford: Stanford University Press, 1974; Stanley G. Payne, Politics and the Military in Modern Spain, Stanford: Stanford University, 1967;

행해졌다. 그러나 1840년 진보파가 온건파에 정권을 양도하고자 하는 과정에서 이에 불만을 품은 민중이 다시 폭동을 일으켰다. 그 후로도 쿠데타와 정권교체의 악순환은 사회 각 분야에서 계속되었다.

먼저 궁정을 들여다보자. 페르난도 7세의 미망인 왕비와 그녀의 어린 딸이 있다. 이 딸은 3세에 여왕이 된 이사벨 2세(Isabella II, 재위 1833~1868)이다. 왕비는 딸 대신 섭정을 하며 사실상 여왕으로 군림했다. 왕비는 왕이 죽고 2주일이 지나, 근위장교와 사랑에 빠지고 세 달 뒤 결혼한다. 이사벨 2세는 16세에 '나보다 더 많은 레이스를 양복에 단 남자'인 사촌오빠와 결혼했으나 사이가 원만하지 못했다. 그녀는 확실한 자신의 세력을 만들지 못하고 보수반동 정치를 펼치다 끝내 폐위되었다.

두 번째로 교회를 보자. 나폴레옹은 교회가 소유한 토지재산을 국가가 관리해야 한다는 내용의 교회 분할 매각령을 내렸고, 이에 토지를 산 사람은 페르난도 7세에 의해 토지를 반환 당했을 뿐만 아니라 공직에서 추방되고 처벌까지 받았다. 페르난도 7세가 죽고 난 뒤인 1834년 이후, 진보파는 자유주의 정부에 반대하는 수도원을 폐쇄하고 교회 토지를 다시 매각했다. 당시 교회 토지는 국토 전체에서 18%를 차지했고 사제는 총 인구의 14%였다.

교회가 가르치는 복종의 정신은 개인주의, 평등, 이성, 능률과 같은 새로운 가치관과 모순되며 교회의 이념은 자유주의 사회 건설에 유해하다고 여겨졌다. 이에 따라 반교회주의는 널리 확산되었고 일부 민중은 신부를 살해하고 수도원에 불을 지르기도 했다. 그러던 중 1851년, 온건파

정부와 바티칸 사이에 새로운 조약이 체결되었다. 교회 재산을 산 사람을 처벌하지 않고 교육계의 성당 주도권을 인정하는 내용이었는데 중요한 점은 교회 재산을 산 계층이 자유주의적 부르주아였고 그들에게 분노한 신자들은 대부분 무산자(無産者)였다는 점이다. 그 결과 무산 계층은 반자유주의자로서 19세기 말뿐만 아니라 20세기까지 이어지는 권력 투쟁에서 보수파의 지지기반이 된다.

세 번째로 살펴볼 부분은 귀족이다. 당시 귀족들은 아침 10시에 일어나 홍차나 코코아를 한 잔 마시고 신문을 보는 둥 마는 둥 하다가 산책이나 승마를 즐긴 후 카페에서 친구와 노닥거리며 시가를 피웠다. 그러고는 레스토랑에서 점심을 먹고 연극을 보거나 여자를 유혹하고 노름을 하며 저녁 시간을 보냈다. 물론 다른 유럽 국가의 귀족들처럼 사냥과 폴로(polo)*를 취미로 했다는 공통점도 있지만 스페인 귀족들은 책을 읽지 않았다. 그래서인지 스페인에는 지식인과 궁정 사이에 두터운 벽이 존재했다.

1837년 헌법은 귀족의 봉건적 권리를 최종적으로 포기하게 만들어 귀족들에게 큰 타격을 주었다는 점에서 역사적인 의미가 있다. 귀족들의 법적 권리는 붕괴되었지만 경제적 권리는 전혀 손상을 받지 않았다. 이들은 대를 이어 소유지를 매각하면서 새로운 경제적 힘을 거머쥐었다.

넷째, 19세기에 새로운 지배계급으로 등장한 군인을 보자. 영웅적이고

■　* 말을 탄 경기자가 나무 소재로 만든 공을 스틱으로 쳐 상대편의 골에 집어 넣어 득점수로 승부를 겨루는 경기이다.

반역적인 삶을 찬양하는 군인 특유의 낭만주의와 감상주의, 그리고 외국군과 밀접하게 접촉하면서 배운 개방성, 기성 정치가의 도덕적 부패, 감정에 치달리는 민중의 무질서한 움직임 등은 군인을 정치계로 진입하게 한 요인이었다. 특히 자유주의파는 대중봉기를 두려워하여 군인에게 민중 타도를 의뢰했다. 그러나 언제나 개인숭배, 경쟁의식, 이익 대립으로 분열된 군부의 성격은 군인 정치에서도 그대로였다. 대부분의 군인은 보수적인 체제 유지파로서 자유화를 위해 군인 수를 감소시키고자 들면 즉각 반발하여 반란을 일으키곤 했다.

마지막으로 중산계급과 관리 계층을 보자. 1845년 제정된 헌법은 자유주의를 표방하며 중산계급에 그 토대를 두었다. 이에 중산계급은 연간 일정한 세금을 내는 계층으로 규정되었다. 또한 중산계급은 개혁파가 아닌 체제파로서 사회 질서를 유지하고자 하였으며 대중의 혁명운동을 탄압하기 위해 군대에 의존하고 자신들의 이익을 보장하고자 했다. 한편, 관리 계층은 부르봉 왕조가 중앙집권화하면서 마드리드를 중심으로 형성되었다. 시골 귀족들은 관리 계층에게 돈을 바쳤고 정치가는 이들에게 출세를 약속했다.

노동운동과 쿠데타, 피지배계급

당시 피지배계급이었던 농민과 노동자의 생활은 비참했다. 1837년 혁신적 헌법에 의해 교회 재산이 매각되었지만 이는 새로운 지주 부르주아를 낳아 '가진 자들'이 중심이 되는 결과를 낳았다. 가진 자들은 재산의 축적과 질서 유지를 위해 소작인과 임차인을 희생양으로 삼았는데, 언제나 노동력이 과잉된 상태였기에 기술도입에 대한 관심은 낮았고 농업은 정체되었다.

1837년 이후, 새로운 지주에 대한 농민의 불만이 높아짐에 따라 재판이 이어졌으나 농민은 언제나 패소했다. 그 후 농민 폭동이 확대되자 치안유지를 위한 지주의 요청에 의해 1844년에는 치안경찰이 설치되었다. 특히 안달루시아 농민들은 직접 행동해도 상황이 개선될 여지가 없다고 판단하여 아나키즘에 기울었다. 1850년대에는 토지와 무관했던 은행과 기업 부르주아가 새로운 지주로 등장하여 토지 분쟁은 계급투쟁으로 변했다.

농민뿐만 아니라 노동자의 삶도 열악했다. 앞에서 보았듯이 18세기에 이미 공업화는 어느 정도 진행되었으나 당시 산업 부르주아는 외국과의 경쟁으로부터 자신들의 이익을 지키고자 정부에 보호무역정책을 요구했다. 그러나 노동조건은 너무나도 끔찍했다. 하루 13~14시간 이상 일했지만 임금은 생존을 보장하기조차 어려울 만큼 낮았고 실업에 대한 사회보장제도 역시 거의 전무했다. 이에 노동자들은 파업 투쟁을 개시했다. 1854년의 파업에 이어 이듬해 9일간 일어난 전국 파업은 공장과 지배계급의 정신적 지주인 교회와 수도원을 파괴하고 방화하며 확대되었다.

1860년대에는 정치가와 자본가에 대한 테러 행위도 발생했다. 정부는 언제나 이들을 무력으로 진압했기에 사회는 대립구조를 형성하여 늘 불안했다. 교회와 귀족으로부터 봉건적 특권을 빼앗은 부르주아 계급의 승리는 장군들의 간섭으로 끝없이 이어지는 왜곡된 권력투쟁을 낳았고 사회는 언제나 격렬한 대립과 항쟁, 그리고 분열로 물들었다.

언론과 문화 및 교육

1824년 이후 언론의 자유는 페르난도 7세에 의해 크게 위축되었다. 1833년에 페르난도 7세가 죽은 뒤에도 언론의 자유는 신장되지 못하다가 1836년에 와서야 겨우 검열제가 폐지되었고 이에 따라 마드리드에 43종의 신문이 등장했으며 1850년에는 120종 이상의 신문이 발행되었다.

'입헌제의 3년간'에 설립되었던 문예진흥협회(아테네오)가 1835년에 윤리학, 정치학, 자연과학, 물리학, 수학, 문학, 미술의 전문 분야로 세분화되고 공개강좌를 개최하면서 출판 체제가 갖추어졌다. 이어 1836년에는 문학과 미술 중심의 문화단체 리세오가 창설되어 콩쿠르를 열고 독자의 신문과 극장을 소유했다. 지방에도 이 두 기관과 유사한 기관들이 속속 창설되었고 기타 오락센터인 카지노*를 비롯한 문화·정치 센터, 신문을 읽기 위한 집회소 등을 중심으로 여론이 형성되기 시작했다.

■　　* 현재 카지노는 도박장을 의미하지만 원래 카지노는 도박뿐만 아니라 쇼와 같은 오락을 즐기는 연회장을 의미하는 이탈리어 카자(casa)에서 유래했다.

그러나 여전히 민중의 반 이상은 읽고 쓰지 못하여 그러한 공공문화로부터 소외될 수밖에 없었다. 이에 1837년에는 마드리드에 민중교육을 위한 일요학교와 야간학교가 설치되었고, 1847년 마드리드에서는 민중을 위한 저녁모임이, 1854년 바르셀로나에서는 노동자를 위한 아테네오가 개최되었다. 또한 스페인 아나키즘의 창시자인 로렌조(Anselmo Lorenzo, 1841~1914)는 페레(Francisco Ferrer, 1859~1909)와 함께 근대학교를 설립하고 노동자 교육에 주력했다.

1857년에는 현대적인 교육개혁이 행해졌다. 초등 교육은 국가가 그 비용을 부담했으며 6세부터 9세까지 의무교육을 받았다. 사립학교에 가는 자유는 인정되었으나 교육은 중앙집권화되고 일률화·세속화되었다. 그러나 내용은 개혁을 따라오지 못했다. 교육은 여전히 성차별적이어서 여자는 봉재와 자수, 남자는 직업교육을 받았고 초등 교육은 의무였지만 학교 시설과 교사 인력이 부족하여 인구의 반은 문맹을 벗어나기 어려웠다. 박봉에 시달렸던 교사들에게서 충실한 교육을 기대하는 것도 무리였다.

그러한 상황에서 1876년, 자유교육학원이 설립되었다. 이는 스페인 교육계에서 획기적인 사건으로 꼽힌다. 자유교육학원의 교육은 페레가 설립한 근대학교 이념에 따라 교과서도 시험도 없이, 오직 개인의 도덕적인 자기실현과 의지의 자립을 중시한 아나키즘적 교육관에 입각했다. 이 학원은 모든 종교단체, 철학연구회, 정당으로부터 독립한 일종의 자치적인 대학으로 출발했으나, 인격 형성은 유아기부터 시작된다고 생각하여 유치원, 초등학교, 중학교도 설립되었다.

자유교육학원은 암기나 시험을 배제하고 관찰과 합리적 사고, 공작 등을 중시하여 놀이와 소풍, 여가를 즐기는 방법도 교과과정에 포함되었으며 특히 생물학과 사회학을 중시했다. 또한 생활습관을 혁신하기 위해 매일 목욕을 의무화하고 여성의 지적 열등을 극복하기 위해 남녀 공학을 중시했다.

19세기 스페인은 교육에 대한 관심이 많았다. 앞에서 본 악명 높은 고도이도 당시 유럽에 유행한 페스탈로치(Johann Heinrich Pestalozzi, 1746~1827)의 교육개혁*을 받아들여 페스탈로치 왕립학교를 세웠고, 반동적이었던 페르난도 7세도 여성교육에 관심을 기울여 1819년에는 왕립 회화 장식학교를 세워 귀부인들을 이사로 임명했으며 전문교육 외에도 귀부인들이 직접 강의하는 예의 강좌도 열렸다.

이러한 교육열과 함께 부모와 자녀 사이에서 서로 '너'라고 부르는 자유주의 풍조가 생겨나기도 했으나 학교 교육 방식은 여전히 스파르타식이었다. 또한 자유주의적인 교육열은 계급화를 더욱 촉진시키기도 했는데 학생들이 교복을 입지 않고 자유롭게 옷을 입으면서 학생 간의 민주주의는 사라졌다. 모두 함께 더러운 외투를 걸치고 자유를 구가했던 대학생들조차도 복장에 의해 신분과 계급의 차이를 확실히 느끼게 된 것이다.

■ *스위스 교육학자 페스탈로치는 '왕좌에 있으나 초가(草家)에 있으나 모두 같은 인간'이라는 신념으로 농민 대중의 교육에 힘을 쏟았으며 머리와 마음과 손의 조화로운 발달을 추구하여 노동을 통한 교육, 실물(實物)과 직관의 교육을 스스로 실천하며 어린이를 교육할 때에 교과서를 전혀 사용하지 않았다고 한다.

19세기의 일상생활

19세기 후반은 고야가 살았던 시대와 달리 도시계획에 의해 공공광장이 등장하고 높은 건물이 일렬로 세워졌다. 수도원이 해체되면서 도로가 정비되었다. 도로의 폭도 넓어졌으며, 돌이 가지런히 깔린 보행자도로는 차도와 구분되었고 거리의 가로등은 석유등에서 가스등으로 바뀌었다.

'검은 우물'이라고 불리던 오수 저장고는 하수도로 변하였고 상수도가 설치되어 도시와 시골의 차이도 현저히 벌어졌다. 그러던 중 별안간 물이 부족한 상황이 닥쳐 1841년 마드리드에서는 음용수를 세탁이나 목욕하는 용도로 사용하는 것을 금지시켰다. 이에 세탁은 강변에 설치된 공중 세탁장에서 행해졌고 개인이 집에 목욕탕을 설치하는 것은 특권층에 한정되어 대부분의 사람들은 1주일에 한 번 정도 비좁은 공중목욕탕을 이용해야 했다. 그러나 공중목욕탕의 수는 넉넉하지 않았다. 20만 명 이상이 살았던 마드리드에 공중목욕탕은 150개 정도밖에 없었으니 말이다.

19세기 초엽 마차는 중요한 교통수단이었다. 마차는 서부극에서 보았던 것처럼 도적들의 주요 공격 대상이 되었는데, 이 무렵 의적으로 묘사된 도적들은 19세기 전반 낭만주의 문학에 등장하기도 했다. 1848년 이후 기차가 등장하면서 이 도적들은 '실직'했다. 기차가 대중화되면서 여행을 하거나 피서를 가고 주말에 시골생활을 즐기는 새로운 관습이 생겨났으며 이와 동시에 시골집들은 음식점과 여관으로 바뀌었다.

19세기에는 음식이 그다지 부족하지 않았다. 스페인 사람들은 식사를 자주 하는 것으로 유명한데, 19세기에는 빈민들도 하루에 다섯 번이나 식사를 했다. 아침에는 코코아와 빵을 먹고 11시에는 포도주와 함께 빵을 먹었으며 3시에는 콩요리, 6시에는 레몬에이드와 우유, 밤 10시에는 수프를 먹었다. 부자는 코코아 대신 홍차를 마시기는 하였지만, 스페인에서 '언제 코코아를 마셨니?'라는 질문은 '언제 아침을 먹었니?'라는 의미로 통용되었다.

진보파와 보수파는 독서에서도 서로 경향이 달랐다. 진보파는 프랑스 소설을, 보수파는 신앙서를 주로 읽었다. 중상류계층 여성들은 외부 출입이 금지되었으나 사랑하는 남녀가 하인을 시켜 서로 연서를 교환하는 일은 흔히 일어났다. 결혼 적령기 남녀의 초상화를 모아서 결혼을 중개하는 직업도 생겼으며, 부모가 반대하는 결혼을 법정이 결정하도록 하는 사례도 늘었다. 낭만주의가 성행하여 〈카르멘〉식 연애도 나타나기는 했으나 이는 지극히 예외적이었다.

'혁명의 6년'과 아나키즘

1868년 9월, 이사벨 2세가 지방에서 피서를 하던 중 쿠데타가 터졌다. 이 쿠데타는 군인들에 의해 행해졌으나 군부의 집권만으로 끝나지 않고 민중혁명으로 확산되었다. 전국에 혁명평의회가 결성되어 공공건물을 접수하였고 마침내 이사벨 2세를 강제 폐위하면서 170년간 이어져온

부르봉 왕조를 소멸시켰다. 스페인에서는 이를 '9월 혁명' 또는 '명예혁명'이라고 부르며 이어서 '혁명의 6년'으로 불리는 시절이 이어진다.

그러나 모든 혁명이 그렇듯, 혁명 후의 체제를 둘러싸고 격렬한 내부 항쟁이 벌어졌다. 입헌군주제적 개혁을 주장하는 온건파와 더욱 근본적인 사회개혁을 주장하는 공화파가 대립한 결과, 쿠데타 세력을 중심으로 한 온건파가 집권하여 공화파 민중을 억압하였다. 그러나 노동자들의 혁명적 열광은 쉽게 수그러지지 않았다.

이듬해인 1869년 1월, 스페인 역사상 최초로 제헌의회 선거가 보통선거로 행해지고 온건파가 제1당이 되어 입헌군주제 헌법이 제정되었다. 의회의 4분의 1을 차지한 것에 그친 공화파는 노동자들을 동원하여 왕제 타도와 공화국 수립을 요구하며 봉기했다. 그러나 지도자도 조직도 없는 상태였기에 실패로 돌아간다. 현실파는 당시 이탈리아 왕의 아들을 새로운 스페인 왕으로 추대했으나 집권은 3년 만에 끝이 났다.

이 시점에서 가장 주목해야 할 부분은 노동운동이 조직화되고 이론화되었다는 점이다. 온건파든 공화파든 정권을 잡기까지는 노동자를 이용하지만, 정권을 잡은 뒤에는 공약을 배신하곤 했다. 이런 자유주의 정부에 대한 불만이 노동자들 사이에 널리 퍼졌고, 이에 노동자들은 자신들의 계급을 위한 독자적인 운동을 전개했다. 이에 따라 1868년을 기점으로 스페인 노동운동은 근본적으로 변화하게 된다.

그해 러시아 출신의 아나키스트 바쿠닌(Mikhail Aleksandrovich Bakunin, 1814~1876)의 제자 파넬리(Giuseppe Fanelli, 1827~1877)가 스페인에 와서 협

동조합적 노동운동의 조직을 비롯하여 당시 사회주의자의 국제 조직인 제1인터내셔널*에 가입하기를 권유한다. 그리고 이듬해 노동조합 대표 89명이 참가한 바르셀로나 대회가 최초로 열려 제1인터내셔널 가입을 결의하고 스페인 지방연합이 결성되었다.

정부는 스페인 지방연합을 비합법이라고 선언하고 탄압했다. 그러나 그럼에도 불구하고 스페인 지방 연합 결성 1년 만에 카탈루냐 지방 공장노동자와 안달루시아 지방 농업노동자 수천 명이 인터내셔널 스페인 지방연합에 가입했다. 스페인 같은 농업국에서는 과학적 사회주의를 표방하는 마르크스주의보다 아나키즘이 더욱더 설득력이 있었다. 즉 스페인 민중의 반국가주의에 대한 소박한 동경, 정치적 편의주의에 대한 불신과 증오 등이 아나키즘과 맞아떨어진 것이다. 게다가 아나키즘에서 내세운 종교적 금욕주의나 채식주의 또한 민중들의 마음을 사로잡기에 충분했다.

1873년 9월 3일, 영국 〈타임〉지의 보도에 따르면, 당시 아나키스트 국제회의에 스페인 대표가 참석하여 스페인 아나키스트의 수가 30만 명을 넘었다며 자랑했다고 한다. 이는 분명 과장되기는 하였으나 스페인에서 아나키즘 운동이 불과 몇 년 사이에 크게 확대되었다는 사실은 부정할 수 없다. 또한 제1인터내셔널에서 바쿠닌과 대립했던 마르크스도 위협을 느껴 사위인 라파르그(Paul Lafargue, 1842~1911)를 스페인에 파견하

■ * 정식 명칭은 국제노동자협회(International Workingmen's Association)로, 1864년 9월 28일 런던에서 창설되었으며 지도적 중심인물은 마르크스였다.

여 스페인 지방연합에서 탈퇴한 노동자들을 모아 '마드리드 신연합'을 조직했다.

이런 상황에서 1873년 2월, 스페인 제1공화국이 선포되고 최초로 대통령이 취임했다. 스페인 역사상 최초의 공화정 체제였던 제1공화국은 불과 11개월 동안 존속하였으며 그 사이에 대통령이 4명이나 교체되는 혼란을 겪었다.* 그해 5월 총선에서 공화파가 다수를 차지하고 연방공화국이 선언되었다.

한편 아나키스트들의 요구는 더욱 격렬해져 바르셀로나와 북부 공업지대에서 수많은 쟁의행위가 이어졌다. 결국 대통령은 하야했으며 보수적인 탄압정권이 재기함에 따라 쿠데타가 일어났고 마침내 부르봉 왕조가 재기하는 결과를 낳으며 '혁명의 6년'은 끝났다. 이어 19세기 말에는 1876년 헌법에 근거한 입헌군주제가 수립되고 결사법, 배심재판법, 민법, 보통선거법 등 자유주의적 입법이 제정되었다.

피카소가 태어난 1881년은 바로 이 무렵이었다. 피카소가 성장한 세기 말은 스페인으로서는 가장 불행한 시기였다. 1898년 미국과의 전쟁으로 쿠바와 필리핀 등을 상실하여 환멸과 몰락이 스페인을 엄습한다. 그 결과 민족주의가 강화되어 반민족적 국제주의를 주장한 아나키즘이 쇠퇴하고 마르크스주의가 크게 신장한다.

■　* 11개월간 교체된 4명의 대통령 중에서 2대 대통령인 프란시스코 마르갈이 대통령직에 있었던 것은 고작 1년이다. 그는 아나키스트로, 아나키스트 이론가인 프루동의 책을 번역하기도 하였다.

낭만적 민족주의

19세기 스페인 문화는 '낭만적 민족주의'라고 할 수 있다. 민족주의는 민족의 개성을 존중하고 그 표현수단인 언어의 중요성을 강조한 낭만주의에서 출발하여 민족성을 확인하고 정치적 독립을 회복하는 것을 목표로 삼았다.

스페인 민족주의는 스페인 내 다양한 민족을 단위로 하는 점에서 우리의 단일한 한민족주의와는 다르다. 1840년대부터 카탈루냐는 카탈루냐어를 정비하여 고전과 역사를 편찬하였으며, 카탈루냐어 신문을 발간하기도 하였다. 또한 1850년대부터 등장한 문학 작품들은 19세기 말 카탈루냐 르네상스를 낳는 토대가 되었으며 1892년에는 진보적 부르주아와 지식인들이 카탈루냐주 연합을 결성하고 지방자치를 요구했다. 또한 바스크에서는 1894년, 바스크민족주의당이 창설되었다. 이러한 움직임은 스페인 국력 쇠퇴에 따라 경제적으로 우세한 주변 지역이 정치적 중앙집권에 반대한 것으로 볼 수 있다.

19세기 스페인은 수도 마드리드와 카스티야가 중심이 되었던 정치와 문화를 비판하는 새로운 지방주의와 민족주의를 통해 지방정당과 연합한 새로운 정권이 성립되고 바스크와 카탈루냐 지방에서 자치운동이 활발해지면서 지방 출신의 새로운 문화인들을 배출하였다. 우나무노 (Miguel de Unamuno, 1864~1936)*는 바스크 출신으로, 반유럽 반현대적 스

---

* 우나무노는 37세에 유럽 4대 대학 중의 하나이자 스페인에서 가장 역사가 깊은 대학인 살라망카 대학의 총장이 되었다.

페인의 새로운 독자적 문화를 추구하여 정통 가톨릭을 벗어나 부르주아적이고 실리주의적인 정당정치를 극복하고자 하였다.

이후 수많은 예술가들이 나타났고, 당시 다른 지역보다 경제적으로 번영하였던 바르셀로나를 중심으로 아르누보(Art Nouveau)양식이 건축과 회화 및 문학에서 성행하였다. 이는 훗날 피카소, 달리, 미로의 등장에도 영향을 미쳤다. 미로는 "역사적인 반역정신과 카탈루냐의 태양이 우리를 만들었다."고 말했다.

2. 20세기 스페인

세기 초 스페인

20세기 초에도 여전히 스페인에는 모순과 대립이 공존했다. 마드리드를 중심으로 한 중앙집권적 국가체제와 카탈루냐·바스크를 중심으로 한 지방자치주의가 대립했고, 농촌의 구태의연한 사회구조와 도시의 현대 산업사회 사이의 격차는 심하게 벌어졌다. 또한 소수의 권력층에게만 봉사하는 의회와 강력한 조합으로 결집한 대중운동 사이의 괴리, 그리고 유럽식 현대화를 주장하는 청년 지식인과 전통주의를 고집하는 보수주의자의 대립이 특히 두드러졌다.

1909년, 마지막으로 남은 유일한 식민지였던 모로코에서 폭동이 일어났다. 정부는 부족한 병력을 보충하기 위해 예비역으로 기혼자들을 소집했지만 시민들은 이에 저항했다. 예비역 소집에 저항한 반전운동은 전국으로 확대되어 기어이 전국파업으로 번졌으며, 가톨릭교회와 수도원에 불을 붙이고 파괴하는 '비극의 1주일'로 정점을 찍었다. 당시 페레는 반전운동의 선동자로 지목되어 처형당했는데, 이 일로 스페인은 국제적으로도 비난을 받게 된다.

그런데 정부가 이러한 저항을 강력하게 탄압한 결과 도리어 반정부세력, 특히 아나키스트들의 조직이 강화된다. 1914년 발발한 제1차 세계대전에서 아나키스트를 비롯한 진보세력은 영국과 프랑스를 지지하였고, 군대와 보수세력은 독일을 지지했다. 이러한 상황에서 스페인 정부는 중립적 입장을 내놓았다. 스페인은 중립국으로서 교전국을 상대로 장사가 가능해졌기에 오랜만에 경제적 호황을 누렸으나 이는 물가의 폭등으로 이어져 국민들의 생활은 도탄에 빠졌다.

이에 1916년, 노동총동맹(UGT)과 전국노동연합(CNT)이 모로코 전쟁 반대와 물가 억제를 요구하며 공동으로 전국 총파업을 벌였으며, 이듬해 30만 명이 '혁명파업'에 돌입하여 경제 문제는 물론 임시정부 수립, 왕제 폐지를 포함하여 정치를 전면 개혁할 것을 요구하였다.

이어 1918년부터 1920년까지 '볼셰비키의 3년'[*]이라는 혁명의 계절이 이어진다. 이 시기에는 '도망법'이라는 악법을 이용하여 죄가 없는 사람에게 그가 도망가려 했다는 누명을 씌워 경찰이 용의자를 등 뒤에서 총살하는 관행이 이어졌다.

제1차 세계대전이 끝나면서 빛 좋은 개살구 격이었던 스페인 경제의 호황도 끝난다.[**] 이후 1929년 세계 대공황의 여파가 스페인을 강타했고,

---

■   [*] 볼셰비키(Bolsheviki)란 구소련 공산당의 별칭이다.
　　[**] 그 결과 노동조합은 더욱 커져 조합원은 1920년에 CNT가 1백만 명, UGT가 20만 명을 넘는다. 동시에 모로코에서 민족해방운동이 다시 불붙고 스페인 군대가 패하자 이를 추궁하는 의회와 쿠데타를 일으키려는 군대가 대립하고 결국 군사정권이 수립되어 CNT와 공

1931년 총선에서 공화파가 승리함으로써 오랜 세월 존속되었던 국왕 독재체제도 막을 내린다.

20세기 초 스페인 문화와 생활

19세기 말 철도가 보급되면서 20세기 초 마드리드는 인구수가 급격히 증가하여 19세기보다 두 배나 늘어난 1백 만 명에 이르는 대도시로 급성장했다. 특히 여성에게 개방된 직업이 많았기 때문에 여성 인구는 남성 인구보다 50% 이상 많았다. 이는 훗날 시민전쟁에서 여성이 맹활약을 펼치는 것으로 이어진다. 영화관과 극장은 계급별로 구분되어 세워졌으며 상류계급의 경우 한 공간에서 남녀는 엄격하게 구분되었다.

20세기 초 여성 교육에 대한 관심이 증폭됨에 따라 여성의 문맹률은 1900년 71%에서 1930년에는 50%로 격감했다. 1909년 모든 스페인 사람들에게 의무교육은 법률로 강제되었으며 공립학교는 남녀공학이 되었다. 가톨릭은 공학에 반대했으나 시대의 대세를 거스르지 못했다. 1920년대 대학생 중에서 여성의 비율은 2.2%였으나 1930년대에는 8.9%로 높아졌다. 그러나 여성의 대학 진학은 여전히 약학과와 문학과에 치중되었다.

당시 여성들에게는 '여성다움'의 덕목으로 선량, 청결, 복종이 강조되

-    산당을 해산한다. 한편 사회노동당과 UGT는 군사정권에 협력한다.

었다. 사람들은 보통 4년 정도의 약혼기간을 거쳐 결혼하였는데, 이 과정에서 결혼하지 못한 여성은 '더럽혀졌다'는 명목으로 경멸당해 다시 약혼하지 못하고 수도원에 들어가곤 했다. 특히 부르주아 계급에서 성도덕은 더욱 보수적이어서 남녀의 만남에서부터 결혼에 이르기까지의 과정은 지극히 형식적이었던 반면 귀족이나 노동자 계급은 형식에 얽매이지 않고 자유연애를 즐겼다.

앞에서도 보았듯, 스페인에는 정부 교육정책과는 다른 민간 차원에서 자유로운 교육을 도모하려는 전통이 존재한다. 20세기에 들어서도 이 전통의 연장선에서 학술확장위원회가 설치되어 시민전쟁 이전까지 1,500여 명의 학생을 외국으로 유학 보내기도 하고 연구소와 실험실을 세워 수많은 연구자와 교육자를 양성하였으며 우수한 시골 학생들을 위해 기숙사를 설치했다.[*]

1918년, 학술확장위원회는 자유교육학원의 전통에 따라 교과서도 시험도 없는 새로운 교육방법을 도입한 초등학교를 설립했다. 이 학교의 교과과정은 민요를 중심으로 하여 음악을 교육하고 미술관과 박물관 및 역사 유적지를 순례하며, 외국어를 스페인 자국인이 가르치는 등 기존과 다른 새로운 방식으로 운용되었다.

■   [*] 스페인 현대문화의 천재들인 로르카, 달리, 부뉴엘은 모두 그 기숙사 출신이다.

제2공화국

1931년 공화파의 승리로 임시정부가 수립되고 공화국 제헌선거에서도 공화파가 다수를 차지하여 제2공화국 헌법이 제정되었다. 제2공화국 정부는 종교, 교육, 군대, 지방자치, 농지 등의 개혁을 서둘렀으나 개혁 자체에 반대하는 보수세력과 개혁이 불충분하다며 불만을 제기한 진보세력으로부터 모두 공격을 받았다. 특히 조직화를 서둘렀던 우익 세력은 쿠데타를 시도하였으며, 남부 농촌지역에서 우세했던 아나키스트들은 농민봉기를 일으켜 유혈사태를 초래했다. 그 결과 새 정부는 수립 2년 만에 끝이 났다.*

1933년 치러진 총선에서는 보수파가 압승했다. 이에 진보파의 대항은 더욱 격렬해져 이듬해 전국파업에 돌입했다. 10월에는 무장한 노동자가 점령한 북부탄광지역에서 노동자위원회가 결집되었고 이들은 처참하게 진압되었다. 특기할 만한 것은 전투로 인한 사망자보다 전투 후 보복

■ * Gabriel Jackson, The Spanish Republic and the Civil War 1931-1939, Princeton : Princeton University Press, 1965; Stanley G. Payne, Spain's First Democracy. The Second Republic, 1931-1936, Madison: University of Wisconsin Press, 1993; Paul Preston, The Coming of the Spanish Civil War. Reform, Reaction and Revolution in the Second Republic, London: Methuen, 1993; Edward E. Malefakis, Agrarian Reform and Peasant Revolution in Spain. Origins of the Civil War, New Haven: Yale University Press, 1970; Jerome R. Mintz, The Anarchist of Casas Viejas, Chicago: University of Chicago Press, 1982; Martin Blinkhorn (ed.), Spain in Conflict 1931-1939, Democracy and Its Enemies, London: SAGE, 1986; George Richard Esenwein and Adrian Shubert, Spain at War, The Spanish Civil War in Context, 1931-1939, London:Longman, 1995; Michael Alpert, A New International History of the Spanish Civil War, London: Macmillan, 1994; R. Whealey, Hitler and Spain. The Nazi Role in the Spanish Civil War, 1936-1939, Lexington: University Press of Kentucky, 1989; Shieley Mangini, Memories of Resistance: Women's Voice from the Spanish Civil War, New Haven: Yale University Press, 1995.

으로 살육된 사람이 더욱 많았다는 점이다. 이 사건에 연루되어 투옥된 사람만 해도 3만 명이 넘었으니 말이다. '10월 혁명'으로 불리는 이 사건은 스페인 역사상 최초의 국가권력에 대한 무장투쟁으로, 1936년 시민전쟁으로 이어진다.

1936년 2월, 아나키스트를 포함한 여러 진보세력이 연합한 인민전선파가 보수세력 연합인 국민전선파를 누르고 총선거에서 승리함으로써 세계 최초의 인민전선 내각이 수립되었다. 인민전선을 지지하는 세력은 끊임없는 데모를 통해 사회개혁을 요구하였으며, 교회와 우익정당 및 단체의 사무실을 습격하고 불태웠다.

한편 농촌에서는 농민들이 자주적으로 농지를 점령했다. 이에 우익세력은 더욱 결속하여 '스페인 군인동맹(UME)' 등의 비밀결사를 조직했고 쿠데타를 기획했다. 정부는 쿠데타 가능성이 있는 장군들을 모두 섬 등 변방으로 좌천한다. 프랑코도 카나리아섬으로 쫓겨난다.

쿠데타는 기어이 터지고 말았다. 먼저 프랑코에 의해 모로코에서, 그리고 본토에서. 그런데 놀랍게도 마드리드와 바르셀로나에서는 노동자와 시민이 반란군을 진압한다. 스페인 제3의 도시 발렌시아에서는 군대가 막사 안에 머물면서 반란군에 가담하지 않았기에 처음에는 쿠데타가 실패한 것처럼 여겨졌다. 군대 내부에서도 동요가 일었으나 전쟁은 그 후로도 2년 8개월간 이어졌다.

■ * 득표수는 인민전선파 263석, 국민전선 133석, 중도 77석이었다.

시민전쟁은 어떻게 가능했을까?

평생을 전쟁터에서 살아온 군인들을 상대로 총 한번 쏘아본 적 없는 시민들이 3년간 전쟁을 벌였다는 것을 나는 도무지 이해하기 힘들다. 게다가 반란군은 20대부터 장군이었던 프랑코가 일사불란한 지휘를 맡았으나 시민군에는 변변한 지휘관 하나 없었다. 시민들은 말 그대로 직장에서 돌아온 생활인의 모습 그대로 전투에 나섰다. 따라서 처음부터 저 악명 높은 전문적 군인들과 대적할 수 없었다. 전선마다 시민군의 시체가 쌓여갔던 배경이다.

그런데도 시민들이 그토록 오랫동안 저항을 유지할 수 있었던 데에는 '순수한 혁명가'라는 자부심이 큰 몫을 차지했다. 보수를 받는 투사도, 징용된 병사도 아닌 순수한 혁명가! 어쩌면 지휘관은커녕 조직조차 없었기에 그만큼이나마 투쟁할 수 있었던 것인지도 모른다.

물론 나의 생각이 틀렸을 수 있다. 실제로 시민전쟁 초기부터 공산당의 입장은 달랐다. 그들은 반란군인 직업군에 대적할 수 있는 강력한 정규군을 편성해야 한다고 주장했다. 그러나 아나키스트는 이를 맹렬히 비난했다. 시민군 조직을 완전히 군대화한다는 것은 시민군이 정부에 속한다는 의미로서 아나키즘의 반권위주의에 반한다는 이유에서다. 그러나 비군인이 군인과 전투를 한다는 것 자체부터 이미 모순이다. 의식적으로 조직화를 거부한 사람들이 과연 직업군인과 제대로 전투를 치를 수 있었을까? 어떻게 해서 그들은 3년 동안이나 싸울 수 있었을까?

반란군은 전쟁 초기에 모로코와 본토 3분의 1, 즉 안달루시아 일부와 북부지방을 점령하는 것에 그쳤다. 이때 해군은 반란에 가담하지 않았다. 프랑코는 자신이 지휘하는 아프리카군의 본토 침공이 불가능해지자 독일과 이탈리아에 수송선과 수송기를 원조해달라고 요청한다. 그 후 프랑코는 모로코인 부대와 외인부대를 이끌고 북진하여 국토 3분의 2를 점령한다.

이에 국제적으로 스페인 공화국을 구하고 파시스트에 대항해 싸우자는 여론이 일어나 5~6개국에서 4만여 명의 청년이 의용군으로, 그리고 2만 명 이상의 의료계 종사자, 교육자 등이 비전투원으로 참여한다. 11월, 반란군이 마드리드 부근에 진격하고 정부는 발렌시아로 이전되나 곧 국제여단이 도착하여 반란군과 대척한다.

의용군은 그 이름처럼 자발적인 정의파로 구성되는 것이 원칙이다. 프랑스에서 1만 명, 독일과 오스트리아에서 5천 명, 이탈리아와 미국에서 각각 3천 명, 영국, 캐나다와 유고슬라비아에서 각각 2천 명, 헝가리와 스칸디나비아에서 각각 1천 명, 기타 50개국에서 5천 명 정도가 의용군으로 모였다. 그러나 이 중 동유럽 지역 사람들의 경우 소련에서 스탈린이 망명 공산주의자들을 '처리'하고자 그들을 스페인에 보내어 그 3분의 1 정도가 죽고 나머지는 동유럽에서 숙청당했다는 점에 유의할 필요가 있다.

전쟁 도중 프랑코는 우익의 국가수석 및 군사령관에 취임했다. 이어 정당을 만들고 당수가 되어 정권, 군대, 정당을 삼위일체로 강고하게 수립한다. 그러나 공화국은 분열의 혼미를 거듭하고 여기에 소련까지 개입하여 정부는 1937년 이후 스탈린이 조종하는 괴뢰 정부로 변하여 아나키즘을 비롯한 반공산당세력을 억압한다. 그 결과 1937년 5월에는 바르셀로나에서 1주일간 상호 시가전까지 벌어진다. 자신들이 먼저 전쟁에서 승리해야 한다고 주장한 공산당과 사회혁명을 자신들이 먼저 이루어야 한다고 주장한 아나키스트 전국 노동 연합(CNT) 및 비공산당계인 마르크스주의 통일노동당(POUM) 사이에 전투가 벌어진 것이다.

당시 마르크스주의 통일노동당의 민병대로 휴가차 바르셀로나에 왔던 조지 오웰은 이 시가전에 참여하여 그 상황을 『카탈루냐 찬가』에 상세히 기록했다. 시가전은 전국 노동 조합이 시민에게 돌을 버릴 것을 호소하여 끝났지만 약 500명의 전사자와 1천여 명의 부상자를 낳았고 이어 공산당에 의한 가혹한 숙청이 이어진다. 그야말로 스탈린 숙청의 스페인판이었다.

시가전 뒤에 공산당의 사주를 받은 정부가 출범한다. 이어 공산당에 반대하는 전국 노동 연합과 마르크스주의 통일노동당을 비롯한 모든 정당과 노동조합에 해산명령이 내려지고 그들에게 프랑코의 스파이라는 누명을 씌운다. 이 내용은 조지 오웰의 『카탈루냐 찬가』나 켄 로치의 영화 〈랜드 앤 프리덤〉에 극명하게 묘사되어 있다. 특히 오웰이나 영화 속 주인공이 속한 마르크스주의 통일노동당은 비합법화되어 바르셀로나의 본부는 감옥으로 변한다.

이어 6월에는 마르크스주의 통일노동당 의장이자 카탈루냐 정부의 법무장관인 닌이 소련 내부인민위원회 스페인 주임에 의해 체포되고 잔혹한 고문을 당한다. 그의 구명운동이 범세계적으로 일어나지만 그는 결국 살해당하고 그 시체는 마드리드 길거리에 버려진다. 그 뿐만 아니라 많은 마르크스주의 통일노동당측 인사들이 소련측에 의해 살해되었고 오웰은 극적으로 탈출한다. 공산당은 프랑코군이 바르셀로나를 거의 포위한 1937년 11월까지 잔혹한 재판을 계속했다.

아나키스트들도 추방되었다. 공산당 정부는 1936년 8월에 이미 아나키스트의 중추인 아라곤 평의회 해산을 명령하고, 공산당 부대를 아라곤에 출동시켜 약 450개의 농업공동체를 해산하고 약 600명의 아나키스트들을 체포한다. 그 결과 그해 곡물생산량의 3분의 1이 한 줌 재로 사라졌다. 공화국 진영의 식량 사정은 더욱 악화된다. 그런 악조건 속에서 열세의 공화국 시민군은 완강한 저항을 벌였고 마드리드에서도 2년간 저항이 계속되다가 1939년 3월, 마침내 패배한다. 가장 치열했던 에브로강 공격에서 시민군은 10만 명 중 3만 명만 살아남았다.

시민전쟁하의 사회개혁

시민전쟁 중에는 많은 것들이 바뀌었다. 우선 1937년, 아나키스트 법무장관에 의해 남녀 모두 18세에 시민권을 얻을 수 있게 되었다. 미혼모에게도 법적으로 아내의 자격이 주어졌으며 윤리적으로나 의학적으로 정당한 이유가 있으면 임신중절이 허용되었다.

재판제도에서도 피고의 자유로운 변호가 허용되었고 감옥은 '예방수

용소로 불리며 노동에 의한 형기의 단축이 장려되었다. 아나키스트들은 사회 모순 때문에 범죄가 일어난다고 보고 전쟁 이전에 수감되었던 일반 범죄자를 모두 석방했고 그 결과 반아나키스트적인 파시스트 등 인민전선 쪽의 사기를 떨어뜨리는 상황을 낳고 말았다.

한편 아나키스트들은 교회를 부정했지만 종교의 자유는 인정했다. 따라서 가톨릭 신자들은 원시 기독교 방식으로 집에 모여 예배를 올렸다. 가톨릭 출판물은 금지되었으나 프로테스탄트 출판물은 허용되었다.

시민전쟁이 길어짐에 따라 일상생활도 여러 면에서 매우 불편해졌다. 전쟁 1년 만에 우유가 동이 났고 고기가 부족해져 모두 채식주의자가 되어야 했으며, 식량은 배급제였고 어디서나 긴 줄이 이어졌다. 특히 마지막 2년 동안 마드리드 시민들은 포위 상태에서 악몽과 같은 생활을 해야 했다. 그러나 놀랍게도 시민들 모두 이에 순응했다. 또한 이 시기에 극장과 영화관, 카페와 거리가 만원이었다는 점은 아이러니다.

그런 가운데서도 민중은 지식욕에 불탔다. 교육 보급은 혁명 목표 중 하나였다. 수도원이 경영하던 부르주아 자녀를 위한 학교는 노동자 자녀를 위한 학교로 바뀌었다. 도망친 부자의 저택도 학교가 되었고 또한 민병대를 위한 교육도 행해졌다. 전선에서는 책을 운송하는 이동도서관도 운영되었다.

또한 18세부터 35세까지를 대상으로 하는 노동자학원도 여러 곳에 개설되어 모든 국민에게 대학교육을 시킨다는 목표 아래 2년간 국어, 문학, 불어, 영어, 지리, 역사, 경제, 과학, 수학, 물리, 화학, 회화를 가르쳤다. 이론만이 아니라 실습도 함께 행해졌다. 특히 장기간 포위된 마드리드를 비롯한 전선에서 민중문화는 사기를 고무시키는 데 중요한 역할을 했다.

아나키즘의 기본은 조합 중심의 생산 및 기업의 집산주의화에 있다. 이 시기에 주목할 만한 특징은 수많은 조직이 제각기 다양한 제목의 신문을 발간했다는 점이다. 정치조직에서 신문과 잡지를 발간한 것은 당연한 일이었고 참호에서도 신문을 발간했다.

반란군 지역에서는 완전히 반대되는 개혁이 행해졌다. 군부는 전통과 가톨릭, 애국주의와 계급제를 부활하고 남녀공학과 이혼을 부정하며, 혁명이 철폐했던 사유재산의 등기제도를 부활시켰다. 검열제도 부활되어 반체제 영화를 금지한 한편 포르노는 허용되었다. 도서관에 소장되었던 아나키즘 내지 마르크스주의 책은 모두 불살라졌고 '프랑스광장'은 '독일광장'으로, '평등로'는 '정의로'로, '자유로'는 '규율로'로 광장 이름과 거리 이름도 바뀌었으며 '동무'나 '인민'이라는 말은 금지되었다. 외국어 사용 역시 금지되었고 여성의 옷은 신체가 드러나지 않게 헐렁해졌다.

3. 민주화

스페인의 봄, 민주화가 꽃피기까지

보수의 저항은 19세기에 악순환되다가 독일의 나치와 이탈리아 파쇼의 강력한 지원을 받은 프랑코의 쿠데타로 정점을 찍는다. 쿠데타는 3년에 걸친 내란의 와중에서 100만 명의 사상자를 낸 뒤 프랑코의 승리로 끝을 맺었다. 1937년에는 그 유명한 게르니카 학살 사건이 터진다. 피카소의 〈게르니카〉는 그 내용을 고발한 작품이다. 학살의 주인공인 프랑코는 죽기 직전인 1975년까지 무려 36년간을 집권했다. 이승만, 박정희, 전두환의 독재기간과 거의 맞먹는다.

프랑코는 군인의 아들로 태어나 어려서는 지독한 겁쟁이였으나 15세에 육사에 입학, 18세에 졸업하고 바로 중위가 되었다. 그는 당시 스페인의 식민지인 모로코에 가서 외인부대를 지휘하여 모로코인들의 독립운동을 무참하게 탄압했는데, 그 가혹함에 대해서는 같은 식민주의자였던 프랑스 군인들도 혀를 내두를 정도였다. 여하튼 그 공로를 인정받아 겨우 32세에 소장으로 승진했고 나폴레옹 이래 유럽에서 가장 젊은 장군이 되었다.

1931년 스페인에 제2공화국이 수립되었을 때 프랑코는 나이 39세로 사관학교 교장이었다. 당시 정부는 군대를 개혁하고자 18개의 사단을 반으로 줄이고 5개의 사관학교도 2개로 줄였다. 그리고 장교는 공화국에 충성을 맹세하든 퇴역하든 선택을 해야만 했다. 프랑코는 충성을 맹세했으나 그의 사관학교는 폐쇄되고 그 역시 섬으로 좌천당했다.

1936년, 프랑코는 모로코의 잔혹한 외인부대를 동원하여 쿠데타를 일으켜 3년간 공화정을 무참하게 살육하고, 1939년부터 죽기 전 36년간 스페인을 철권으로 다스렸다. 그가 집권하기 전 100년간 스페인에는 26회의 혁명, 3회의 내란이 있었으나 그의 통치기간 중에 혁명이나 내란은 없었다.

프랑코는 시민전쟁에서 이겨 '1국가, 1민족, 1종교'를 실현했다. 당시 관보에는 '선(善)의 아들인 유일한 스페인이 반(反) 스페인, 즉 절대적 악(惡)을 청산했다.'고 기록되었다. 프랑코 독재와 스페인 민족, 가톨릭에 반대하는 모든 세력이 제거되었다. 그는 스페인군 총사령관과 1937년 편성된 '국민운동' 본부장으로 절대적 권력을 휘두른다*.

프랑코 체제는 자유주의와 민주주의는 물론 공산주의에도 반대하고 군대, 가톨릭 및 파시스트 정당을 세 축으로 한 독재 정권이었다. 그는 취임연설에서 18세기 이래 지속된 계몽주의와 그로 인한 '스페인의 쇠

■　　* '국민운동'과 같은 것이 1960년대 한국에도 있었다.

퇴'를 기본적으로 부정하고 중세의 이단심문으로 되돌아간다. 따라서 의회도 해산되었으며 프랑코가 임명한 소위 '국회의원'이라도 존재하게 된 것은 1945년 이후 국제여론이 악화되어서였다.

프랑코는 제2차 세계대전 때 완전 중립을 선언하였으나 전후 유엔은 스페인을 최후의 파시스트로 규탄할 것을 결의하고 각국 대사의 소환을 권고하여 스페인은 국제적으로 고립된다. 그러나 이는 국민 사이에 민족주의를 강화시키는 역효과를 낳았고, 이어 닥친 냉전 구도 속에서 프랑코는 그 기수로 국제사회에 화려하게 복귀한다. 바로 6·25가 터진 1950년이다.* 이어 미국과 결탁했다. 미국은 독재든 무엇이든 반공이면 무조건 좋아했다. 프랑코는 1953년 미국과 상호방위조약을 체결하여 미군에 군사기지를 대여해주는 대가로 경제원조를 받아 '스페인의 기적'을 이룩한다. 이와 똑같은 일이 1950년대 남한에서도 행해지나 결과는 달랐다. '남한의 기적'은커녕 이승만이 쫓겨난다.

한편 반체제 세력은 철저히 처단했다. 1963년 공산당 지도자의 사형으로부터 1975년 프랑코 사망 직전의 수상 암살 기도범에 대한 잔혹한 사형에 이르기까지 국제적으로 '프랑코 반대 운동'이 끝없이 일어났다. 그러나 독재자가 죽어야만 그 독재가 끝나는 법이다. 이는 한국에서도 스페인에서도 시베리아에서도 마찬가지다. 물론 남한에서처럼 독재가 다시 이어지거나 북한처럼 자식에게 상속되는 예외도 있지만 말이다. 그

■　* 6·25는 전쟁으로 완전히 망한 일본 경제를 다시 살려주었고 프랑코 독재를 국제적으로 정당화시켰다.

러나 프랑코는 청렴한 군인이었다. 사리사욕을 추구하지는 않았다. 아마
도 그 점만큼은 우리의 군인들과 다를 것이다.

정치 민주화

프랑코는 자신을 잇는 국가원수로 왕을 지명했다 그러나 왕은 죽은 프
랑코의 뜻에 반하는 민주화를 실시한다. 이 왕이 바로 후안 카를로스
1세(Juan Carlos I, 1938~, 재위 1975~2014)다. 그는 1976년, 테러범을 제외한
모든 정치범을 석방하고 전체주의 정당을 제외한 모든 정당을 합법화한
다. 이어 1977년 프랑코 시대 유일한 정당이었던 '국민운동'이 해산되고
공산당(PCE)이 노동조합과 함께 공인되며 검열제가 폐지되고 파업권이
인정된다. 그리고 1977년, 무려 41년 만에 총선이 행해진다. '택시 정당'
이라 야유를 받은 156개 정당이 난립하여 혼란이 발생했지만 당시 수상
이 이끈 민주중도연합(UCD)이 제1당으로, 사회노동당(PSOE)이 제2당이
된다. 이어 1978년 의회군주제 헌법이 성립되어 스페인은 주권재민의 입
헌군주국으로 재출발한다.

그러나 쿠데타의 위협은 끊이지 않았고 1981년 국회를 점거하는 미수
사건이 벌어진다. 이에 4대 정당과 노동조합을 중심으로 한 쿠데타 반
대 데모가 벌어져 전국에서 3백만 명이 참여한다. 쿠데타와 결탁되었던
과거 선조 왕들의 전통을 끊고자 이번에는 국왕도 쿠데타에 반대했다.
19세기 이래 202회의 쿠데타가 있었고 그중 26회가 성공했다.

1981년에는 〈게르니카〉가 스페인에 반환되었다. 이는 스페인에 민주 정권이 수립되면 반환해야 한다는 피카소의 뜻에 따른 것이었다. 이어 1982년 총선으로 사회노동당이 집권하고 당수 펠리페 곤살레스가 40세에 수상으로 취임한다.

사회노동당은 1879년에 결성되었으나 프랑코 시대에는 국내활동을 정지당하고 당 중추부는 파리에서 망명생활을 했다. 프랑코 체제에 있었던 학생운동가 출신들이 당에 참여했고 프랑코가 죽기 1년 전 파리 당대회에서 32세의 곤살레스가 당수로 선출되어 당의 주도권이 국내파로 옮겨졌다. 그는 세비야 법과대학 재학 시 사회노동당에 가입하고 졸업 뒤에 노동변호사로 활동하면서 자신의 사무실을 당의 핵으로 삼았다. 이어 당수가 되고 곧 당의 강령에서 마르크스주의를 삭제했다. 시민전쟁의 후유증인 마르크스주의에 대한 국민의 공포를 의식했기 때문이다. 그 결과, 8년 뒤 그는 당을 제1당으로 이끌고 수상이 되었다. 그러나 13년 뒤 1996년 총선에서 사회노동당은 패배하고 중도보수당인 국민당이 승리하여 집권하다가 2019년 사회노동당이 다시 1당으로 올라섰으나 과반에는 실패했다.

스페인과 우리나라는 독재에서 민주화*로의 이행이 비교적 빨랐던 나라라고 한다. 영국과 프랑스 등 선진자본주의 국가에서는 삼사백 년에

■　* 민주화란 것도 소수가 다수를 지배하기 마련인 정치의 본질에서 벗어나지 못한다. 독재와 민주가 무엇인가에 대해서는 여러 가지 견해가 있으나 여기서는 독재체제를 폭력에 의해 수립된 강권적·자의적이며 정통성이 없는 정치, 민주주의를 선거에 의한 국민의 대표가 합법적으로 다스리는 정통성이 있는 정치라고 이해하자.

걸쳐 군주독재로부터 민주주의로 서서히 나아갔으나 여타 후진자본주의 국가에서는 대부분 최근까지 독재를 경험한 뒤 민주주의로 급격하게 이행되었다. 특히 주목되는 점은 주둔 미군의 급격한 감소다. 사회노동당은 나토 탈퇴를 약속하고 1986년 선거에 이겼으나 집권 후 곧 태도를 바꾸었다. 이에 국민들이 다시 반발하자 정부는 나토 내에서 독자적 지휘권을 가지며 영토 내 핵병기의 보유나 배치를 금지하고 미군 기지를 대폭 감소한다는 정책을 국민투표에 붙였다. 반대는 40%였으나 찬성이 53%에 이르러 나토 잔류는 결정되었다. 미군은 감소에 반대했으나 수십만 명의 국민이 데모에 참여하여 1988년부터 단계적으로 철거하는 것으로 양보하고, 특히 마드리드 부근의 공군기지는 1992년에 폐쇄되었다. 2019년 총선에서는 프랑코 이후 44년만에 극우정당 복스(VOX)가 원내 진출하였다. 스페인 민주화 이후 최초의 일이다.

사회 민주화

프랑코가 죽고 나서 정치제도의 민주화와 함께 사회도 민주화가 이루어졌다. 노동자 계급은 1980년대 말에 전체 인구 3분의 1을 넘어섰고 부르주아는 4%에 불과했다. 200가족이라는 자본가가 국부의 반을 차지했으니 국내 30대 기업이 국부의 반을 차지하는 우리보다는 집중도가 떨어진다. 반면 쁘띠 부르주아라고 하는 중소기업주가 인구 4분의 1을 차지한다. 흔히 화이트칼라로 지칭되는 사무직 종사자들이 1980년대 말 인구 4분의 1을 차지하게 된 점은 주목할 만하다. 30년 전에는 13% 정도에 불과했기 때문이다. 그들은 대부분 노동자였다가 교육에 의해 상승한 계층이다.

교육을 중시하는 전통은 계속되어 1986년 문자 해득률은 97%에 이르렀다. 앞에서 보았듯이 1900년 4.5%, 1950년 14%에 비하면 참으로 비약적인 발전이다. 대학진학률은 50%를 넘었으나 부친의 직업과 수입에 따라 비율이 달라 대다수가 중간층 이상의 자녀들이었다. 예컨대 자유직업자의 자녀는 65% 정도가 대학에 진학했지만 건설노동자 자녀들은 18%밖에 진학하지 못했다. 한편 여성의 대학 진학률은 1975년부터 86년에 걸쳐 60%로 증대되어 여성이 대학 입학자의 반을 넘었다. 또한 사회노동당이 집권한 1982년 총선 전 여성의원은 22명이었으나 1990년대 초에는 50명을 넘어서 25% 달성 목표를 10년 만에 이루었다.

정치권의 여성 참여 비율을 신장하는 것은 한국에서도 해결해야 할 과제이나 스페인에서는 일반적인 여성 노동력의 상황 역시 그다지 늘지 않았다. 1987년 여성노동은 여성 전체의 28% 정도였고, 1991년에는 33% 정도였다. 그 이후로 여성의 경제활동 측면을 조사한 바에 따르면, 1999년에는 50.9%, 2002년 53.7%에 이른다. 이는 스페인 전체의 높은 실업률과도 관련되는데 여성의 실업률은 남성의 그것보다 훨씬 높다. 직장을 갖기 전 3~5년간 대기하는 비율이 4분의 1 정도이고, 임시로 일하

■　＊ 2019년 스페인 여성위원 비율은 41.1%로 세계 13위에 올랐다.
　　＊＊ 2018년 스페인 여성의 경제 참율은 46.6%이다.

는 인력이 증가하는 것은 최근 우리와 사정이 비슷하다.

스페인은 또한 핵가족주의를 지향한다. 1960년대 가족구성원 평균은 4인이었으나 1981년에는 3.5인으로 감소했으며 2019년 이후에는 1인 가구 비중이 25%에 달한다.

스페인에서는 이혼이 1981년에 와서야 인정되었다. 그 전에는 남자가 부인과 애인을 함께 두는 것이 보통이었다. 이혼이 금지되어 있으니 어느 여성으로부터도 이혼을 요구받을 리가 없었기 때문이다. 이혼법이 통과된 직후 이혼은 크게 늘지 않았다. 주로 경제적인 문제 때문이었다. 이혼이 법적으로 인정되어도 교회에서 재혼식을 할 수 없다는 점도 중요한 이유였는데, 재혼식을 하려면 반드시 결혼무효신고를 로마교황청에 제출해야 한다. 교황청의 허가는 보통 4년 정도 걸리기(급행료가 있으면 단축된다)에 서민에게는 먼 나라 이야기일 수밖에 없었을 것이다. 오늘날 스페인 이혼율은 61%가 넘는다.

이혼법이 통과된 지 1년 만에 집권한 사회노동당의 1980년대는 1960년대 미국, 1970년대 유럽을 휩쓴 성혁명으로도 요약된다. 중절과 마약의 일부 합법화, 성교육, 자유동거, 여성의 사회진출 등이 그것이었다. 프랑코 시대 스페인 민법에는 우리의 1960년 이전 민법처럼 아내는 남편의 보호를 받고 남편에게 복종하는 허가제가 규정되어 있어서 남편의 허락 없이는 은행 구좌를 열거나 장기 여행을 갈 수 없었다. 이 규정은 1975년 프랑코 사후 폐지되었으나 우리보다 15년, 프랑스보다 37년, 이탈리아보다 56년이 늦은 것이다. 이어 간통죄가 폐지되고(우리나라는

2015년에 폐지), 산아제한과 이혼이 인정되었다. 그리고 사회복지부와 여성부가 신설되었으며 가정 내 폭력을 해결하기 위해 여성경찰로 구성되는 구제센터를 두게 되었다.

이혼 이상으로 여성들이 희망했던 낙태죄의 폐지는 1987년에 와서야 이루어졌다. 여성들이 수백 명씩 임신중절을 했다고 자수하여 감옥에 가겠다며 투쟁한 결과였다. 임신중절은 법적으로 매우 어렵고 돈이 많이 들어 합법적 중절보다 비합법적 중절이 두 배를 넘어 10만 명 정도에 이르렀고 외국으로 가서 중절을 하는 사례도 증가했다. 그러나 빈곤한 사람들의 경우에는 민간요법으로 낙태를 해서 징역을 살거나(1년) 공민권정지(6년)형을 받는 사례도 심심치 않게 볼 수 있었다. 그래서 1992년에는 임부가 정신적·육체적 고뇌 상태에 있다고 의사가 판단하면 임신 12주까지 중절이 인정되는 법이 통과되었다.

더욱 흥미로운 것은 백주의 키스가 공연음란죄에 적용되어 금고 몇 개월과 벌금형으로 다스려졌기에 자살하는 젊은이들이 속출했다는 점이다. 최근에는 그러한 보수적인 태도가 법원은 물론 사회적으로도 완화되었다. 신성모독죄 역시 엄청난 벌금형에 처해졌으나 1987년 이후 형법에서 삭제되었다.

프랑코의 죽음 이후, 이처럼 스페인에는 많은 변화가 일어났다. 그동안 죄로 간주되었던 수많은 것들은 더 이상 죄가 아닌 것이 되었고, 할 수 없던 일들도 이제는 할 수 있는 일이 되었다.

한국에서의 고야

고야가 그린 〈1808년 5월 3일〉을 다시 한 번 보자. 이는 피카소가 그린 〈한반도의 학살〉과 함께 학살을 주제로 한 그림이다. 고야의 그림은 1814년에 그려진 사실적인 역사화이며 피카소의 그림은 1941년에 그려진 매우 추상화된 현대적인 그림이다. 그러나 둘 다 너무나도 잔혹하다.

흔히 고야는 '근대 미술의 혁명아', 피카소는 '현대 미술의 혁명아'라고 불린다. '혁명아'라는 말에는 선구자나 개척자라는 의미도 있다. 위 두 그림은 선구적인 그림이라는 점에서 공통된다. 근현대 미술이 모두 스페인에서 출발했다는 점 역시 흥미롭다. 뿐만 아니다. 인류의 미술사는 사실 스페인의 알타미라 동굴에 그려진 들소 그림에서 시작된다. 근현대에 이처럼 힘찬 동물을 그린 화가는 고야와 피카소뿐이다. 왜 하필이면 알타미라이고 스페인인가?

위 두 그림은 그려진 사건 자체가 다르다는 점에서 결정적으로 차이가 있다. 피카소는 1950년 한반도에서 일어난 학살을, 고야는 1806년 스

▲ 피카소 〈한국에서의 학살〉, 1951년, 합판 유화, 110x210cm, 파리 피카소 미술관
▼ 피카소 〈게르니카〉, 1937년, 캔버스 유화, 349x776cm, 마드리드 레이나 소피아 국립 미술 센터

페인에서 일어난 학살을 그렸다. 학살자도 다르고 피학살자도 다르며 이 두 사건은 전혀 관련이 없는 지구 반대편 땅에서 1세기 반을 사이에 두고 터진 전쟁의 와중에 발생했다. 그러나 두 그림은 전쟁 중 침략한 외국군이 자국인을 학살하는 장면을 담고 있다. 또한 '반도'에서 일어난 사건이라는 점에서도 비슷하다.

유럽의 끝 스페인, 아시아의 끝 한반도. 유라시아 대륙의 동서 끝에 매달린 두 반도는 서로 도저히 만날 수 없는 끝과 끝에 존재하며, 그 사이에는 안타깝게도 대서양과 태평양이 가로놓여 있다. 게다가 두 사건에는 한 세기 반이라는 세월의 격차가 있다. 허나 이 두 작품은 한국에서 금지된 그림이었다는 점에서 관련이 깊다. 피카소가 그린 유일한 한반도 그림, 세계미술사에 단 한 점뿐인 서양인의 한반도 그림이 우리 정부에 의해 금지된 것이다. 국민이 보아서는 안 된다고 생각한 것은 정부가 예술에 무지해서인가, 아니면 다른 속내가 있는 것인가?

우리나라에는 '문화체육관광부'라는 게 있다. 어째서 문화를 국가가 다루어야 하는지, 문화와 관광을 함께 다루어야 하는지 나는 잘 모르겠으나 당시 문화관광부는 위 그림을 금지시켰다. 스페인에도 정보관광부라는 것이 있어서 얼마 전까지도 문학작품이나 영화를 검열했다. 그래서 우리나라처럼 피카소의 〈게르니카〉는 물론 로르카나 네루다의 시, 브뉘엘이나 파졸리니의 영화 등 많은 작품을 금지했다. 그러나 위의 두 그림만큼은 금지되지 않았다.

앞에서 본 그림들은 스페인에서만 볼 수 있는 그림들이다. 이런 학살의 그림을 또 어떤 나라에서 어떤 화가들이 시대를 넘어 함께 그리겠는가?

루소는 "게르니카에는 지상에서 가장 행복한 사람들이 살고 있다. 성스러운 떡갈나무 아래 모인 농부들이 스스로 마을을 다스렸고, 그 행동은 언제나 현명했다."고 말했다. 말하자면 게르니카는 내가 '자유·자치·자연'이라고 부르는 아나키즘의 원칙이 전통으로 살아 있는 마을이었다.

그러나 1937년 그곳은 지상에서 가장 불행한 마을이 된다. 독일 폭격기가 폭탄의 성능을 실험한답시고 세 시간이나 폭탄을 퍼부은 통에 게르니카는 단 3일 만에 불타 도시 건물 대부분이 없어지고, 3천 명 인구의 반 이상이 사라졌다. 군인 프랑코가 독일 나치의 힘을 빌어 정말 없애고자 했던 것은 그 떡갈나무와 함께한 자유·자치·자연이 아니었을까? 그러나 떡갈나무는 폭격에도 살아남았고 지금도 게르니카에는 300년 이상 묵은 그 떡갈나무가 있다. 떡갈나무 아래 농부들이 모였던 토론장은 의사당으로 변신하여 바스크주 의사당이 되었고 지금까지도 우리는 그것들을 볼 수 있다. 피카소의 〈게르니카〉는 그 불행을 온전히 담아낸 그림이다.

한국 정부는 〈게르니카〉를 금지하지는 않았다. 이와 연결지어 생각해보면 단순히 학살을 그렸다는 이유로 〈한반도의 학살〉을 금지한 것은 아니라는 이야기가 된다. 그렇다면 〈한반도의 학살〉을 금지한 이유는 무엇이었을까? 물론 우리 의식의 저변을 형성하는 보수적인 권력주의나 국가주의 때문에 피카소가 그린 〈한반도의 학살〉을 금지했다고 볼 수도 있으나 조금만 더 생각해보면 꼭 그렇지만은 않은 것 같다.

당시 문화관광부 관료들에게는 유럽 뒷골목 풍경이나 〈게르니카〉나 마찬가지였을 것이다. 더욱이 그들은 〈게르니카〉의 진가를 제대로 이해할 수 없었을 것이다. 피카소라고 하면 "아, 그 천재 화가? 알고말고. 이게 바로 가장 현대적인 추상화란 거여." 하면서 한참이나 침을 튀겼으리라. 피카소는 그렇게 '그들'이 이해할 수 없도록 난해하게 그렸기에 한국에서 금지 당하지 않았으니 그런 점에서는 추상이 구상보다 좋다.

그러나 〈게르니카〉는 대단히 정치적인 그림이다. 스페인 사람들은 프랑코란 군인의 이름을 죽어도 잊을 수 없을 것이다. 〈게르니카〉는 앞에서도 설명했듯이 군인 프랑코가 공화정부에 반대하는 쿠데타를 일으켜 외국군인 나치에게 자국민을 살해하도록 한 사건의 증언이다. 그러니 어느 누가 꿈엔들 잊겠는가? 나 역시 그 그림을 볼 때면 고야의 그림을 볼 때보다 더욱 강렬하게 5·18민주화운동을 비롯한 갖가지 학살의 현장을 떠올리게 된다.

우리나라 사정을 그린 피카소는 그렇다 치자. 그런데 제 나라 사건을 다룬 고야의 그림은 왜 금지했을까? 지금부터 약 200년 전인 19세기 초, 우리와는 지구 반대편에 있는 스페인에서 벌어진 학살을 다룬 그림을 왜 금지했을까? 아마도 그 이유는 그들 관료들이 우리 땅에서 행해진 저 무수한 학살의 악몽을 소환했기 때문일 것이다. 그러나 양심의 가책 탓이라고 해도 세계적인 명화를 금지하는 짓은 해서는 안 된다.

스페인은 피의 역사를 가지고 있다. 그 점에서 우리의 역사와 비슷하다. 19세기 초 스페인에 있었던 피비린내 나는 역사를 반성하지 못한 탓으로 20세기 초, 학살은 다시 반복되었다. 한국에서는 스페인보다 좀 늦은 19세기 말, 동학 농민들이 죽었고 나라의 왕비가 살해당했다. 그러나 우리 역시 그 역사를 제대로 반성하지 못해 20세기 중엽 전쟁을 통한 엄청난 학살이 자행되었고 그 뿌리가 1980년까지 이어졌다.

스페인은 프랑스와 달랐다. 18세기 말 프랑스에서 발생한 시민혁명이 스페인에서도 있을 수 있었으나 시민의 부재로, 아니 시민의 거부로 실패했다. 20세기 초까지 시민혁명의 열기로 이어졌지만 동시에 이를 거부하는 또 다른 시민에 의해 좌절당했다. 우리의 경우도 마찬가지다. 그래서 우리는 아직도 시민혁명을 이룩하지 못하고 있다.

고야가 거부당한 것은 바로 이러한 맥락에서다. 고야는 정치적인 이유에서 저 학살의 그림만을 금지 당한 것이 아니다. 그는 피카소보다 더욱 불행하게 두 번이나 우리 정부에게 금지 당했다. 두 번째는 〈옷을 벗은 마하〉로 인한 외설 혐의로 재판까지 받으면서 말이다.

고야의 그림은 물론, 고야는 그 자체로 권력과 성에 대한 저항을 상징한다. 고야는 이 그림 때문에 평생 단 한 번, 재판 아닌 재판이었던 이단심문을 받아 외설로 금지된 점을 한스러워했지만 설마 죽어서, 그것도 약 1세기 반이나 지난 20세기 말에 지구 반대편에 있는 대한민국이라는 나라에서 과거와 같은 음란외설죄로 재판을 받으리라고는 상상하지 못했을 것이다.

내가 여전히 품고 있는 소원은 딱 한 가지다. 우리 반도에 다양성의 자유가 용납되고 체화되는 것이다. 고려 불교, 조선 유교, 남한 자본주의, 북한 공산주의만이 인정되고 '다른 것'은 모두 죽어야 하는 역사가 다시 되풀이되어서는 안 된다. 심지어 우리는 밥그릇이나 술잔 마저도 고려청자, 조선백자만을 용납해온 참으로 대단한 '단순·단일·획일', '기계·표준·단정'의 민족이다. 그래서 생명이 없는 것이다. 이런 풍토에선 형식과 죽음밖에 남지 않는다.

고야가 그린 〈옷을 벗은 마하〉는 현대 나체화의 효시로 평가되는 걸작이지만 우리나라 관료나 재판관의 눈에는 외설스러운 그림일 뿐이었으니 법과대학에서는 오로지 법만 가르쳐야 한다고 주장하는 게 아닐까? 사실 미국이나 독일 대학에서는 법과대학에서도 예술을 가르친다. 그래서 나도 그 예를 들어가며 어렵사리 교수들을 설득하여 2000년부터 〈법과 예술〉이라는 강의를 했다. 나의 이런 작은 시도가 조금이라도 우리 사회를 유연하게 만드는 데 기여했으면 좋겠다.

사실 우리 교수나 관료 또는 경영자들을 외국 사람들과 비교할 때 가장 큰 차이는 예술에 대한 관심도에 있다. 어쩌면 당연한 일일지도 모른다. 외국인들이 점심 식사 후 산책을 나가 감상하는 〈모나리자〉나 〈해바라기〉가 걸려 있는 미술관이나 저녁을 먹고 느긋하게 나가서 관람할 수 있는 오페라 극장이 우리의 지근거리에는 없기 때문이다. 즉 외국에서는 예술이 일상이지만 우리에게는 그렇지 않다.

예술에 대한 관심 일깨우기는 어릴 적부터 시작해야 한다. 그렇다고 해서 아이들에게 암기 위주로 헛된 토막 상식을 주입하려 해서는 안 된다. 가장 중요한 것은 예술에 대해 순수한 흥미와 관심을 느끼게 유도하는 일이다. 노동법 전공자인 내가 이런 책을 쓰는 것도 그런 노력 가운데 하나이다. 물론 전문가들이나 예술이론가들은 내가 쓰는 이런 책들을 유치하게 여길지도 모른다. 그러나 직업적인 외도라고 폄훼하지 않았으면 좋겠다. 나의 글은 과거처럼 무지한 관료나 재판관이 다시는 나오지 않게 하려는 작은 노력일 따름이다.

고야는 흔히 근대회화의 아버지, 피카소는 현대회화의 아버지라고 부른다. 그들이 그렇게 유명했음에도. 특히 유치원 아이들까지 피카소를 천재 화가의 대명사로 알고 있음에도 불구하고 우리는 위에 소개한 두 작품을 오랫동안 모르고 살아왔다. 더구나 피카소가 죽기 전까지 공산당원이었다는 사실은 21세기인 오늘날에도 여전한 이야깃거리다. 사실 유럽에서는 공산당원이라는 게 아무것도 아닌데 말이다. 이웃 일본만 해도 공산당은 아무것도 아니다. 그저 우리만 그것을 '죽음에 이르는 병', 아니 '사형 당해야 하는 흉악범죄'로 알고 있을 뿐이다. 아니, 그렇게 이용당하고 있을 뿐이다. 우리도 곧 유럽이나 일본에서처럼 검사가 옆집 공산당원과 함께 '동무동무 씨동무'를 부르며 사이좋게 살게 될 것이다. 나는 그리 믿는다.

물론 검사와 공산당원만이 그래서는 안 된다. 주변에 화가도 시인도 음악가도 있어야 한다. 노동자도 있고 상인도 있고 농민도 있어야 한다.

모두가 사이좋게 오순도순 살아야 한다. 그러나 군인은 필요가 없다. 만일 이웃 나라 때문에 어쩔 수 없다면 오직 적을 막는 데만 그 기능을 한정해야 한다. 민간인을 학살하는 짓을 하게 해서는 안 된다.

많은 사람들이 수많은 현실 문제를 외면한 채 살아간다. 심지어 문제의 주범들과 놀아나 세상이 조금도 변하지 않는 것은 더욱 큰 문제다. 나는 그런 반성 없는 사람들이 싫다. 그래서 그렇지 않은 사람들의 이야기를 쓴다. 이 책에서 다룬 고야가 바로 그런 사람이다. 고야는 저항하는 지성의 상징이자 권력으로부터의 자유를 추구했던 사람이었고, 인간을 파괴하는 두 개의 악, 즉 '권력과 성'에 격하게 대항한 고뇌하는 양심이었다.